歴史文化ライブラリー

481

大道　鎌倉時代の幹線道路

岡　陽一郎

JN135591

吉川弘文館

目　次

大道という名の道路

なにかが大道をやってくる

道路と中世社会――プロローグ

私たちの暮らしは、至る所に張り巡らされた道路の直接・間接的利用の上に成り立っている。生活必需品を筆頭に、身の回りにある有形無形のモノたちが、どうやって自分の手許に届くかを想像してもいいし、今日一日の行動を振り返ってもよし。どこかで何らかの形で道路の恩恵を被っているはずだ。この構図自体は、時代を遡っても変わらない。それどころか鉄道や航空機、あるいは電話やインターネットなど、それまでの道路の仕事を奪ったものがないぶん、過去の方が道路への依存度は高かろう。

1 道路と中世社会

社会を支えるもの

本書が対象とする鎌倉時代では、「荘園公領制」の名で呼ばれる当時の社会の基幹システムそのものが、領主と各地の所領間でのヒトやモノの往来を不可欠としていた。これは道路を含む広域交通網なしには成しがたい。列島各地の遺跡から、国内外各地の広域流通品がごく普通に出土する状況についても、やはり同じことがいえる。

だが、モノやヒトの動きはわかっても、それを支える縁の下の力持ちだった、肝心の道路の姿は、わかっているようでわからない。

道路研究の難しさ

何らかの形で鎌倉時代の道路に触れた研究は多い。でも、そこでは道路自体よりも、道路の存在を所与の前提に、使われ方に関心が注がれやすい。たとえば関所《せきしょ》や伝馬制《てんませい》に代表される交通政策や、個人や集団、あるいは有形無形のモノたちの移動など、道路がいかに利用されてきたかという、ソフト面の研究は大変充実している。が、道路本体というハード面に関わる研究の数は、そう多くはない。鎌倉時代の交通を専論とした名著に、新城常三氏の『鎌倉時代の交通』（新城一九六七）があるが、道路利用に関わる記述の多さに比べ、道路本体のそれは微々たるものである。同種の構図は土木学会が一九三六年に刊行した我が国初の総合土木史、『明治以前日本土木史』の中に早くも見て取れるように、古い歴史を持っている。

その理由を自分なりに考えてみると、すでに当該期の道路像ができあがり、共有されていることが大きいのだろう。同時代の絵巻を開けば至る所に道路の姿があり、しかも未舗装で必ずしも大規模ではないそれらの姿は、最近まで私たちの身の回りにあった道路と重なる。そのため当時の道路の様子は自明の理とされ、興味を惹きにくかったのではあるまいか。ただし、肝心の絵巻をよく観察すると、人物の大きさとの対比からデフォルメが疑われるものもあり、全面的に受け入れるわけにはいかないのだが。

加えて道路本体の情報や、建設や保全に関わる資料は乏しい。いくら興味を持ったにせよ、これでは材料不足の壁に突きあたってしまうし、残念ながら材料がなければ研究はできないのである。ただし、資料数の少なさは、道路の本質に起因していた。道路の設計書や工事の施工書などが残っておらず――そもそも当時の工事にこれらがあったかもわからない――、当時の道路の様子を知る拠り所は、日記や文書に載る副次的な情報しかないが、道路がきちんと機能している限り、道路の状態が記録される機会は、どうしても少なくなる。これは身の回りの道路に引きつければわかりやすい。

道路を含めたライフライン全般にいえることとして、安全で円滑な利用が大前提になっている。だから災害による不通や、使い勝手の悪さなどの諸々の不具合は、いわばあってはならない異常事態として、具体的な状況や数値と共に報道されやすい。逆に平時の様子は、当たり前であるがゆえに関心を惹くこともない。鎌倉時代の道路関連資料の内容からは、当時も似たような傾向にあったことがうかがえる。

また、今日ではずば抜けた規模や特殊な構造を持つとか、珍しい環境下にあったり、極端な悪路——たとえば一般国道のうち、著しく道路環境の悪いものは、一部愛好者の間では通称「酷道」として、完全走破や情報交換の対象となっている——は、類例の少なさ故に興味を持たれやすく、記録されやすい傾向にある。過去においても同じ状況を考えるべきなのかもしれない。

何の変哲もないありふれた道路の平常時の姿こそ、資料上の穴なのだった。ありふれた道路といえば、文献資料に名前入りで登場する東海道《とうかいどう》を始めとした道路は、政治・経済的、あるいは軍事的にも重要で、しかも利用者の多い、メジャーな存在である。ために件の道路たちはありふれた存在とは言いにくいのだが、これがマイナーな道路になると情報も少なく、道路名称がわかれば御の字で、地域によっては道路の存在を摑むことすらままならない。

今日でも利用者の多い道路——重要度の高い道路——ほど、記録される可能性は高いのだから、その記録を基にした道路研究とは、突き詰めるなら著名な幹線道路研究ということになる。

しかし資料が乏しいとはいえ、道路が社会に及ぼす影響力を鑑みれば、道路の実態にももっと関心が向けられるべきだ。今日の状況は、同じ公共資本に喩えるなら、水道事業や水道の利用に焦点が当てられ、具体像については水道網の復元止まりで、その先は「水道」という字面で理解が止まっているようなものである。これでは水道についての総合的な理解が深まるとは思えないが、ここにこそ道路研究の現状と課題があると、筆者は思う。

資料面では決して恵まれた環境とはいえない中、ハード関係の研究で気を吐くのが「かまくらかいどう」（この道路の表記は定まっておらず、資料には「鎌倉街道」・「鎌倉海道」・「鎌倉道」など、さまざまな表記が現れるため、原典を引用する時を除き、以後こう表記する）研究だ。道路の性格や誕生の背景などに加え、道路の構造と特徴も指摘され、成果は巷間に流布してもいる。反面、研究数の多さもあって、「かまくらかいどう」研究には道路研究の抱える問題が凝縮されているのだった。

研究手法に潜む罠

「かまくらかいどう」研究は、同時代の資料の不足に対応して、後世の資料や、隣接諸分野の研究成果の積極的な援用を手法上の特徴としており、早くも一九二〇年代に実施された埼玉県内の調査に、当該手法が認められる（『自治資料　埼玉県史蹟名勝天然記念物調査報告　第三輯』一九二六）。しかし、そこで用いられた後世の資料は、内容の是非を確認しようにも、裏付けが取れない場合が往々にしてあり、しかも後世の価値観や事象の混入による情報の歪曲もある。これらは研究成果の正確さに黄信号を点すものだった。

後世との混合は、研究の主役ともいえる現地踏査の現場でも起きていた。地表に残された過去の遺構を読み取っていく際、たとえ系譜上は中世に繋がる道路でも、現役ないしは、近年まで利用されていたために、地表に姿を留めている点は忘れられがちだ。当然、今日に到る間には利用に伴う毀損や補修を経ているはずで、眼前の光景のすべてが中世に由来するわけではない。仮に中世に遡る要素が部分的に残っていたにせよ、地表面観察からそこだけを抜き出す術を筆者は知らない。より根本的な問題として、なるほど目の前の道路は、現時点では古道かもしれない。しかし、それが文献資料に登場する鎌倉時代の道路と同一の保証はないのだ。その意味では、現地踏査による古道研究とは、あくまでも踏査時点で古道と認識されている道路の現状分析、とした方が状況に即している。

このように「かまくらかいどう」に代表される古道研究は、長らく資料と手法に起因する、いくつもの問題を抱えていたが、近年になり、新手の資料の大量出現によって風向きは大きく変わった。

中世みちの研究会

高度経済成長期以来、列島規模で進行した膨大な数の開発行為は、各地で前近代の景観を凄まじい勢いで消し去っていった。これは現地踏査にとって大打撃となった反面、道路研究に新たな資料の到来をもたらす恩恵でもあった。開発行為の増加は、列島の至る所で事前発掘調査の洪水を引き起こし、この間、過去の道路はまず遺構として調査担当者の前に姿を現した。

考古資料としての道路遺構は、文献資料や現地踏査の弱点を補完するものだった。既存の資料や方法論では把握が難しい、道路の構造を知ることができたし、調査地点を上から下へと掘り下げていく発掘調査のセオリーは、時代の推移に伴う道路の盛衰を、たとえば数十年単位で掌握するという、他の資料では成しがたい作業も可能にした。しかも検出された道路遺構は有名無名、中央地方を問わなかったため、研究対象の幅も広がった。従来までの道路研究での不可能を可能とし、のみならず研究範囲の拡大をもたらすなど、考古学の参入は研究史上の一大革命だったと筆者は評価する。

考古資料の増加と、これに起因した考古学研究者の潜在的関心も高まりつつあった一九九〇年代半ば頃、考古学側と従来の古道研究の間に橋を架け、積極的に情報発信を進めようという研究会が酒席で産声をあげた。「中世みちの研究会」がそれである。そこでは会員自身の研究に加え、数次に渉るシンポジウムの開催や成果の書籍化などを通じ、研究成果や考古資料を始めとする各種情報を発信していく。これは文献史学・考古学双方の成果を融合させた新たな道路像の構築と、研究分野開拓への扉を開け、世の研究者の関心を道路に向けさせるものだった。

今や中世の道路を語る際、文献史学側が何らかの形で考古学成果を使ったり、あるいはその逆のことは珍しくなくなっている。考古学の専論などではなく、一般向けの道路の通史においても、たとえば武部健一氏の『道』(武部二〇〇三)では、考古資料を用いて路面の様子が述べられているように、すでに両者の協業は市民権を得ている。だが、中世の道路については、まだまだ謎が多い。

本書は、かかる潮流の只中に身を置いた者として、この間に得た自らの知見を整理するとともに、実態が今ひとつ不明瞭な鎌倉時代の道路像の解明を目標とする。

本書の狙い

あえて鎌倉時代と区切ったのには、いくつかのわけがある。まず当該期が筆者の専門とする時代だということ。二つ目は、先に道路関連資料の少なさを述べたことと反して、分析視点と同時代資料の再検討によっては、既存資料の中に埋もれている道路情報を発掘し、時代ごとの道路像を構築できる目処がついたことがある。これに関連して、まず当該期の道路像を固め、他の時代の道路の性格などを測るための目安を作っておく狙いもある。

とはいえ鎌倉時代の道路といっても、当時機能していたすべての道路に目配りするのは、筆者の力量を簡単に越えるし、資料の制約もある。そこで今回は当該期の資料に登場する、「大道」という道路を検討の柱に据えた。一般的には幹線道路と見做されている道路が大道だが、実は歴とした定義があるわけではなく、そもそも鎌倉時代の幹線道路自体、何をもって幹線道路とするかの明確な条件づけを欠く。にもかかわらず私たちは、大道を含む特定の道路を幹線道路と評価し、その有無をもって地域の評価なども行ってきた。そこで本書では大道の定義付けと平行して、幹線道路とは何かを問い直してみたい。もし今日の幹線道路との異同が認められれば、二つの時代の特徴を知る手がかりともなるはずだ。

なお、作業に当たっては極力同時代資料を用いることを心がけた。それは同時代資料にこそ、当時の道路観が込められているためである。私たちの脳裏に浮かぶ中世の道路像は、未舗装で路面状況は悪く、道路幅も狭いなど、今日の基準からみれば貧弱なものだ。なるほど実態はそうかもしれない。しかし、その貧弱さはあくまでも今日の視点によるもので、未来の道路事情など知るよしもない過去の人々も、同じ印象を持っていたとは断言できない。この点、今日の中世道路像はあくまでも「私たちにとっての中世古道像」に過ぎず、「中世人にとっての幹線道路像」ではない。だから、いくら前者の道路観に立って当時の道路や社会を分析したところで、成果はどうしても実像と遊離したものになる。後者の道路観の解明と、これを基にした分析が望まれる所以である。

実は、他の時代の視点に立った中世道路像は、先に登場した「かまくらかいどう」にも認められる。この道路が中世の道路の代表格とされ、回り回って私たちの持つ中世道路像の形成にも寄与していることを思えば、本書は「かまくらかいどう」観や、これを元に組織や地域を分析する「かまくらかいどう」史観の克服を試みるものともいえるだろう。

不思議な古道たち

かまくらかいどう

大人気の古道として

鎌倉時代の列島には数多くの幹線道路があったものの、道路研究の現場では特定の道路に関心が集中しがちである。おまけにそこでの成果には、確たる証拠を欠いたり、結論に至る道筋に疑問符が付くにもかかわらず、定説化して世上に流布しているものもある。その典型こそ、すでに登場した「かまくらかいどう」である。

「かまくらかいどう」の知名度は高く、研究のみならず、古道散策の対象として娯楽の分野でも人気を博している。関心の高さはインターネット上で検索をかければ一目瞭然で、膨大な数の記事が引っかかる。まさに古道の王者としての面目躍如である。

これは昨日今日の出来事でなく、すでに近世には複数の地誌に取り上げられ、地域の歴史に関心を持つ人々の注目を浴びてもいた。寛延四年（一七五一）に酒井忠昌の物した『南向茶話《なんこうちゃわ》』のように、道路の考察を試みたものもある。その後、近代・現代に入っても関心は薄れず、各方面からの調査研究が進められて今日に至る。道筋の復元に関心が向けられがちとはいえ、私たちの持つ「かまくらかいどう」像は、かくも長い研究史の賜物であることを、この場で押さえておきたい。

資料の狭間で

この道路の起点（終点）とされる鎌倉《かまくら》は、列島屈指の大都市にふさわしく、複数の幹線道路の起点（終点）をなしていた。まず西への連絡路として東海道《とうかいどう》があり、東（北）への連絡路には上道《かみつみち》・中道《なかつみち》・下道《しもつみち》の各道があった。「かまくらかいどう」と聞いて、多くの人が想起するのは、おそらくこの上・中・下の各道路だろう。鎌倉方が平泉《ひらいずみ》攻撃の手筈を沙汰した記事が載る『吾妻鏡《あずまかがみ》』文治五年七月十七日条には、比企能員《ひきよしかず》・宇佐美実政《うさみさねまさ》ら率いる北陸道支隊の進路として「下道」（通常いわれる「上道」）、頼朝《よりとも》が率いる本隊の進む「中路」が姿を見せる。あるいは『梅松論《ばいしょうろん》』には、鎌倉から鶴見《つるみ》を経由する「下の道」が登場する（「新田義貞挙兵の事」）。

本書は、当時、上・中・下道と呼ばれた道路の存在を、ことさら否定する意図はない。ただ、道路の説明でしばしば見聞きするように、各道路と、場合によってはそこから派生するという支線に、等しく「かまくらかいどう」という冠詞を付け、一括りで扱うこと。

道路の構築や維持などに、幕府の主体的な関与を説くこと。を疑問視するものである。

名前のとおり、鎌倉を起点（終点）とする一群の道路の総称。それが「かまくらかいどう」である。自ずと道路の歴史や性格は、鎌倉および鎌倉幕府と関連付けられて説明されてきた。この道路を幕府と、その支持基盤層たる御家人《ごけにん》たちの本拠地とを結ぶ、政治的・軍事的色彩の強いものとしたり、建設には幕府の何らかの関与があった旨の説明を受けた方も多いだろう。遮蔽などの実戦面での工夫を道路構造に読み取り、道路の建設主体を軍事の専門家集団である武士、ひいては幕府関係者に求める向きもある。

ところが幕府との結びつきが指摘されるわりに、『吾妻鏡』を筆頭とした幕府関係の文献資料中に、「かまくらかいどう」という単語は見つからない。検索範囲を同時代の文献資料に広げても結果は同じだ。この言葉が文献資料上で確認できるのは、すでに指摘もあるとおり、鎌倉幕府滅亡のはるかのち、近世になってである。従って資料に即して言葉を使おうとすると、鎌倉時代の道路の呼称に、その時代に使用が確認できない用語を使うのに躊躇する。ちょうど「頼朝軍が国道一号線を移動した」という文章が時間的矛盾を胎むように。かといって「かまくらかいどう」という言葉自体は、まったくの荒唐無稽なものではない。

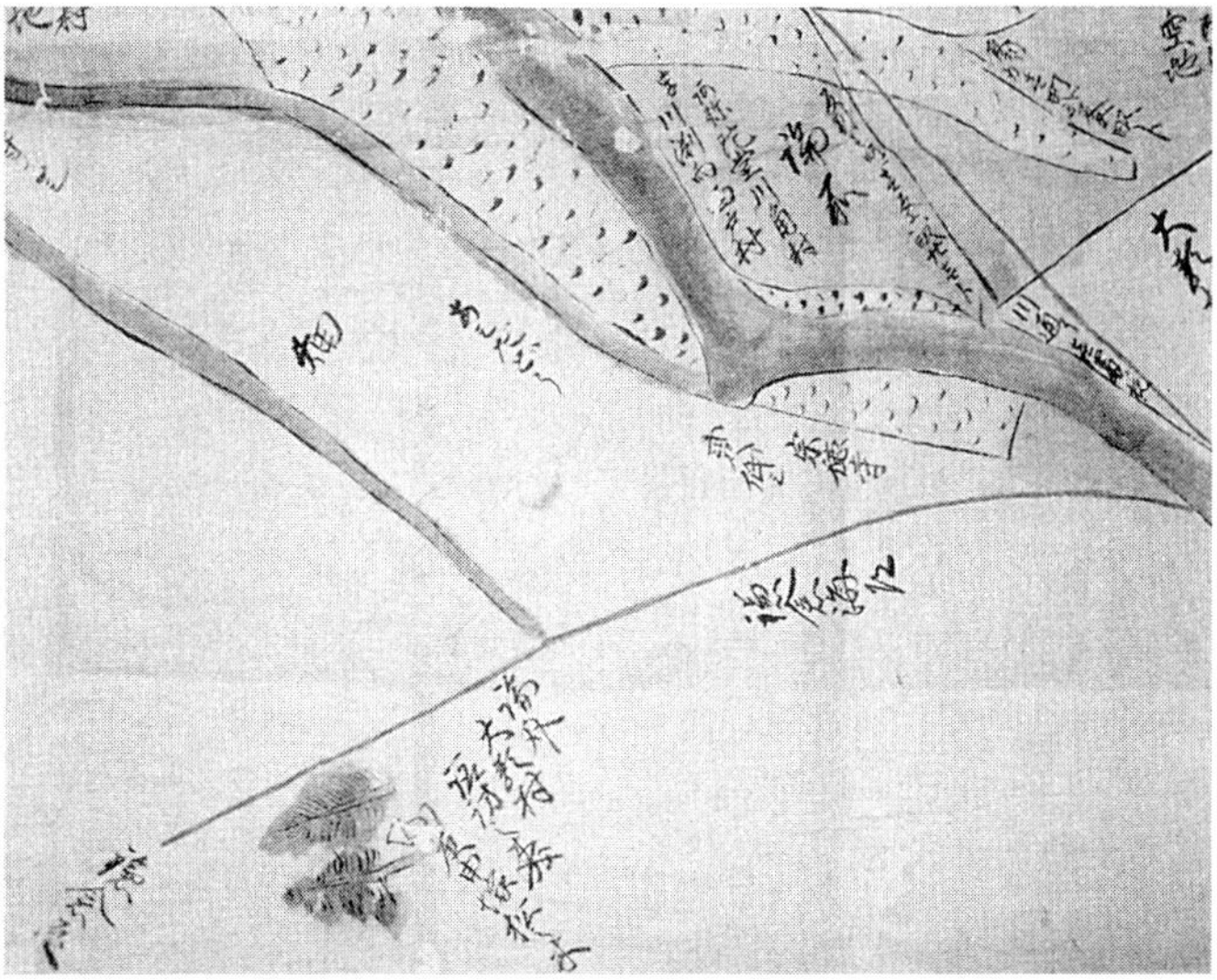

図１　川角村秣場争論裁許絵図（宝暦12年〈1762〉個人蔵，毛呂山町教育委員会提供）

掘り出されたみち

埼玉県入間郡毛呂《もろ》山《やま》町にある堂山下《どうやました》遺跡には、地元で「かまくらかいどう」上道といわれる道路が走っている。当地の「かまくらかいどう」が資料上で確認できるのは、多分に漏れず近世以降のこと。宝暦十二年（一七六二）に地元の川角村と西土村との土地争論に際し作成された、「川角村秣場争論裁許絵図」（図１）には、「鎌倉海道」・「鎌倉道」の文字が載る。そして文政十一年（一八二八）に、幕命を受けた昌平坂学問所《しょうへいざかがくもんじょ》が編纂した武蔵国の地誌、『新編《しんぺん》武蔵《むさし》風土記《ふどき》稿《こう》』にも、川角村にあった崇得寺に関連して、当地の「鎌倉の古街道」の記事がある（川角村）。

遺跡付近にある苦林には、かつて「にかハやし《苦林》と申宿」（「源阿書状」『鎌倉遺文』二〇―一五三五一号文書）があった。貞治二年（一三六三）には苦林《にがばやし》野《の》合戦の戦場になり（『太平記』巻三十九、「芳賀兵衛入道軍事」）、永享十二年（一四四〇）の結城《ゆうき》合戦（『鎌倉大草紙』）や、文明九年（一四七七）の長尾景春《ながおかげはる》の乱では、近辺に陣が置かれてもいる（『同』）。これらは当地に道路、それも幹線級の道路が走っていたことの傍証でもある。なんとなれば宿や戦場、陣所のいずれも、ヒトやモノが集まることで成立するため、先行して何らかの交通路がなくてはならないからだ。

当地の「かまくらかいどう」の実像は、平成元年（一九八九）に発掘調査のメスが入った（財団法人埼玉県埋蔵文化財調査事業団一九九一）（図2・図3）ことを機に、段階を追って明らかになっていった（佐藤二〇一六）。まず現道西側で集落跡が検出され、道路直下からは側溝を備えた推定幅約四メートルの道路遺構が検出された。その後の調査では、道路東側からも建物群が検出され、道路が建物群の中を貫いていたことも判明した。一連の調査により、十二世紀末から十六世紀前半にかけての当地には、道路とその両側に展開し、具体的には苦林宿との関連が指摘される建物群があったことがわかってきた。

もう一つ事例をあげる。神奈川県横浜市泉区和泉町には、地元で「かまくらかいどう」

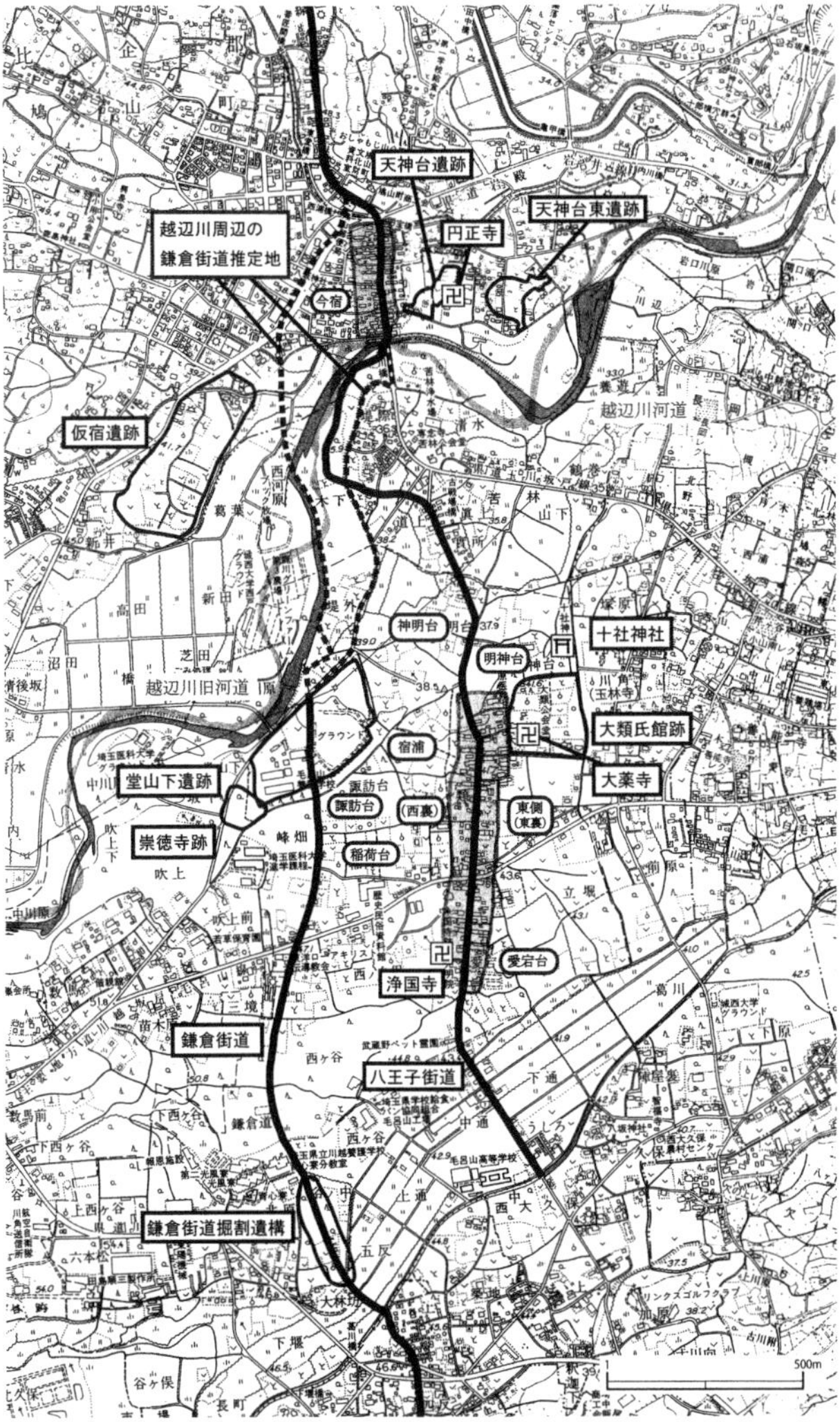

図２　堂山下遺跡周辺図（毛呂山町歴史民俗資料館第19回特別展図録）

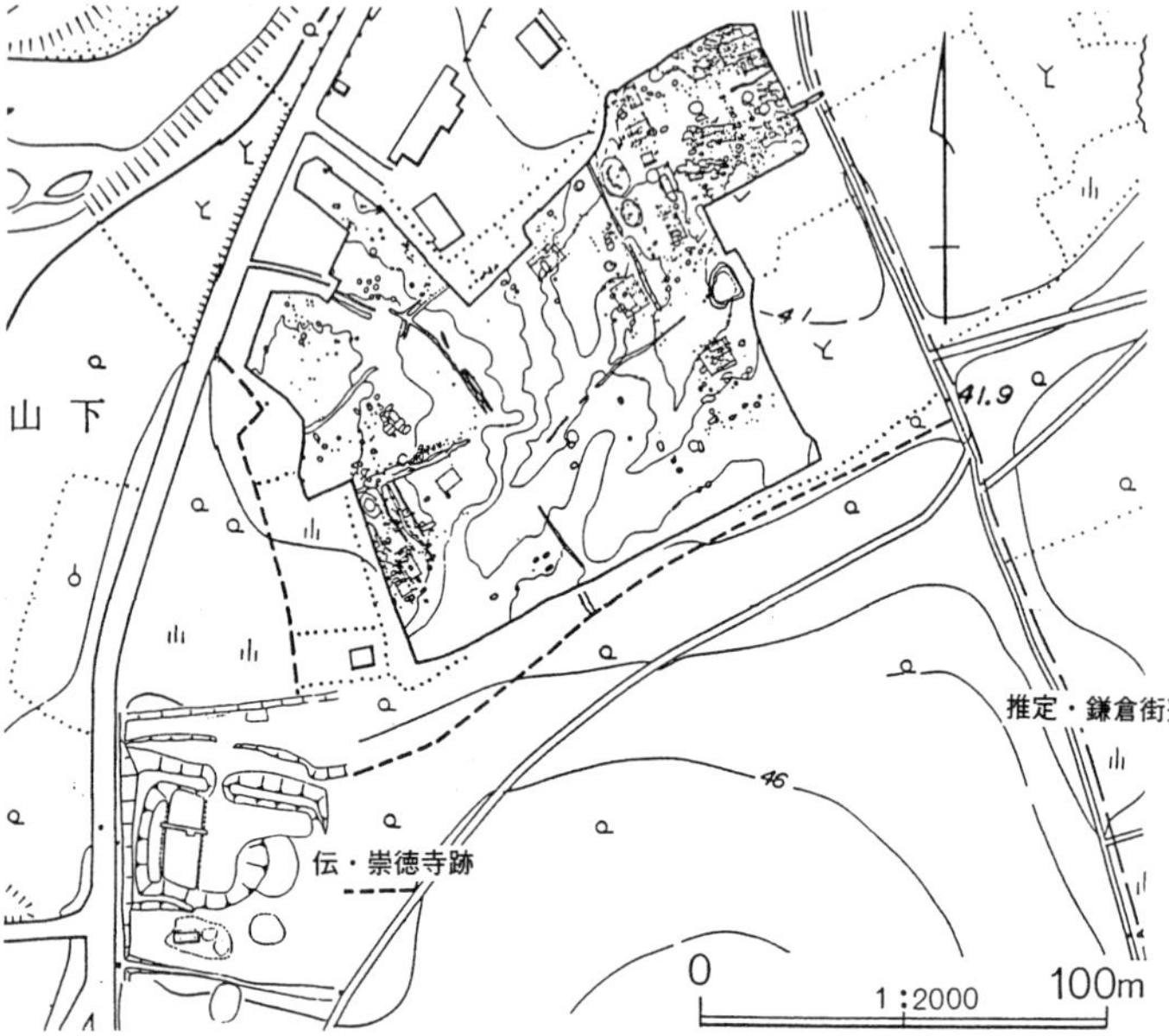

図3　堂山下遺跡遺構図（(財）埼玉県1991）

上道と称される道路があり、これに隣接する中ノ宮北《なかのみやきた》遺跡からは、幅一〇㍍《メートル》を超す路面を持つ道路遺構が検出されていた（図4・図5）。報告書（横浜市ふるさと歴史財団埋蔵文化財センター一九九九）が道路状遺構が機能していた時期とする、十二〜十四世紀の周辺地域に、遺構規模と見合った道路を求めれば、最有力候補は上道となる。

堂山下・中ノ宮北の各遺跡では、同時代資料に現れる道路の通過地と目される場所に「かまくらかいどう」地名が残り、道路遺構が検出されている。しか

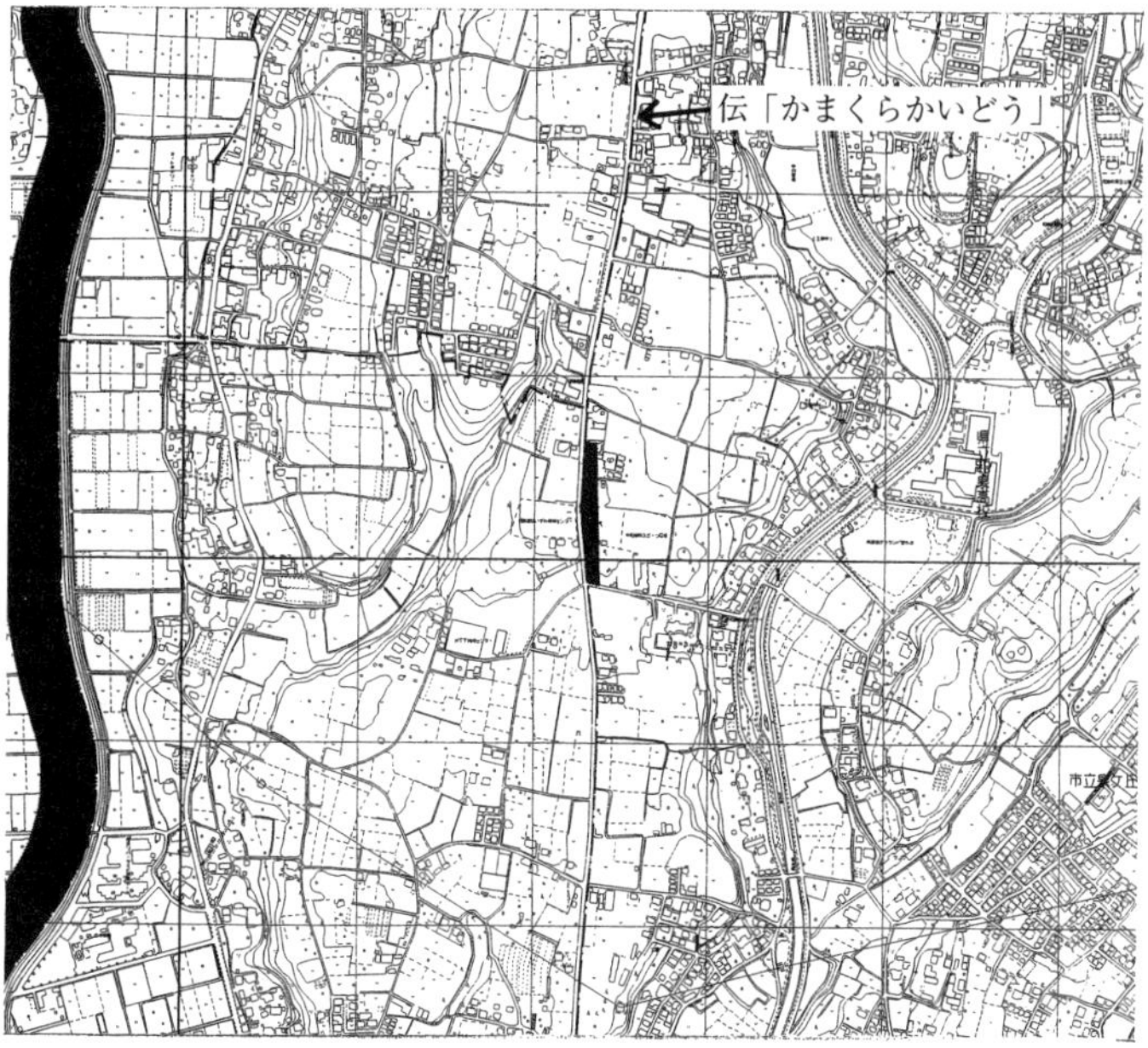

図4　中ノ宮北遺跡周辺図（横浜市1999）

し、鎌倉に向かう幹線道路の存在を語る同時代資料がない土地にも「かまくらかいどう」は走り、直下から道路遺構が検出されてもいた。

千葉県袖ケ浦《そでがうら》市野田には鎌倉街道という小字があり、同名の小道の姿もあった（図6・図7）。こちらは戦前に調査の対象となっていて、木更津《きさらづ》経由で東京湾を渡り、対岸の三浦《みうら》半島に向かう道筋が推測されている。その後、館山《たてやま》自動車道の建設が持ち上がり、山谷《さんや》遺跡として一帯の事前発掘調査が実施された際、現道直下から長さ一三三メートル

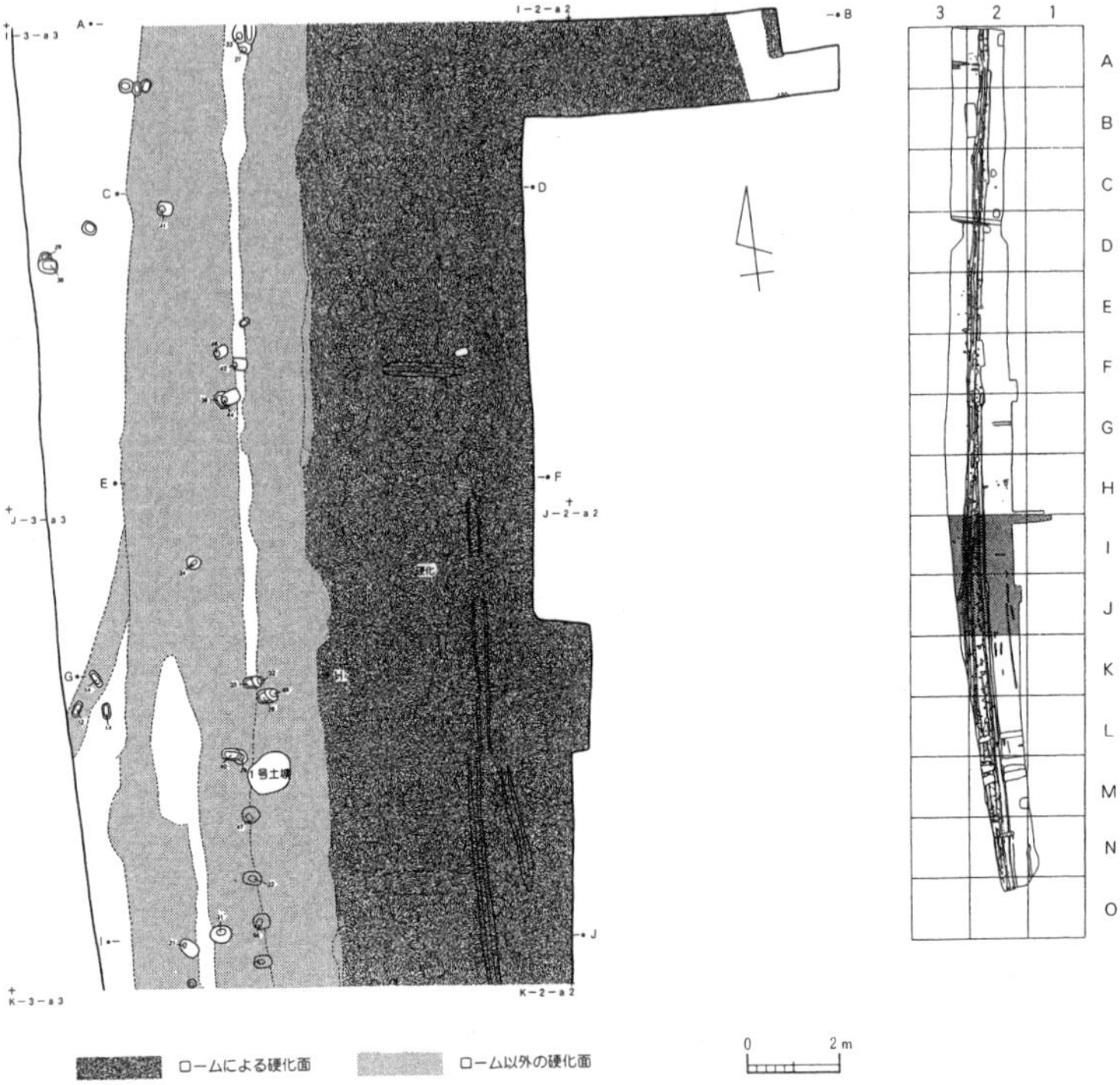

図5　中ノ宮北遺跡遺構図（横浜市1999）

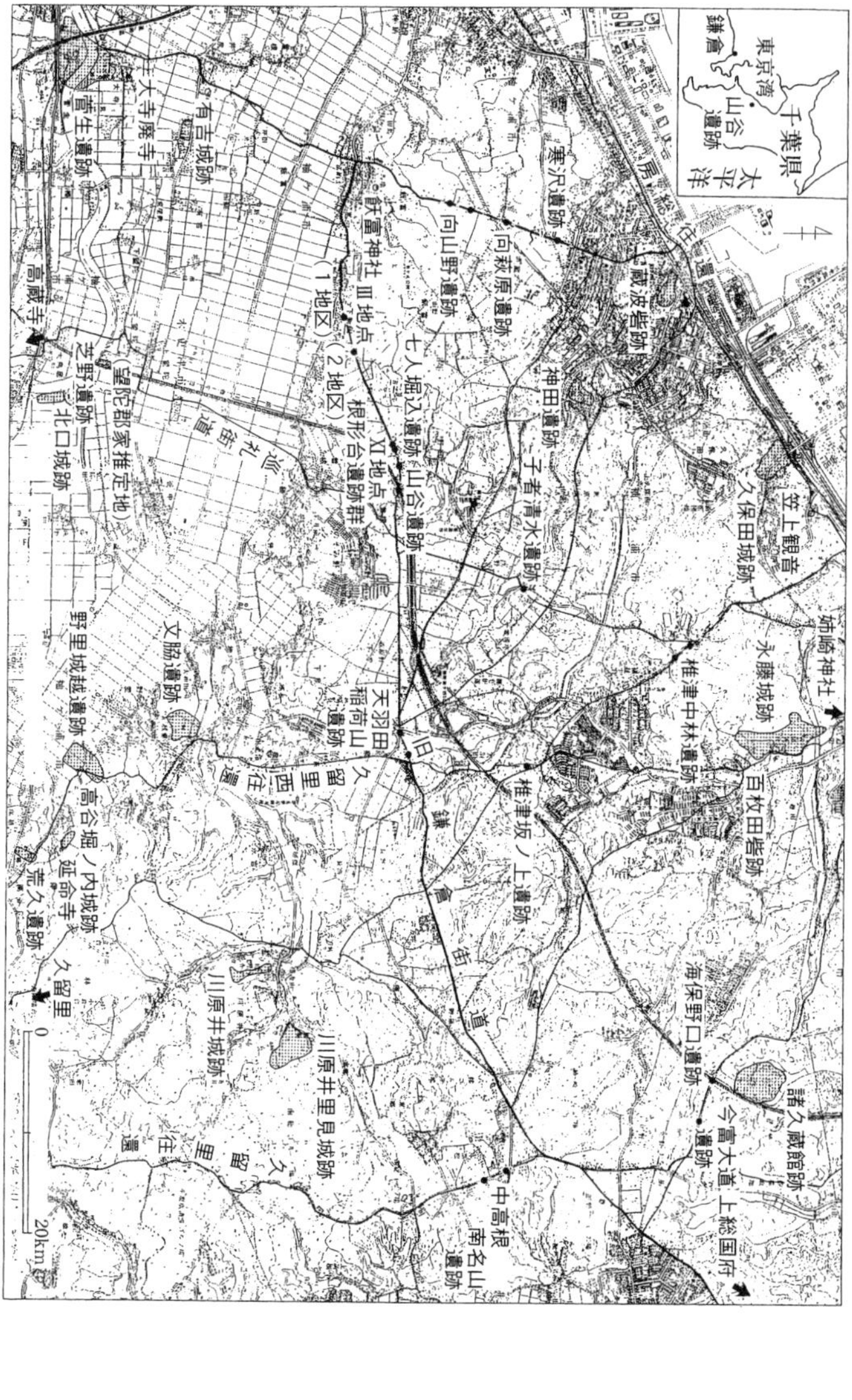

図6　山谷遺跡周辺図（柴田1999）

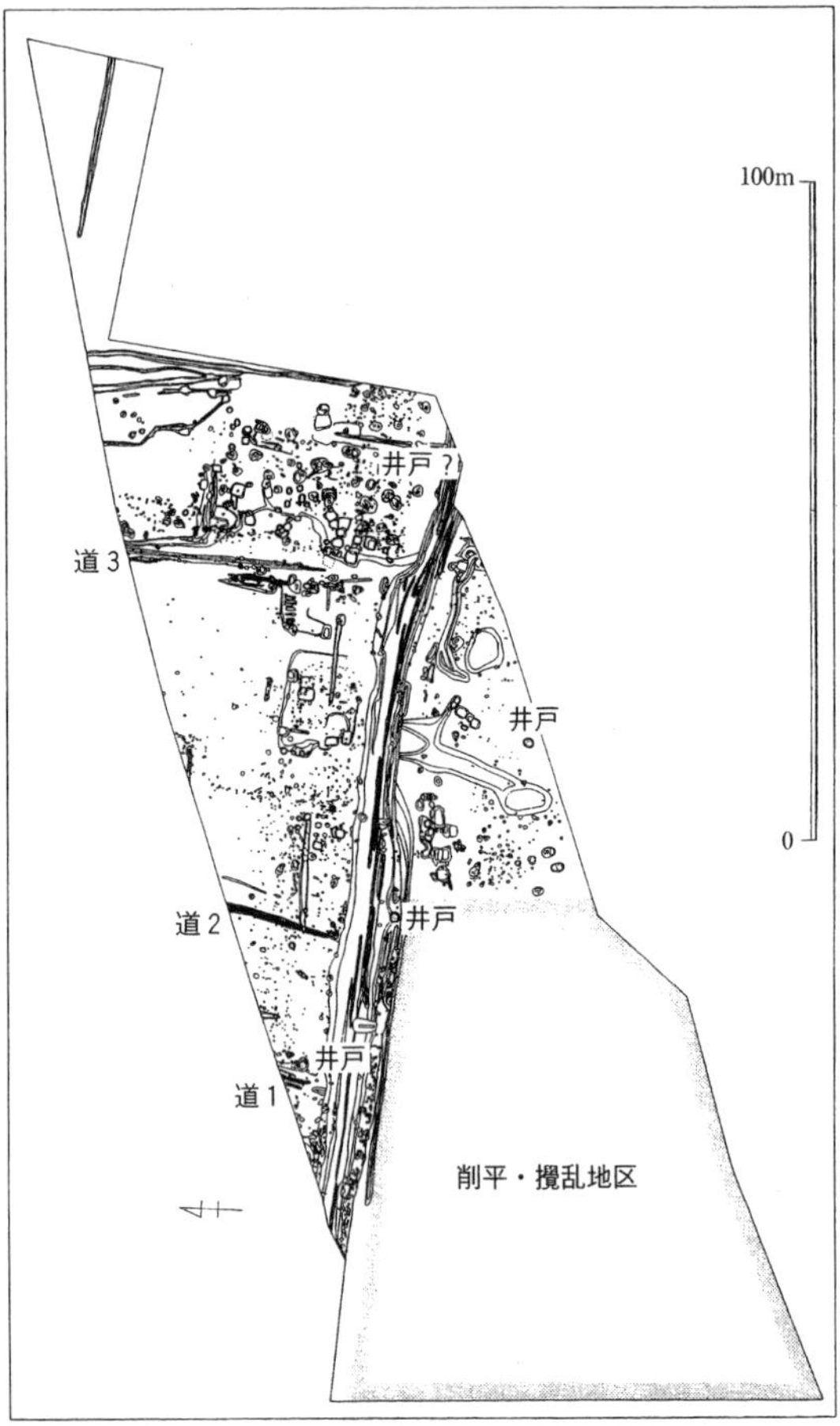

図7　山谷遺跡の道路遺構（柴田1999）

に渉って、側溝を備えた道路遺構が姿を現した。道路幅は最大で四・五メートル、最小で約二・七メートルと不定で、出土遺物の年代観により、道路は十三世紀には機能していたことが判明している。道路の両側では柱穴列が多数確認され（財団法人千葉県文化財センター二〇〇一）、幹線道路沿いの市に因む建物との評価を受けてもいる（柴田一九九九）。

山谷遺跡の事例から、「かまくらかいどう」地名は荒唐無稽のものではなく、何らかの歴史的事実の反映である可能性は高い。そういえば発掘調査には至らずとも、この道路沿いには中世前期に遡る由緒を持つ寺社や居館跡があったり、市や宿地名など、地域の核となる施設の痕跡が残されている場合がある。上記の施設が存続するためには道路との接続が不可欠だから、その誕生には何らかの道路が必要となってくる。

実線と点線

「かまくらかいどう」に関心を持つ方なら、必ずや図8（斎藤二〇一〇）のような図をご覧になっているはずだ。鎌倉を中心に、基幹道路と支線から構成される道路網復元図である。

鎌倉時代の道路網について、広域道路地図の類いの資料は残されてはいない。そこで道筋を知るためには、文献資料に確認できる旅人や軍勢の通過地点を結んでいく方法がとられる。ただしこの方法で掴めるのは、通過地点のみだ。たとえば源頼朝による三原《みはら》の狩では、狩場までの移動に上道が使われたが、資料から判明するのは、化粧《けわい》坂—柄沢《からさわ》—飯田—関戸《せきど》—久米野《くめの》—入間河《いるまがわ》の宿・大倉《おおくら》の宿・児玉《こだま》の宿—山名《やまな》—板鼻《いたはな》—松井田《まついだ》の宿—碓井山（碓氷峠《うすいとうげ》）—沓掛《くつかけ》宿（『曾我物語《そがものがたり》』巻第五）を一行が通過したことだけで、各通過点間は推定に基づく点線となる。点線部分については、通過地点を結ぶ既存の道路や、同時代に機能していたとみられる居館や寺社、あるいは道路や宿市関連地名などを繋いでの穴埋めが行われている。

もう一つ、「かまくらかいどう」関連地名を繋いでいくやり方もあるが、これを採用す

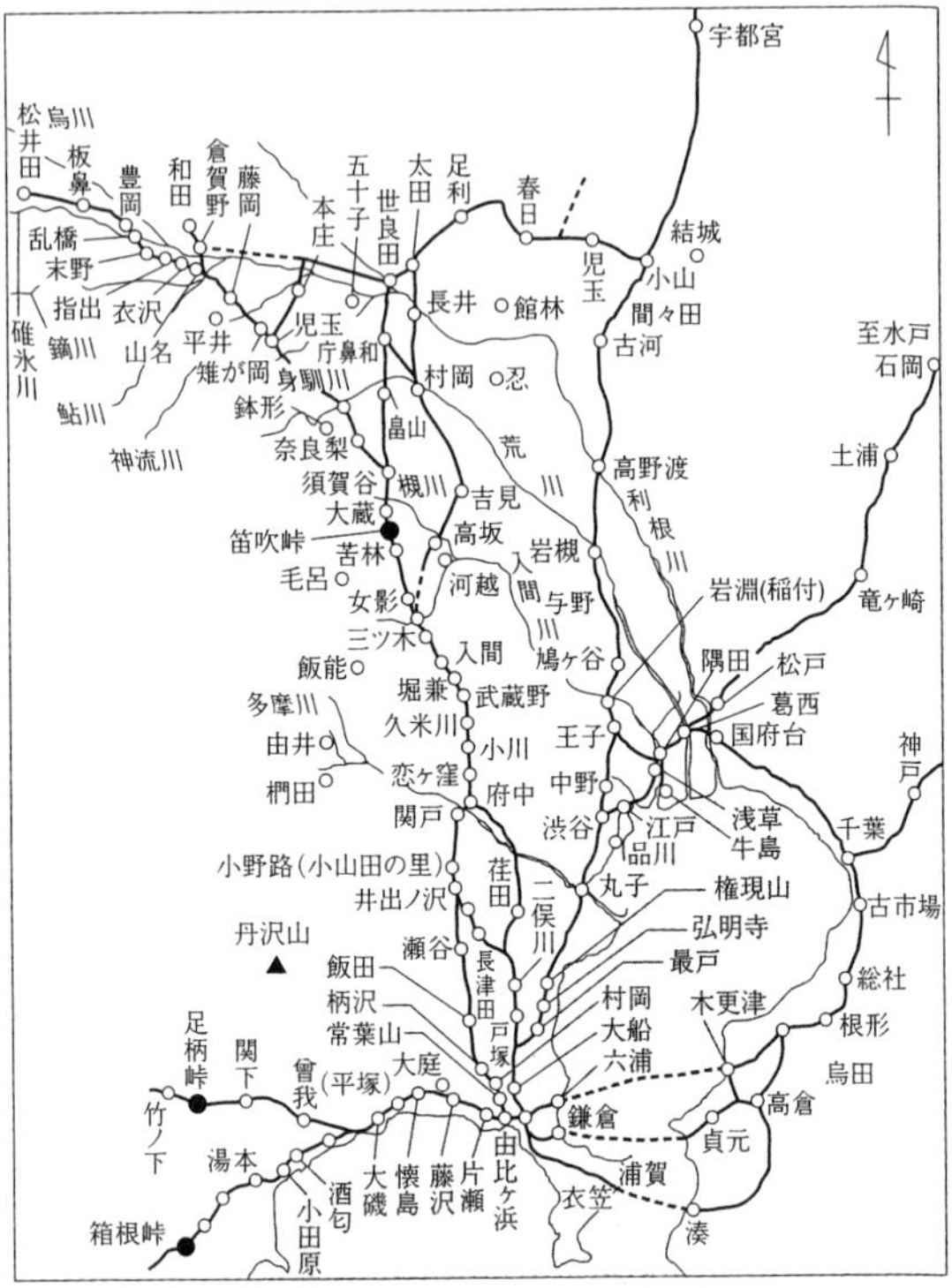

図8　「かまくらかいどう」復元図（斎藤2010）

ると、既存の道路復元図とはまったく異質の道路網が現出してしまう。

今日の埼玉県全域と東京都の大半、そして神奈川県の一部からなる旧武蔵国は、先述の『新編武蔵風土記稿』と天保七年（一八三六）刊行の『江戸名所図会《えどめいしょずえ》』のおかげで、近世後期段階の「かまくらかいどう」地名の分布が一国規模で確認できる、大変恵まれた地域でもある。特に川合康氏による『「鎌倉街道」の政治史的研究』（川合二〇〇五）は便利な先行研究であり、資料編として双方から関係記事を抽出した一覧表が付き、前者は実に三〇四件、後者は八八件の関連記事を収録している。特筆すべきは『新編武蔵風土記稿』収録記事のうち、「かまくらかいどう」と呼ばれている地点を地図上に落とした図9である。図中の各点を結んでも図8のようにならないのは一目瞭然だ。

図9では、各点を結んで線が引けそうな箇所は一本の道路にできる。その上で図8と重なりそうな場合は、これに比定することも可能である。同一方向を指向する複数の線が近接していれば道路の新旧関係、分岐しているようなら本線と支線と解釈することも可能だ。が、あたかも無秩序に点が散らばる箇所。他の集団と距離を置き、方向を異にする一群。孤立した個々の点。これらは上手く線を結べず、現地に「かまくらかいどう」地名がある理由も説明できない。だからといって、これらを例外として切り捨てるわけにはいかない。同一資料に載る以上、情報としての価値は等しく、道路網復元図と適合しないという理由

図9　「かまくらかいどう」関連地名分布図（川合2005）

で、誤りと断ずる根拠もないからだ。かえって総体としての「かまくらかいどう」像の構築には、現状をあるがままに受け入れ、そこから回答を出そうとする勇気が要る。

地名が語るもの

「かまくらかいどう」にしばしば用いられる喩えに、古代ローマの例に倣った、「すべての道は鎌倉に」というものがある。図9中の各地点に、この喩え通りに鎌倉と直結した道路があったのなら、南関東の交通網はまさに鎌倉一極集中の体をなす。さらに同種の地名は図の範囲を越えて関東、東北（図10）そして中部・北陸地方と、広範な分布をみせる。文化二年（一八〇五）に刊行された『木曽路名所図会』は、今日の岐阜県中津川《なかつがわ》市落合から、霧原山を経由して岐阜・長野両県の県境の御坂（神坂峠《みさかとうげ》）に至る、古道としての「鎌倉街道」を

図10　岩手県紫波郡紫波町のかまくらかいどう

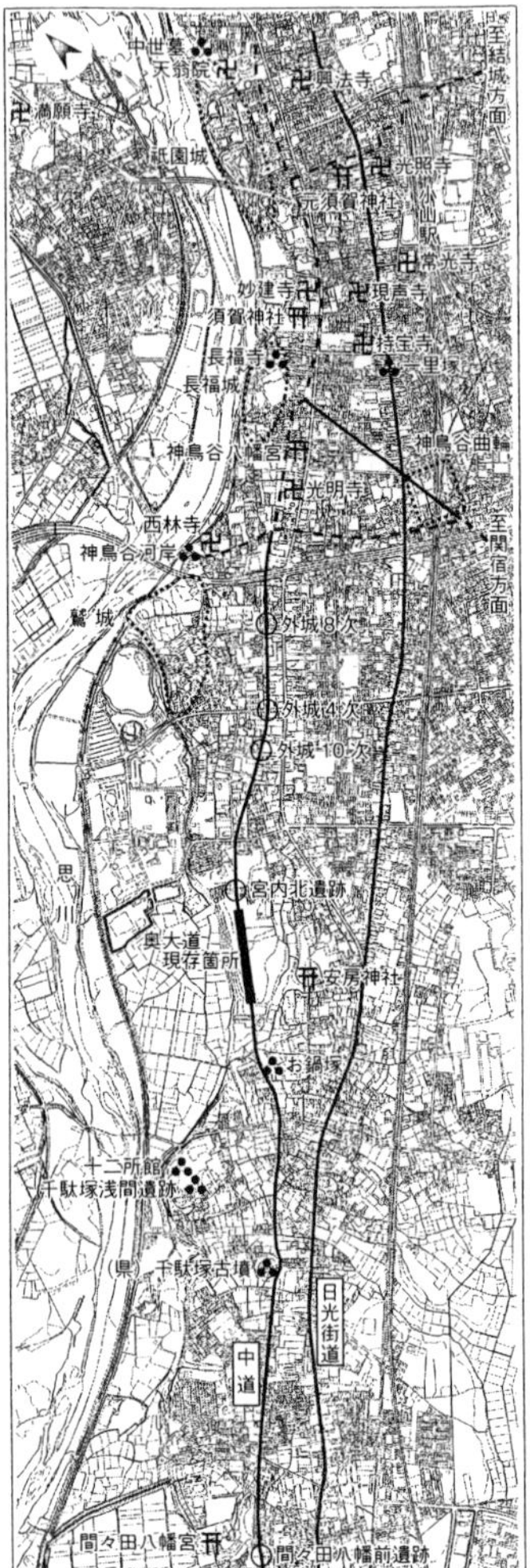

図11　小山市街地の古道（鈴木2016）

載せ、「此道より鎌倉へ通ず」というように、目的地を鎌倉と明言している（巻之三）。同じように飛騨と越中《えっちゅう》、信州と飛騨の間の山岳地帯にも「かまくらかいどう」は走り、現地ではやはり鎌倉を道路の目的地としている。各地の伝承を額面通り受け止めれば、列島交通網上に占める鎌倉の地位の高さは驚くばかりだ。道路網の編成に幕府の関与があったとする説に倣うと、急峻な山岳地帯をもカバーしつつ、鎌倉を核とする道路網を各地に構築し、保全もこなした鎌倉幕府とは、なんと強大な権力だったことか。地名分布状況から想像される道路網は、近世の江戸に通じる街道の比ではない。

もっとも、そのような鎌倉幕府像は、同時代資料が語る幕府像とは乖離する。これは道路に止まらず、幕府の性格を考察する材料ともなるだけに、章を改めて検討しよう。

なお、「かまくらかいどう」という呼称を巡っては、特定の道路体系に属する道路群とはせず、近世段階に当時の古道を指して用いられた、一種の学術用語と捉える見解もある。ならば図9には、鎌倉とは直接関係のない古道も混じっていることになるが、これは先に述べた疑念を解決するには都合がいい。

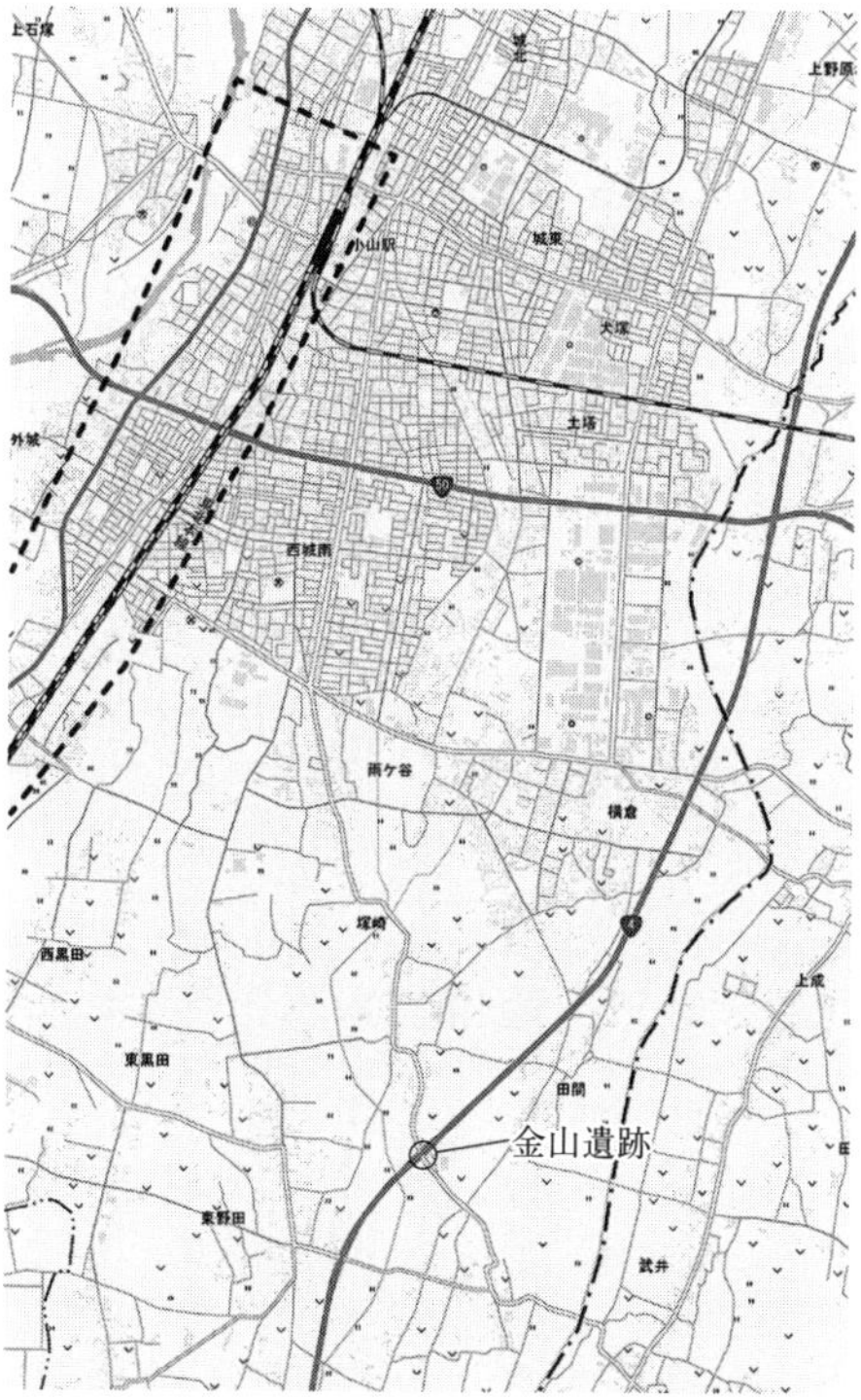

図12　金山遺跡位置図（地理院地図）
は図11の範囲

栃木県小山市市街地の中心部には、奥大道（「かまくらかいどう」中道）だという道路跡が複数地点存在し、これらを繋いで市街地を南北に貫く道筋が復元されているが（図11）（鈴木一男二〇一六）、市街地から離れた場所にも「かまくらかいどう」は走っていた。市街地の約四キロほど南に当たる同市東野田《ひがしのだ》にある金山《かなやま》遺跡（図12）では、国道四号線バイパス工事に伴う事前調査時に、現道直下から道路遺構の検出もみている。市街地中心部にある道路跡の場合、軸線は今日の国道四号線や、母胎となった近世の奥州街道と等しく、南北方向を指向するのに対し、金山遺跡の道路遺構は東西方向の軸線を持ち、遺構直上にある道路は関宿《せきやど》（千葉県野田市関宿町）方面へと伸びていた。よって双方が小山市街中心部のどこかで接続する可能性はあっても、両者を一本の道路の迂回や付け替え、あるいは新旧関係で説明するのは難しい。

このような事例もあるゆえ、「かまくらかいどう」を、ある時点における古道の総称とする見解は説得力があるものの、翻って経路も起点（終点）も、場合によっては存続時期も異なる古道たちは、なぜ共に鎌倉という冠を頂き、最終的には「すべての（古）道は鎌倉へ」なる概念を生み出したのだろうか。江戸に先行する東国の大都市だった鎌倉は、近世以前に遡るとされた道路の目的地には、ぴったりだった、と一応の説明もできる。が、それが個々の土地の歴史や交通事情にそぐわない例があることが気にかかるのだ。

鎌倉幕府滅亡後、ちょうど図9の範囲を勢力圏に収め、圏内の幹線道路を領域支配の道具としていた権力に、小田原《おだわら》を拠点にする後北条《ごほうじょう》氏がいた。彼らが天正十年（一五八二）十二月九日に発給した文書には、次の一条がある。

史料①「北条家伝馬《てんま》掟書《おきてがき》」（『小田原市史』史料編中世Ⅲ　小田原北条2　一四八六号文書）

掟　奈良梨《ならなし》

一西上州表へ伝馬の事、奈良梨より高見《たかみ》へ次ぐべし、此方は須加谷《すがや》へ次ぐべき事

群馬県（上州）への道路の通過地として登場する、埼玉県比企《ひき》郡小川町奈良梨、同町高見、同郡嵐山《らんざん》町菅谷（須加谷）は、いずれも「かまくらかいどう」上道の通過点とされている。しかし天正十年段階の鎌倉は、政治や経済の拠点としては衰微し、南関東の中心の座を小田原に譲り渡していた。従って史料①にある道路は、どこかで小田原への道路に合流し、彼の地に向かうよう再編されていたはずである。ここで語られる伝馬制《てんませい》は、小田原と後北条氏領内の各拠点間との連絡を目的に整備されたため、伝馬の利用者や沿道住人たちの間に、道路の先に小田原があるという意識を育んでいてもおかしくはない。

なお、天正十八年の後北条氏滅亡以降、同氏旧領内に土着した旧臣層の多くは、村落の有力者として近世を迎えている。史料①の所蔵者として『新編武蔵風土記稿』に登場する「旧家仙右衛門」の先祖も、そんな一群の末裔だった（比企郡八）。このようにかつての後

北条氏領国では、同氏は地域と地域の指導者のイエの歴史とも関わる、比較的身近な存在だった。ところが道路の話になるや、現地にはそんな歴史を反映した「おだわらかいどう」の類いではなく、もっと昔の、地域にとっては後北条氏よりも馴染みの薄いはずの、鎌倉幕府に由来する「かまくらかいどう」が残るのはなぜか。鎌倉が近世以前の道路の目的地にふさわしい土地だったことは認めるが、それがより身近な時代の、しかも地域のイエや個人とも縁のある歴史的事実を押しのけるくらい、強固なものとなるには、何か理由があるに違いない。各地の資料に「かまくらかいどう」が頻出するようになるのも近世段階だから、鍵は近世という時代に潜んでいる。

この問題は、鎌倉の名を冠する道路の成り立ちを考える際には、手がかりになる予感がする。そこで近世人が鎌倉と、鎌倉の名を冠して呼ばれる時代とに、いかなる想いを抱いていたのかを検討してみることにした。

「かまくら」の重み

まず、鎌倉時代および鎌倉は、江戸時代の人士に身近な時代だったことを押さえておきたい。現行の江戸幕府という機構はもとより、武士による社会統治、東国を拠点とした列島規模の政権という、社会の枠組み自体、いずれも鎌倉時代に端を発していた。そして幕府の頂点にいる徳川《とくがわ》氏は、鎌倉幕府の創設者である源頼朝の政治、血統上の後継者という立場を折に触れ主張していた。江戸幕府による鶴岡八幡宮《つるがおかはちまんぐう》の整備などは、その一つである。ちなみに同種の行為は徳川氏の専売特許ではない。源頼朝の猶子《ゆうし》とされた島津忠久《しまづただひさ》を先祖に持つ島津氏や、鎌倉幕府の重鎮だった大江広元《おおえのひろもと》の子孫に当たる毛利氏らが、鎌倉の大倉にあった頼朝墓の近傍に祖先の墓地を整備したように、彼らも先祖と頼朝との関係を持ち出し、自家の歴史的正当性を演出していた（関二〇〇三）。なお、治者としての武士の誕生に道を拓いたという点で、鎌倉幕府成立の余慶は近世の武士階級全体に及ぶ。よって鎌倉幕府と鎌倉は、彼らにとっての「始まりの時・始まりの場所」ともいえるだろう。

加えて文芸・芸能などの娯楽分野で多々取り上げられたことも、人々に鎌倉時代と鎌倉を身近なものにしていた。娯楽の受け手は、当時のほぼすべての階層の老若男女に及んでいた点、この回路の果たした役割は絶大なものがある。

周知のように、体制や支配層批判に転化することを恐れ、江戸幕府は人々の耳目を集めたタイムリーな事件や、将軍・大名家の先祖を創作の題材にすることを禁止していた。そこで制作側は物語を別の時代や場所、異なる登場人物に置換して規制をかいくぐるのだが、過去に遡るほど現在の権力者との直接の接点は減るため、当局の忌憚に触れる危険も減る。さらに将軍を頂点とする政治体制という共有項は、現政権下の状況や関係者を鎌倉幕府のそれに擬えることを可能とした。また、東国の武士の都としての鎌倉は、そのまま江戸の

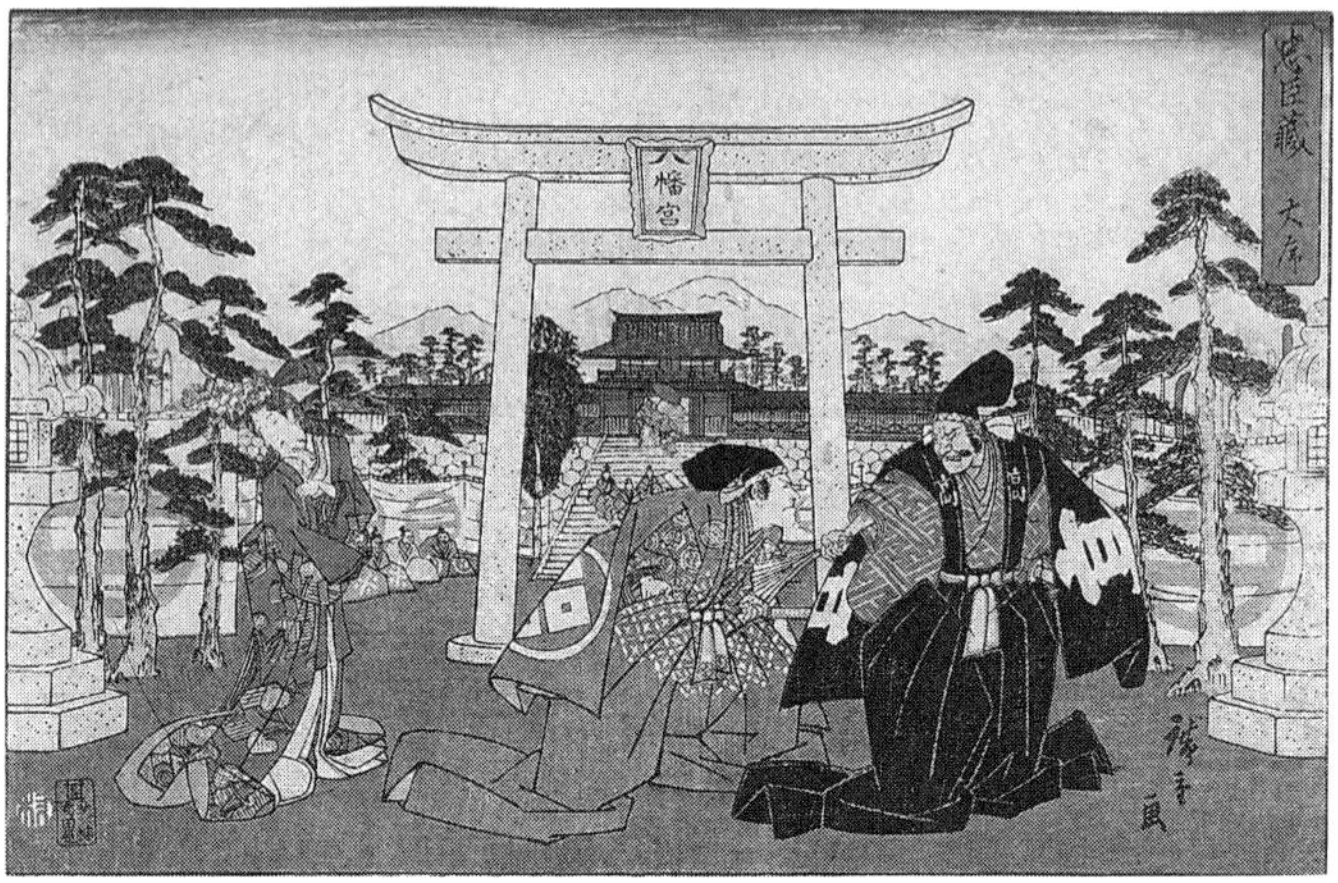

図13　歌川広重「忠臣蔵　大序」（立命館大学アート・リサーチセンター蔵）

代役となり、しかも鎌倉幕府滅亡後も鎌倉将軍府や鎌倉府の所在地であり続けたことで、この間を題材にした作品でも使えるなど、舞台としての応用も効いた。

『仮名手本忠臣蔵《かなでほんちゅうしんぐら》』はその最も有名な例である。物語は元禄十四年（一七〇一）三月十四日に、浅野長矩《あさのながのり》が吉良義央《きらよしひさ》に斬りかかった一件に端を発する赤穂《あこう》事件を、時代を南北朝期、事件現場の江戸城松の廊下を鎌倉の御殿にするなど、時と場所を換えて再構築していた。

過去と現在、江戸と鎌倉とが入り交じり、創作上の虚構も加味されて誕生した、どちらつかずの不思議な世界は、引用や二次制作などを通じて拡大再生産され続け（図13）、社会各層に共有されていく。史実云々はさておき、鎌倉時代と鎌倉への親近感は、こうしたことを通じて醸成されていったのである。

二つの時代・二つの土地の混交こそ、「かまくらかいどう」誕生の母胎だった。『新編武蔵風土記稿』には都築《つづき》郡本郷《ほんごう》村（神奈川県横浜市緑区東本郷町他）に「古《いにしえ》の鎌倉街道」が残り、「農民喜左衛門がかまへの前に、昔の一里塚の跡」と称する方形の塚があったことを記す（本郷村）。

近世の「古道」

一里塚は近世に入って全国で造成される施設だから、件の塚は近世以前の一里塚などではなく、別目的で造営されたものに違いない。けれども村人たちは古道の傍らにあった塚の正体を、見知った一里塚と道路との構図に再構築していた。過去の幹線道路という伝承が道路付近の塚を一里塚とさせたか。逆に塚を一里塚と見做したために、当時の幹線道路の通例に則って、傍らの道路を幹線道路と捉えたか、のどちらかだろう。

まったく同じ構図は遠く離れた仙台藩領でも確認できる。仙台藩は明和九年（安永元、一七七二）に完成した領内の地誌、『封内風土記《ほうないふどき》』の改訂を目指し、編纂材料として村や知行所《ちぎょうしょ》ごとに「風土記御用書出」・「代数有之百姓書出」・「古人書上」などの資料を提出させていた。今日『安永風土記』という総称で知られているものがこれである。そのうちの一つ、胆沢《いさわ》郡下胆沢前沢村（現在の岩手県奥州市前沢）からの書出（前沢村）には、「一古塚」として、中屋敷という場所の塚が記載され、「一里塚　右ハ秀衡《ひでひら》御時代往還海道一

表1　鎌倉・江戸幕府と交通の関わり

項目	鎌倉幕府	江戸幕府
幕府が関東に置かれる	○	○
根拠地が複数の幹線道路に接続	○	○
幹線道路を利用した交通政策	○	○
構成員が自領と幕府とを往復する制度	○	○
有事に構成員が幕府に集まる	○	○
幕府による幹線道路の維持・管理制度	?	○

○印は資料で確認できるもの

里塚之由申伝候」と説明されていた。平泉藤原《ひらいずみふじわら》氏が登場するのは地域の特性にしろ、他は本郷村とまったく同じである。遠く隔たった二つの土地での共通の出来事は、鎌倉時代の道路に、江戸時代の道路像を投射するのが一般的だったことの裏返しである。

さらに鎌倉・江戸両幕府の交通網への姿勢に、似通った要素が確認できることも、二つの時代の同一視に影響を与えていた。それを整理したのが表1で、表中の?印は、同時代資料で直接確認できない要素である。まず彼らの根拠地となった二つの都市は、いずれも複数の幹線道路の起点（終点）をなす。彼らは各道路を土台に、伝馬制や幹線道路沿いの宿立《しゆくたて》などを展開していたし、鎌倉幕府では鎌倉番役《ばんやく》、江戸幕府では参勤交代《さんきんこうたい》という具合に、傘下の武士が定期的に所領と幕府所在地との間を往来する制度も共通していた。そういえば幕府内で大事件が勃発したとき、武士たちが交通網を使って続々と集まる、まさに「いざ鎌倉」という事態も双方で起きている。と、なると、表中の?の項については、他の一致点に基づき、江戸期の状況をもって補完した蓋然性が高くなる。鎌倉幕府による道路への関与の不明瞭さとは裏腹に、江戸幕府のそれは、同時代人には自明のものだったし、道路保全などは自ら体験するところでもあった。それに道筋や宿場の位置、規模や宿場間の距離も江戸時代のそれは、はっきりとした資料もある。彼らはその情報を使い、表中の空白部分の補塡を試みたと考える。先の一里塚の例こそ、動かぬ証拠である。

自分の村にある古道に対し、近世の人士は、同時代の幹線道路像に倣って理解しようとした。

村の古道

史料②『新徳丸《しんとくまる》』

今日この野辺に、火をかけたるともがらが、生を変えであらじ。石と生を変えるならば、鎌倉海道の石となり、上り下りの駒に蹴られてもの思え

『信徳丸』を始めとする説教節《せっきょうぶし》は、中世末から近世初頭に流行した芸能である。今回使用したテキストは、東洋文庫版『説教節』収録のもので、正保五年（一六四八）刊の『せつきやうしんとく丸』および天和（一六八一〜一六八四）から貞享（一六八四〜一六八八）頃の刊行と推測される『しんとく丸』を底本としている。テキストの註では「鎌倉海道」をして、往来の激しい道路の表現と解説しており、これに倣えば、当時の人々は交通量の

多い賑やかな印象を「かまくらかいどう」に抱いていたことになる。ところが「今は道の幅せばまりて僅かに六尺」（『新編武蔵風土記稿』「下長房村《しもながぶさ》」）・「道幅今は僅に三四尺」（『同』久米村《くめ》）・「近き頃迄少しく道の形残りしが、今は畑となりて其蹟《そのあと》は失へりと云」（『同』大袋新田《おおぶくろしんでん》）などと、近世の「かまくらかいどう」周辺の景観は、必ずしもそうではなかった。

古の幹線道路という道路が小道だったり、廃道寸前の体をなす現状を前に、人々が時代の推移による目的地や通過地の地位低下、すなわち衰退を嗅ぎ取ったことは想像に難くない。自ずと目的地は過去に幹線道路の目的地となるほど繁栄し、今は凋落してしまった場所となるが、これにぴったりなのが鎌倉だった。殊に鎌倉御家人のお膝元である関東地方では、地元の道路を鎌倉と結びつけるのは、地域の歴史とも整合性が取れた。上・中・下の各道のような、実際に鎌倉へ向かう幹線道路が通過していたと目される土地では、眼前の古道がそれに相当するか否かは別にしても、目的地を鎌倉とするのは説得力があった。図9からは、そうでない土地でも状況は同じだったことが浮かび上がる。目下の主要幹線道路網から外れ、幹線道路がもたらす種々の恩恵に与りにくい地域の住人にとり、自分の住む場所をかつて時の首都に通じる道路が通過し、物流・交流の主幹をなしていたという話は、現状がそうでない分、いくばくかの慰めと誇りをもたらしたことだろう。あるいは今日でも土地自慢の一つの形として各地で耳にする、「今はこうでも、他所と違って昔は〜」の類いの話の出発点になったかもしれない。ひとたび鎌倉との回路ができるや、いつしかそれは確たる歴史的事実に昇華し、地域で共有されていく。住民たちは自分の住む土地に近接した土地ならまだしも、遠くの事例までは熟知していないだろうから、他所の事例とのすりあわせができたとも思えず、事例間の矛盾に気付く機会も少なかったことだろう。その結果が図9なのである。

かまくらかいどう　その後

「かまくらかいどう」という名称が生まれ、周知されていく過程には、大きな副作用があった。まず、地元の古道が鎌倉時代に遡るとなった時点で、事実とは無関係、かつ自動的に「かまくらかいどう」と命名され、鎌倉が目的地とされる恐れが出てくる。これは歴史も性格も目的地も違う道路に、鎌倉時代という年代観と、鎌倉や鎌倉幕府と関連する歴史や性格を押しつけることでもある。さらに有名人の通過や来訪など、ここから二次的な歴史的言説が派生していく可能性もある。私たちが研究に使っている後世の地誌は、かくして生まれた情報を収録しているかもしれないのだ。服部英雄氏はこの動きと関連して、各地の「かまくらかいどう」の中には、郷土史家が推測、命名したと思しき例や、地域おこしの一環として、現代に提唱されたものも含まれるという、従来までの研究の土台を揺るがす、非常に重大な指摘をしている（服部二〇〇七)。

ゆえに各地の「かまくらかいどう」の歴史や性格、そして目的地を額面通りに受け取るのは危険である。今日では「〇〇道」や「〇〇線」などの支線を含む、「かまくらかいどう」網道路が各地に密に張り巡らされた様子が復元され、地域史の再検討の材料となっている。現地や資料に残る地名を用いての作業とはいえ、後世に成立した資料を用いる限り、すでに述べた洗礼を経ていないとは断言できない。古道研究は、多様な来歴の幹線道路が混在し、多極的な地域交通が推測される地域の歴史を、単一の時代、単一の目的地からなる交通体系と、鎌倉と地方という二点間の歴史の枠に押し込めてしまう危険と、隣り合わせなのだった。

残念ながら、これは「かまくらかいどう」に固有の事態ではなく、各地の古道に共通する現象だった。視点を東北地方に転じ、彼の地の状況を見ていきたい。

あづまかいどう

仙台領の古道

東北地方、ことに旧仙台藩領に属する地域には、「あづまかいどう」と呼ばれる古道（道路表記については、『安永風土記』に載る分だけでも、たとえば「我妻海道」〈刈田《かった》郡白石本郷《しろいしほんごう》〉「東海道」〈宮城郡国分《こくぶ》沖通苦竹村《おきどおりにがたけむら》〉・「吾妻海道」〈桃生《ものう》郡深谷《ふかや》浜市村〉・「あつま海道」〈江刺《えさし》郡片岡《かたおか》村〉のように一定しない。ゆえに本書では資料に即して話を進める場合を除き、音に基づいて「あづまかいどう」と表記する）と、道路にまつわる伝承とが点々と残されている。藩域全体を対象にした地誌のうち、最も情報量の多い『安永風土記』に登場する関連記事を整理したものが、表2と図14である。旧藩領域すべての書上が揃っておらず、情報の脱落もあるため、事例数はこれを上回る。事例は藩域南端の宮城県白石市（刈田郡白石本郷）から、北端の岩手県奥州市（江刺郡上門岡《かみかどおか》村）に至る

表２　『安永風土記』（「風土記御用書出」）における「あづまかいどう」一覧

	郡名	村名	記事
1	刈田郡	白石本郷	「旧跡」の「よしか池」・「てうしか森」の「右二ケ所ハ往古我妻海道之由申傳候」とある．白石本郷の書出の「道」の箇所には我妻海道の記載がないため，主要幹線道路と認識されていないか，道として機能していなかった可能性あり．
2	刈田郡	郡山村	「名所」として江坪屋敷東北の「うるい峠」あり．「右者源義経公当国御下向之節ハ吾妻海道御座候由申伝候」という．峠とある以上，道路として機能していたか？こちらも「道」の箇所には記載なし．
3	刈田郡	小下倉村	「坂」の字るい坂は，当村と白石町の通路とある．この坂は「右坂続峰通往古東海道ニ御座候由古道之形ニ御座候」とある．
4	宮城郡	国分沖通苦竹村	「道」として「当村下原街通東海道名取郡根岸村長町江之道並国分木下薬師国分南目村宮城野江之道」とある
5	（宮城郡）	田子村	「旧跡」として「とりゐ原」の華表原を「往古吾妻海道通行之節塩竃御社一之鳥居相建候之由申伝」とする
6	栗原郡	二迫姉歯村	「旧跡」として上沢の「姉歯宿」を「往古此所東海道之節宿有之候由申伝候」とある
7	栗原郡	三迫大原木村	「道」のうち「東海道　一南ハ当郡二迫栗原村北ハ三迫平形村江之道　壱筋」とある．現役の幹線道路．脇街道としてもう一筋の道路が載る．
8	栗原郡	三迫平形村	「古塚」の所在地として，「東海道両脇」という記述あり．なお当村では東海道は道路の部分に記述なし．ただ，三迫大原木への道は「坊ケ坂」として坂の部に登場．
9	栗原郡	三迫岩崎村	「旧跡」のところで長橋という橋の説明に東海道が登場．岩崎村と平形村の境が東海道．また，「道」の項に東海道が出てくる．南は大原木村，北は磐井郡一関町への道
10	桃生郡	深谷浜市村	村名は「往古吾妻海道之砌於浜辺市町明立市之日有之候ニ付浜市と申唱村名ニ相成候」とする
11	磐井郡	磐井郷赤荻村	「旧蹟」として東海道跡・駒泣坂・鎧破・手洗沢・大日沢があげられ，これらは往古の東海道だという．黒沢村大窪という所より赤荻村を通過し，平泉村に向かう旧往還の大難所．坂上田村麻呂の通過伝承を持ち，海道の跡が残る．
12	江刺郡	片岡村	「道」のところで「一　壱筋　但シあつま海道之由申伝候古道」とある
13	江刺郡	倉沢村	「道」のところで「片岡村より上門岡村へ通用道　但東海道と申唱候」とある
14	江刺郡	上門岡村	「道」のところで「東海道倉沢村境柏木立より海道十文字」とある

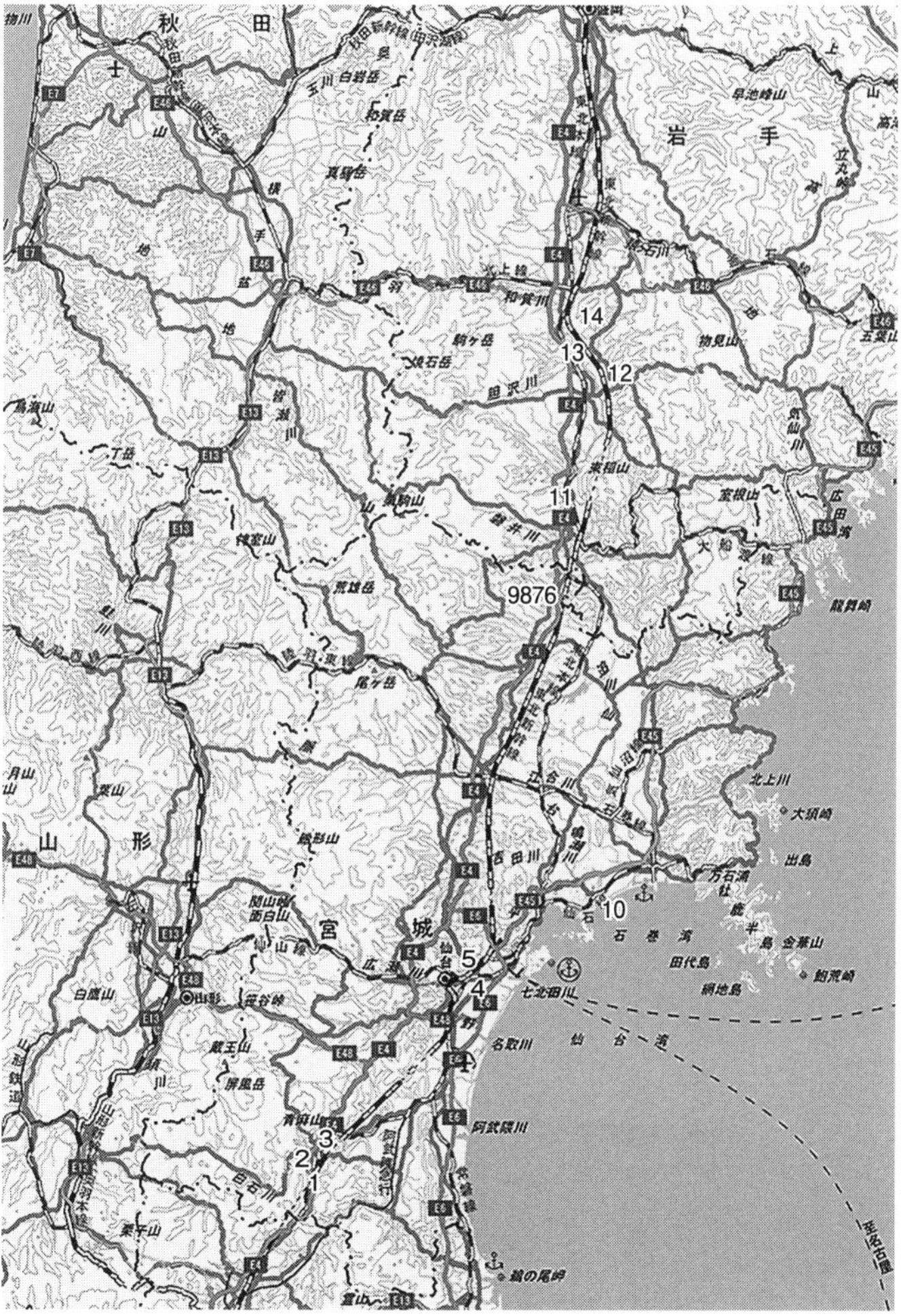

図14　「あづまかいどう」分布図（地理院地図）

まで、薄く広く分布する。この間の地域では、ある種の道路を「あづまかいどう」とする認識が共有されていたのだ。

やはりこの道路も、少なくとも江戸時代の段階では古道として認識され、地域の歴史を語る材料となるなど、「かまくらかいどう」と似た面を持つ。

近世の「古道」

享保四年（一七一九）に完成し、仙台藩領を対象とした最古の地誌である『奥羽観蹟聞老志《おううかんせきぶんろうし》』には、以下のような記事がある。

史料③－A
東奥細路《ヲクノホソミチ》
古くより封内に東奥通行《アツマカイタウ》と称するもの、或いは口碑の伝えるもの有り、或は書中に記するもの有り、名取《なとり》においては則ち笠島《かさしま》辺に在り、宮城においては則ち木下西《きのしたにし》、その道路今と相会うもの在り、昔と異なるもの有り、此の地またその亦分明ならず、

笠島（名取市）から木ノ下（仙台市若林区）に至る東奥通行《アツマカイタウ》は、すでにこの段階で道筋は不明瞭になっていた。具体的な様子について、同書は栗原郡姉歯《あねは》村（栗原市）の事例を次のように述べる。

史料③－B
光景ノ古館

松樹以南に古塁有り、泰衡家臣姉歯平次《あねはへいじ》光景の故墟なり、館下の水田は往古東奥道《アツマカイトウ》と称するものなり、

開田に伴う消滅や畦畔化など、道路は幹線道路を意味する「カイタウ」という言葉が与える印象とは裏腹の有様だった。しかし『安永風土記』では、同村上沢にある姉歯宿跡を往古の東海道の宿跡とするように（姉歯村）、かつては沿道に宿も営まれる、それなりの道路と伝えられている。両者の差からは、交通環境の変化を受けての道路規模縮小や廃道、宿の消滅などが予想される。この間の事情を具体的な理由と共に説明しているものに、仙台市青葉区越路《こえじ》の例がある（図15、16）。

越路の「あづまかいどう」は、元禄八年（一六九五）頃の成立と推定され、仙台城下を対象にした地誌としては最も古い『仙台鹿の子』や、文化八年（一八一一）に記された『嚢塵埃捨録《のうじんあいしゃろく》』など、複数の地誌で扱われている。

史料④－A　『仙台鹿の子』

一　越路とは鹿落《ししおち》坂の辺をいふ、往古の東街道にして、都の方の人は名取郡笠島道祖神前の山脇に付て北の野原に出て、塩手《しおで》村実方《さねかた》の塚の前にかゝり、大方山の下少幸か橋を渡り、茂ケ崎山の北七曲がり坂越沢を西へ上り、此鹿落坂を下り、坂下の大川を渡り、米ケ袋より田町を通り、宮城野木の下へ出でしなり。清水小路清水坂橋其街道

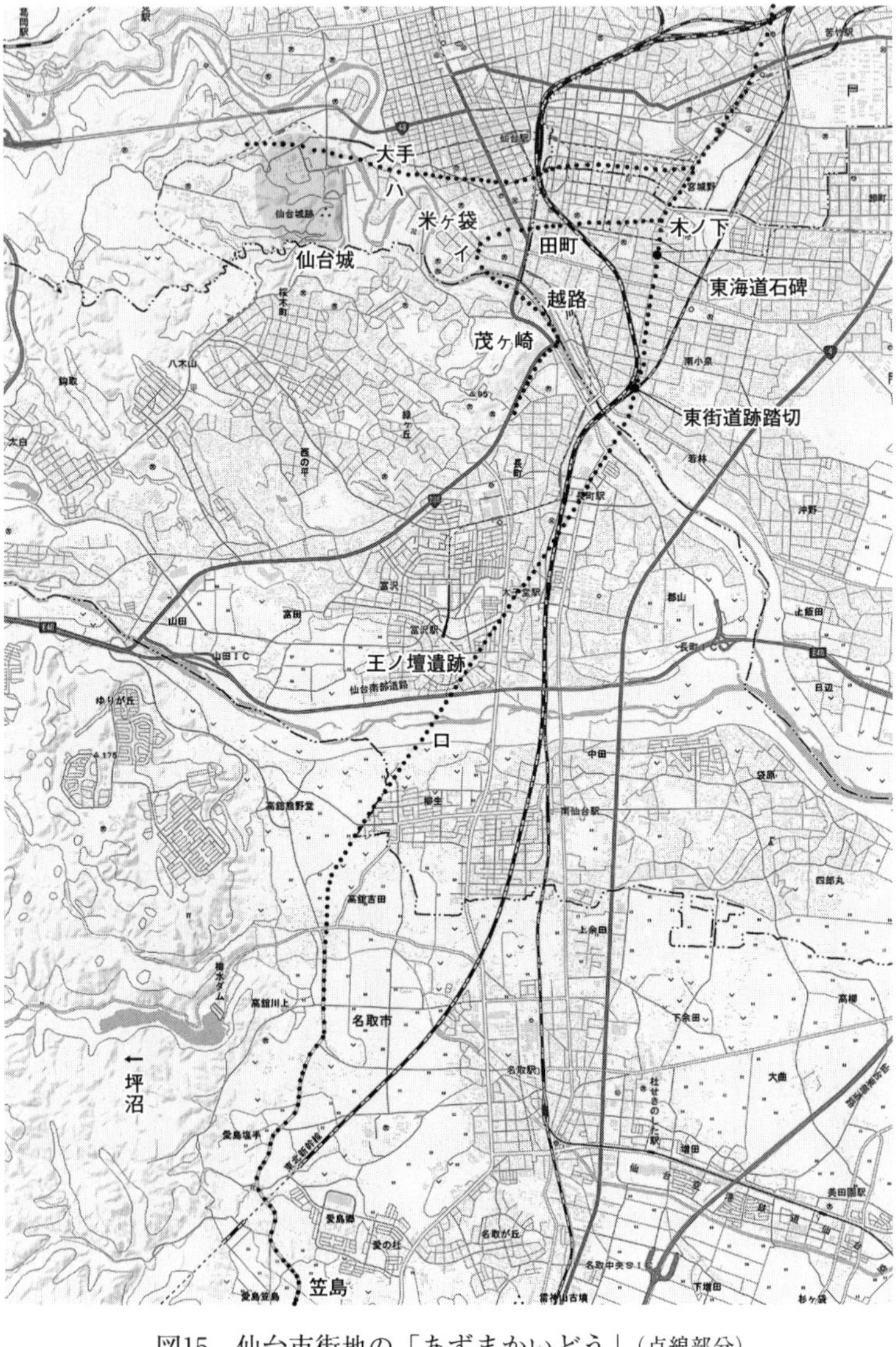

図15　仙台市街地の「あずまかいどう」(点線部分)

筋なり。（後略）

史料④－B『嚢塵埃捨録』

越路。名取郡根岸村今仙台越路

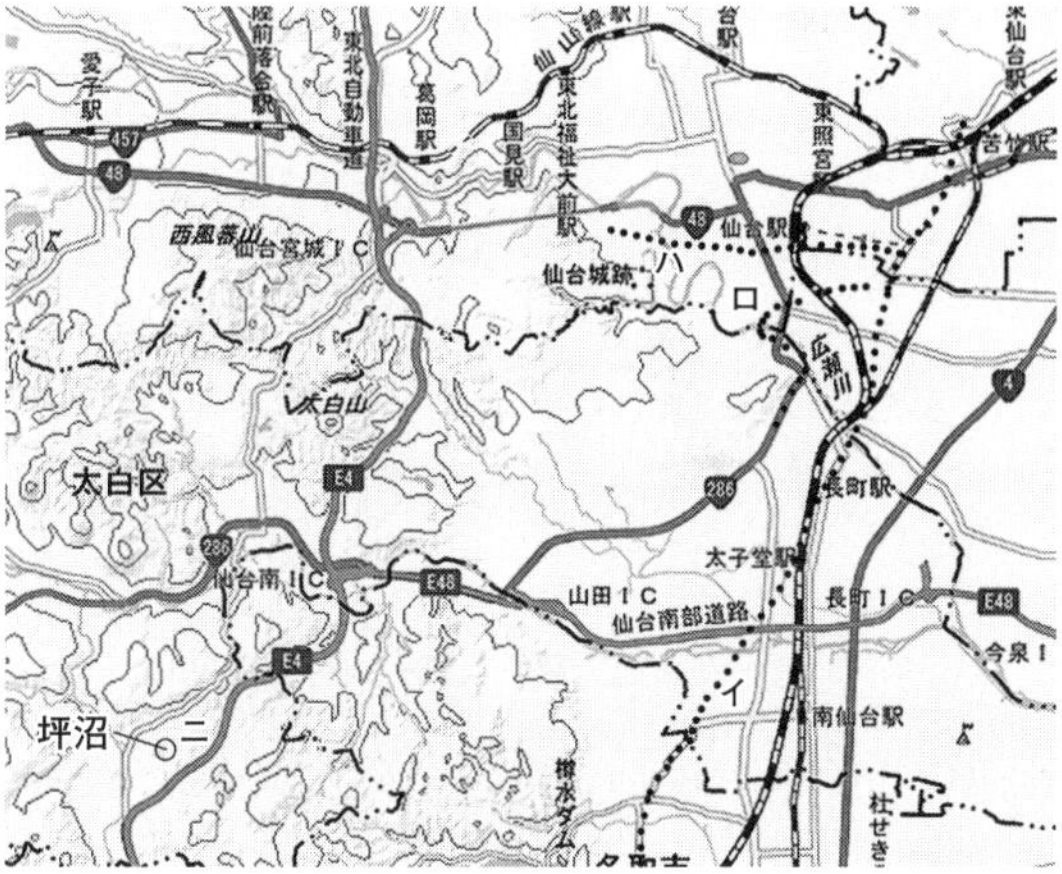

図16　仙台市太白区坪沼の「あづまかいどう」

此辺の地名なり。昔此所は東街道の道筋にて。江戸・京・大坂・奈良・伏見・堺等の商人。又は諸国の旅客。今の盛岡・秋田・弘前・松前等の奥筋へ。往来せし時多は此所に至り。越坂渡川て通りたる所なれは迚。後人越路と云り。大城御普請あるの時。往還の通路不宜とて。此街道を相潰さる。

（後略）

史料④－Aによると、問題の道路は史料③－Aに接続していた。④－Bでは、道路は慶長五年（一六〇〇）に始まる仙台城築城の折りに潰されたとされている。また、④－Bには、この道路が結んでいた遠隔地の名前が並び、街道の名にふさわしい道路と認識されていたこともわかる。この当時、仙台周辺で同じ任務を持つ道路には奥州街道があるが、こちらは仙台城築城と同時進行の城下町建設に際し、城下の基幹として建設された歴史を持つ。仙台領内では同時進行で、仙台城下を起点とした、奥州街道を含む幹線道路網の整備も手掛けられており、史料④－Bの記述は、時期といい廃道理由といい、幹線道路としての「あづまかいどう」の最期を説明するにはうってつけである。事の実否は措いて、近世人たちは「あづまかいどう」を近世の奥州街道に匹敵し、その前身に当たる存在と見做していた。

繋がらない歴史

奥州街道と同種の道路を、近世以前の陸奥国内に求めると、古代には東山道《とうさんどう》、中世には奥大道があげられる。ゆえに近世段階で古道と認識されていた「あづまかいどう」は、この二つと関連付けられ、どちらかに軸足を置いた説明がなされてきた。

「あづまかいどう」を古代に端を発するものとする見解としては、個人にあってはたとえば真山悟氏の研究（真山二〇一二）、自治体史では『白石市史』や『柴田町史』などがある。『白石市史』は市域に残る事例を対象にし、『柴田町史』は古代陸奥国の交通の概論という違いはあれ、「あづまかいどう」を東山道とする点は共通する。また地名辞典も基本的には同じ見解に立つ（『宮城県の地名』の「東山道」・「名取市」の項や、『角川日本地名大辞典4　宮城県』の「東街道」の項)。

起源を古代に求めるのは一緒でも、東山道とは別の官道に擬する見解もある。往時の陸奥国の太平洋岸一帯には「海道」と呼ばれる幹線道路が走っていて、弘仁二年（八一一）には陸奥国海道の十駅を廃止したという記録もあり（『日本後紀《にほんこうき》』〈弘仁二年四月二十二日条〉)、これとの連続性を指摘するのである。神英雄氏（神一九八七）はこの立場に立ち、『石巻市の歴史』は、桃生《ものう》郡浜市村（東松島市浜市）の「吾妻街道」を件の道路の延長と位置づけ、多賀《たが》城と桃生城あるいは牡鹿《おしか》柵との連絡道と評価する。そして道路自体は中世にも引き続いて用いられ、地域の基本幹線であり続けたと説く。

なお「あづまかいどう」の起源をより古く見積もるものもある。『名取市史』は、今日の名取平野が滞水・湿地の原野だった頃から、外部との唯一の交通路として使われていたとしていた。

中世に重きを置く見方としては、奥大道との連続性を重視するものに『仙台市史』があり、戦国時代に奥大道の名称が「あづまかいどう」に変わった可能性に触れられている。より具体的に、かつての笠島村の故地を走る県道三九号線を、奥大道の名残を伝える「あづまかいどう」の道筋とする意見もある（難波・大石二〇〇四)。

残念ながら、研究はここで足踏みをしている。と、いうのは、現時点では道路総体よりも、地域の歴史を語る材料として、各地域にある個々の道路に光が当てられているためである。そこでは個々の道路は他所にある事例とは切り離され、対象となる地域にかつて存在した、ないしは存在したとされる幹線道路に引きつけて分析される。当然、他地域との比較は不十分となり、特定地域の歴史という枠組みの中、個々の事例を論じる分には整合性がとれても、余所の成果と付き合わせると整合性がとれなくなるのだ。

結びつかないみち

道路を巡る議論の不一致は、道筋復元の場でも起きており、市内に複数の「あづまかいどう」を抱える仙台市において顕著である（図15・16）。

仙台市域におけるこの道路の道筋としては、まず④-Aが述べるものがある（イ）。これに対して、市域に入っても茂ヶ崎《もがさき》山方面へは向かわず、仙台市太白《たいはく》区長町方面から宮城《みやぎ》野《の》区原町、そして宮城郡利府《りふ》町方面へと北上する道筋もあった（ロ）。『仙台市史』はこちらを取り上げて考察している。当該道路の推定線付近にある若林区南小泉には、東北本線・常磐線・仙台空港鉄道の東街道踏切（図17）があり、その北に当たる同区木ノ下には、近代以降に作成されたものとはいえ、道路名を刻んだ石碑も立つ（図18）。もっと北にある仙石線沿いにも、地下化による連続立体交差事業で撤去されるまで、東街道踏切が設置されていたように、道路の痕跡が点々と残されている。もちろんこの部分は④-Aにある

図17　東街道踏切

図18　東街道石柱

茂ヶ崎山の先の経路、北七曲―坂越沢―鹿落坂―大川（広瀬川）―米ヶ袋《こめがふくろ》―田町―宮城野木の下（先の木ノ下である）とは明らかに別物で、双方を接合させて一本の道路には仕立てられない。

　さらに越路の北に位置する仙台城内にも、「あづまかいどう」跡があったというから、話は複雑になる。仙台城築城以前に城域にあったとされる、寂光寺という寺院に関連して、『残月台本荒萩《ざんげつだいもとあらはぎ》』（巻之二）は次のように述べていた。

史料⑤

私伝にいわく。寂光寺は。本御本丸に立居たり。今残月亭の辺也。この残月亭は。御本丸御二丸間にて。御二丸御座の間向北高き所にあり。御物見亭なり。（中略）此残月亭の西後は昔の東海道也。是より大手松木番所へ出。大橋川え出て渡り。本荒町の本荒の里より。宮城野へ行くと見へたり。（後略）

本丸と二ノ丸との間に建っていた残月亭という建物の西に昔の東海道があり、道路は東進して史料④－Aと同様、宮城野に向かっていたという（八）。南から宮城野付近へ向かう、先ほどの二本の「あづまかいどう」以外にも、目的地を同じくする道路があったというのだ。なお、前出の『嚢塵埃捨録』では、仙台城内にあった件の道路を、出羽《でわ》国に至るものとする（巻之二）。「あづまかいどう」は陸奥《むつ》国の主要幹線道路との関連性が指摘されているのだから、出羽に向かうとなれば別の道路となる。

これらはいずれも近世以降の資料であり、各資料の精度には甲乙付けがたい。そのためか、仙台市街地にある「あづまかいどう」を紹介する際、各道筋が並記されるのは（高倉二〇〇六）、現時点ではやむを得ない。

もっと話をややこしくしてみよう。佐藤達夫氏は、仙台市太白区坪沼板橋《つぼぬまいたばし》から境田《さかいだ》にかけての丘陵上に、「あづまかいどう」と呼ばれた道路があることを報告している。当地は笠島道祖神前〜塩手村の実方中将の墓付近を北上する道路からは丘陵一つ西側に当たり、仙台城からは南西の位置にあるため（図16）、先にあげた道路たちとは明らかに別系統の道路となる。佐藤氏は件の道路沿いに、仙台市指定文化財の上前十三塚《かみまえじゅうさんづか》があることをもって、中世には利用されていた道路としている（佐藤二〇〇七）。このように仙台市内の事例は、名称こそ同じでも、同一の道路とは言いがたい。

東山道や奥大道とは別物としての「あづまかいどう」は、岩手県奥州市でも確認できる。まずは以下の記事を見ていただきたい。いずれも『安永風土記』からの抜粋である。

史料⑥－A「風土記御用書出」江刺郡片岡村

一道筋　七筋

一　一筋　但シ岩谷堂《いわやどう》町より気仙《けせん》えの道
一　一筋　但シ岩谷堂町より上口内《かみくちない》町えの道
一　一筋　但シ岩谷堂町より下門岡《しもかどおか》村えの道
一　一筋　但シ岩谷堂町より人首《ひとかべ》町野手崎《のでさき》町えの道
一　一筋　但シ岩谷堂町より上伊沢水沢《かみいさわみずさわ》町えの道
一　一筋　但シ岩谷堂町より黒石《くろいし》町えの道

一　一筋　但シあつま海道の由申し伝え候古道

史料⑥－B「風土記御用書出」江刺郡倉沢村

一道　三筋

一　片岡村岩谷堂町より上伊沢相去町御番所への道

一　右岩谷堂町より下門岡村寺坂を通り南部御領立花村への道

一　片岡村より上門岡村への通用道　但し東海道と申し唱え候

史料⑥－C「風土記御用書出」江刺郡上門岡村

一　道　三筋

一　妻ノ神坂　但し岩谷堂町より寺坂を通り南部領立花村えの通路

一　東街道倉沢村境柏木立より上口内町えの通路

一　上胆沢相去町より上口内町えの道

問題は、これらの村々がいずれも北上川東岸に位置することだ。今日の奥州市周辺における古代の駅路（東山道）の駅家は、奥州市前沢《まえさわ》の白鳥《しろとり》、そして同市水沢《みずさわ》の胆沢《いさわ》（『延喜《えんぎ》式《しき》』）と、みな北上川西岸に比定されている。よって当地の「あづまかいどう」を古代のものとするなら、白鳥駅を通過後に同川を渡河、史料⑥の土地を経由して再度西岸に戻り、胆沢に至る大迂回路となるが、最短距離で拠点間を結ぶことを身上とする駅路では、受け入れがたい道筋である。かつて中央政府が設置した、胆沢城・志波《しわ》城（盛岡市）・徳丹《とくたん》城（矢巾町）の各出先機関は、いずれも北上川西岸にあるのだから、各施設を最短距離で結ぶ道路は北上川西岸にあった方が合理的なのである。

駅路の後身に当たる奥大道も、平泉陥落後に同道沿いに厨川を目指した頼朝らは、志波《しわ》郡比爪《ひづめ》から陣岡《じんがおか》（『吾妻鏡』九月四日条）・岩井郡《（ママ）》厨川《くりやがわ》（『同』九月十二日条）と進軍したように、北上川西岸に終始する。近世の奥州街道、そして今日の国道四号線も同様で、当地域の最重要幹線道路は一貫して北上川西岸にあり続ける。だから同川東岸に当たる江刺郡の事例は、東山道や奥大道ではない。この点、『江刺市史』も、当地の「あづまかいどう」を平泉藤原氏時代のものとし、奥大道と接続する江刺地区の幹線道路と評価している。ところで『江刺市史』には、文政年間頃の年次比定がなされている、次の文書も収録されている。

史料⑦　「東街道」（『江刺市史』第五巻資料編近世Ⅳ）

江刺郡の内、餅田《もちだ》村土谷《つちや》村石山《いしやま》村右三ケ村に往古東海道と申す往還これあり、只今は人馬共ニ通用これなき荒道に相成り、併せて歩人ならびに馬も稀には通用致し候らえ共、細道に罷り成り候、脇に並松これあり左に

一　並松百六十九本

右の内　一　十七本
　但　廻り四尺位より六尺位迄
　一　五十一本
　但　廻り五尺余より六尺位迄
　一　六十六本
　但　廻り六尺余より七尺位
　一　二十九本
　〃　〃七尺余より八尺位迄
　一　八本
　〃　〃八尺余より九尺迄
　　但　九尺廻り一本

餅田・土谷・石山もまた、北上川東岸の村々だった。『安永風土記』では、これらの村に「あづまかいどう」の姿を確認できないが、あるいは取りこぼしだろうか。交通環境の変化によって利用も稀となった結果、道路の規模縮小という流れは他と一緒でも、当地では一六九本の松並木が目を引く。古代には畿内と七道の駅路《えきろ》の両側に果樹が植樹されたり、戦国時代には織田信長が領内の道路の脇に松柳を植えさせた例があるものの、幹線道路の並木が一般的になるのは江戸時代以降、幕府や各藩の道路政策下である。当地の松を江戸時代初期の植樹と仮定すれば、史料⑦の作成時期と推測される文政年間（一八一八〜一八三二）まで二百年ほど経過しているから、松樹も相応の成長を遂げていたはずで、整合性はとれる。

なお、『水沢市史』（3　近世上）は、やはり北上川東岸にあった黒石村《くろいし》（現在の奥州市水沢黒石町）に東街道が走っていて、道筋に当たる谷地にある、旧肝入《きもいり》（村役人）の家には、宿泊した南部《なんぶ》美濃守・蠣崎《かきざき》四郎兵衛などの宿札が伝わる旨を記す。名乗りに明らかなように、両人は南部・松前藩の関係者だろう。北上川東岸の「あづまかいどう」は、近世のある時期までは機能していた、他領の人間も利用する歴とした幹線道路なのだった。

このように、「あづまかいどう」もまた、近世における古道群の総称であり、目的地も来歴も異なる複数の道路から構成されていた。いうまでもなく、これは特定の時代、特定の道路を語る素材としての「あづまかいどう」に疑問を投げかけることになる。どうやら再び、先と似た問いかけをしなくてはなるまい。すなわち、不特定多数の道路は、なぜ等しく「あづまかいどう」と呼ばれるに至ったのだろうか。「かまくらかいどう」の例から予想して、背景には当時の仙台藩領民たちの道路観や歴史観とがあるのだろう。

「あづま」が意味するもの

かつて陸奥国南部の太平洋岸を指し、東海道と呼ぶ場合があった。先述した「海道」という地域名称もそうだし、中世には「陸奥国東海道宇多庄」（「相馬胤頼《そうまたねより》軍忠状案」『南北朝遺文』一―四四六号文書）という具合に、

今日の相馬地方の呼称となっていた。「あづまかいどう」の歴史を古代に引きつける立場からは、中世の東海道を古代の「海道」と結びつけ、東海道方面から北進してきた道路ゆえ、こう命名されたという指摘がなされることに、筆者は疑問を持っている。それは双方の呼称の別が軽視されているためで、地域名称が「とうかいどう」であるのに対し、道路名称の方は字面こそ違え、読みは「あづまかいどう」が圧倒的なのである。もし道路名称が東海道に起因するなら、経年による転訛があっても、「トウ」の響きを何らかの形で残すはずだが、「アヅマ」という読みなのだから、両者は別物と考える。

漢字表記の揺れは、名称が先にあり、その後、おそらく江戸時代に村の情報をまとめる機会――たとえば地誌や村絵図の制作など（図19）――があった際、道路名を漢字表記する必要に迫られ、藩当局ではなく個々の土地で、音に基づいて漢字が当てられた経緯を想像させる。だから漢字表記が統一されていないのである。この間、あるものに「東海道」という字が与えられたために、地域名称との混合が起き、長きに渉る誤解の種となってしまった。

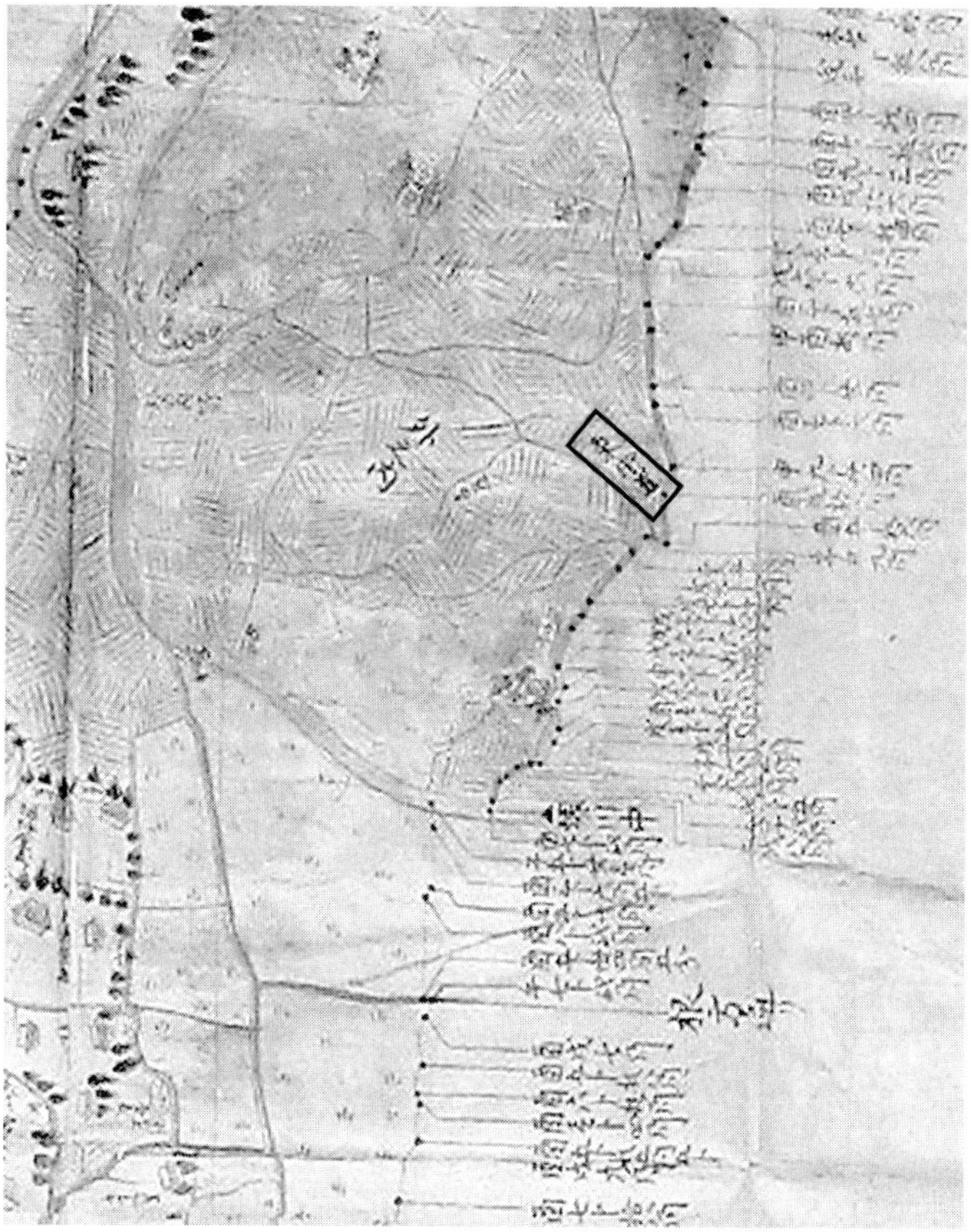

図19　名取郡南方小川村絵図（部分，宮城県岩沼市教育委員会提供）

太平洋岸を北上してきた海道との絡みで「あづまかいどう」を説明するのは、件の海道の通過地の宮城県南部の沿岸地帯では説得力があったろう。けれども、北方の内陸にある、先の奥州市江刺をも海道の範囲に入れるのは、距離的にも位置的にも難しい。

さて、「あづま」（あずま）という言葉を『日本国語大辞典』で引けば、都から東の方の諸国の称。東国として、広くは東海道・東山道以東の陸奥国までを含んでいたが、奈良時代以降は次第に現在の関東地方を指すようになっていったとある。もっとも仙台藩士による自藩関連の著作に、『東藩事物紀源』（玉虫尚茂《たまむしひさしげ》著）や『東藩野乗』（小野寺鳳谷《おのでらほうこく》著）などの題名を持つものがあるなど、陸奥国を「あづま」の一部とする意識は江戸時代にも生きている。「あづまかいどう」とは、ちょうど中世の「奥大道」が奥（州）の主要幹線道路だったように、東国の主要幹線道路と目されての命名なのではあるまいか。

傍証を一つ。同じ「あづま」の一隅をなす群馬県の南東部には、「あづま道」と呼ばれる古道が残されている。そういえばこちらも、江戸時代の資料に現れる名称だった。坂井隆氏は当該道路について、十二世紀の浅間《あさま》山噴火後、かつての東山道を再興する形で、各地の在地武士団が作り上げた東西幹線道路とする。そして東山道の果たす畿内と東北地方とを連絡する需要自体が薄れた結果、「あづま道」は副次的な道路となっていったと指摘していた。注目すべきは道路沿線に源義経《みなもとのよしつね》を始めとする武人通行伝説や、貴人に関係する牛の疲労伝説――貴人や彼に関連する荷物を載せた牛が疲労死したという類いの――が残されていることで、坂井氏は西からやってくる貴人や牛に、都――牛が牽く牛車は貴族の乗り物である――方面との交流の記憶を見いだす（坂井一九九九）。「あづま道」が「あづま」の外へと延び、都方面に続く道路と認識されていたこと。そして江戸時代には、かつての「あづま」の主要幹線道路と認識されていたこと。に注目したい。これは「あづまかいどう」の誕生を考える鍵となる。

仙台藩領の事例にも、都との連絡は顔を出していた。『安永風土記』でも、岩手県一関市にあった「東海道跡」は坂上《さかのうえの》田村麻呂《たむらまろ》が通過したといい（赤荻村）、宮城県白石市の「うるい峠」は源義経の陸奥下向時の「吾妻海道」だったという具合に（郡山村）、彼の地から訪れた著名人の利用が伝わる。他にも、史料③－Aの道路の沿道にある杉の老樹は「認鏃小杉《ヤタテノスキ》」と呼ばれ、藤原秀衡の上京伝説と共に、通過時に彼が矢を射込んだという言い伝えを残す。近くには国司赴任中に死亡した、藤原実方の墓とされる遺跡もあるなど（『奥羽観蹟聞老志』）、沿道には彼の地との交流を語る事物が残されている場合もあった。

東北観――内と外との――

『古事記』には「道奥」、『和名抄《わみょうしょう》』では「陸奥」を「みちのおく」と訓じるように、「あづまかいどう」に足跡を印した人たちの出発地とされた都周辺において、陸奥国は道路の最果ての土地に終始した。通信や交通手段の未熟な時代、物理的な距離の遠さは、政治・経済に始まり文化や学術など、あらゆる分野における都からの距離の遠さを意味した。距離が生み出す都との物理的・精神的な時間差や、両者に起因する種々の差異は、風習や言葉の違いも相まって、陸奥国を辺境の後進地とする認識と、これに起因する相対する二つの意識、優越感と劣等感の形成の母胎となった。前近代では、中央の優越感と地方の劣等感という図式が殊更目立つ。

菅原孝標女《すがわらのたかすえのむすめ》による『更級日記《さらしなにっき》』は、冒頭に「あづま路の道のはてよりも、猶《なお》奥つかたに生い出たる人、いか許《ばかり》かはあやしかりけむを」（「あづま路の道のはて」と歌に詠まれた常陸国よりも、さらに奥に生まれた私は、どれだけみすぼらしく見えただろう）と、中央から離れた土地に生を受けたことへの——ただそれだけのことなのに——彼女の劣等感が語られている。

東北への蔑視は、「あづまかいどう」が資料に現れる江戸時代にも息づいていたどころか、より露骨な嫌悪感が加わったものが流布されるようになっていた（河西二〇〇二）。天明八年（一七八八）、江戸幕府の巡見使の随行員として東北地方を旅した古川古松軒《ふるかわこしょうけん》は、道中の記録を『東遊雑記《とうゆうざつき》』としてまとめている。そこでは東北地方を「辺土《へんど》」・「辺鄙《へんぴ》」とし、現地の事物を「人物・言語も至って悪しく」（田島）「夷風《いふう》の残りし者」（鶴岡）などと酷評する箇所が目立つ。彼の価値基準の一つは、「言語もこれまでと違いて中国の言語に似てよし」（本荘）・「上方筋《かみがた》の城下と違いて見ぐるし」（秋田）というように、自分の故郷の中国筋や上方の文物に置かれていた。そしてもう一つが、帰途通過した常陸《ひたち》国新治《にいはり》郡府《ふ》中《ちゅう》（茨城県石岡市）での、「水戸よりの街道筋はよき道にて往来も繁く、江戸に近き土地ゆえ、万事よく似て俗ならず」という記述が示すとおり、江戸との距離だった。

古松軒の目に珍奇に映った文物や言葉は、内容の優劣ではなく、自分にとって馴染みの場所である中国筋、そして先進地だった歴史を持つ上方、目下の列島の実質的な中心地である江戸から隔たった土地にあるという、単にそれだけの理由で、未開で劣等なものと評価されていた。だからこそ「秋田・津軽の辺鄙の悪所」のもっと先、津軽海峡を越えた松《まつ》前《まえ》や江差《えさし》町に、想像とは異なる非東北的な風景が広がることに彼は驚きを隠さない。彼が江戸以北では最高の土地とする二つの土地は上方との交流が盛んで、上方のヒトや言語が入り込み、それが東北・北海道における異界を作り出していたのだった。

古松軒が地方を評価する基準は、突き詰めれば中央との距離である。中央から離れれば離れるほど、中央との連絡は難事となるが、これはあらゆる面における中央の価値をつり上げ、結句、中央は正当性の同義になっていく。筆者の幼少時の記憶でも、身内が用事で出向いた東京で購入してきてくれた土産の品は、地元の店で買ってくれた品と比べて、特別の、なんだか眩しい感じがした。今にして思うと、それは日本の中心という、地方在住の子供にとっては非日常の王国に行くという、一大事件によって色づけされたものだったけれど、これもまた距離と、アクセスの少なさが作り出した感覚といえよう。

懸け橋・物差しとしてのみち

遠隔地において中央との回路を持つことは、伝手や余裕が要るだけに、誰もが簡単にはできない反面、逆に回路を持ち得た者には、それが難しい作業である分、またとない実力誇示となった。回路を通じて中央の官位や官職を得たり、場合によっては中央貴族との婚姻関係を持つなどして、中央の一翼に連なれれば、地元での余人との違いはいっそう際立つ。そして、この関係を日常のさまざまな局面で活用することで、自己の立場を強化できた。今日でも、地方の有力者が自分の子供を中央の大企業や政治家の関係者、あるいは官僚などと縁組みさせる事例を見聞きするが、それは単に地元に釣り合う相手がいないからではない。平泉藤原氏と中央との関係は、まさしくこの図式に則ったものである。

この種のものも含め、中央と地方との各種交流の架け橋になった道具こそ、双方のヒトやモノが行き来する幹線道路だった。だから道路の有無は土地を評価する上では、一つの物差しとして使える。のみならず、里程によって中央との距離を客観視でき、その数字をもって余所との比較を可能とするだけに、非常に有効な物差しでもあった。

道路と鉄路の差はあるものの、中央と直結した交通路の有無が地域評価の基準となるのは、新幹線の例がわかりやすい。新幹線の最大の魅力は、なんといっても列島の中心と直接、かつ短時間での連絡を可能とする点にある。観光や工場団地誘致など、新幹線沿線の土地が発信する広告では、しばしば起点の東京駅との連絡の良さ（東京まで○○分！）が強調されるのも、これに基づく。同時に東京との連絡面での優位性こそ、新幹線停車駅周辺の土地の評価を高め、同時に新幹線停車の利益に直接与《あずか》れない、周辺の土地に対する住人の優越感をも作り出すことは、地方在住の方にはお馴染みだろう。「ウチの駅、○○と違って、新幹線止まるもん」の類いの会話を耳にした方も多いはずである。

「あづまかいどう」関係の伝承では、多賀城や平泉などの陸奥国内の拠点よりも、京都との交流が彼の地の人々の往来という形で語られることが多い。近場にある拠点ではなく、あえて列島の中心との往来が取りざたされるのは、新幹線の喩えを使うなら、そうでないと土地の価値が高まらないからである。だからこそ平泉藤原氏と都市平泉の最盛期を築き上げた藤原秀衡ですら、伝承世界では先に取り上げたように、京都に向かう一介の旅人として登場する。図20は江戸時代後期に平泉周辺で作成された絵図である。当時の地形や道路に、過去の名所旧跡をはめ込んだ中、奥州街道に「吾妻街道」と注記されている点に注目したい。絵図作成者は、平泉を京都から相対的に自立し、各地からヒトやモノが向かう東北の都とはせず、この道路によって中央と結びついた、いわば中央の出先と評価するこ

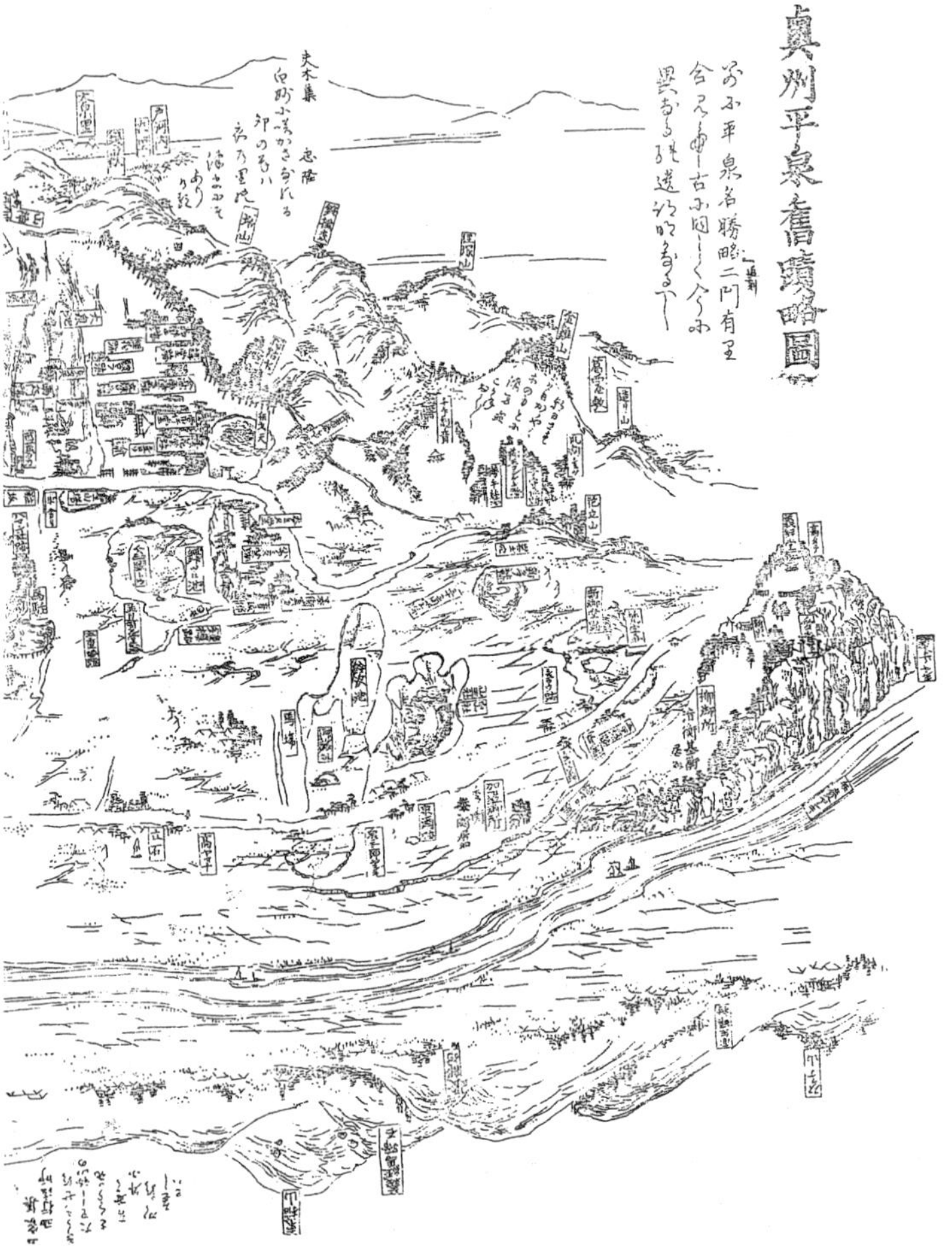

図20　奥州平泉旧跡略図（毛越寺白王院蔵）▭が吾妻街道.

67　あづまかいどう

とに、繁栄の源を求めていると読み解くのは、うがち過ぎか。

先ほど江戸時代をして、鎌倉への親近感が息づいていた時代と述べたが、「あづまかいどう」関連資料にあっては、かえって彼の地の影は薄い。これは鎌倉の知名度や人気とは別に、古道の目的地を鎌倉に結びつける利点がなかったことでもある。

中央から距離があるほど、中央の持つ価値は高まるものの、その分だけ遠隔地側では、中央とは何かを自問する機会が増える。自らの繋がる対象が本当に中央の名に値するか否かは、己の正当性や優位性に直結する、重要な命題だからである。列島の正当な中心はどこかという問いの前に、征夷大将軍《せいいたいしょうぐん》の都市だった鎌倉は、将軍の国政上の位置づけや由緒、あるいは都市の歴史において、天皇という列島最高の権威がいる京都には及ばない。なにより鎌倉も「あづま」の一隅にある以上、同じ地域にある都市という点で、鎌倉は多賀城や平泉と同列となってしまい、「あづまかいどう」の目的地としては、特段の利点がないこともある。列島の中央から離れた土地ゆえの中心性への希求とその強さが、道路の目的地に鎌倉ではなく、京都を選ばせたのだった。群馬県の事例も、同県における中世以来の主要幹線道路は、鎌倉や江戸という南にある拠点を指向し続けてきた。対して東西を指向する道路沿いの人々は、古い記憶に基づき、西にある京都とのつながりを主張することで、自分たちの地域の由緒を高めようとしたと解釈できる。

『名取郡誌』は、かく語りき

地方における中央への想いの強さは、すでに阿刀田令造氏が大正十四年（一九二五）刊行の『名取郡誌』において、「あづまかいどう」関連事績も絡めて喝破するところだった。氏は、

この郡には固有の口碑伝説が乏しく、特に東街道付近に都がかつたそれの多い事は、右の消息を示す好個の材料であろう。何んで奥州三界まで来なければ、三条《さんじょう》小《こ》鍛冶《かじ》宗近《むねちか》が名刀を鍛へ得られないのであらうか。百合若大臣《ゆりわかだいじん》は都に帰り、後再び時めくに至た筈であるのに、何が為に東平王《とうへいおう》の塚が、此の大臣の墓かも知れぬのを説に持つに至つたのであらうか。大臣の愛鷹は足に結びつけられた硯の重みに堪へず、海中に落ちて死んだ筈なのに、何が為に其の硯が鷹硯《ようけん》寺《じ》に伝はるに至つたのであろうか

と皮肉っぽく述べ、

斯くの如きは総て都の空気をば此の奥州に漾はしめたいの熱望から来つた製造品ではあるまいか

としている。もっとも実態は憧憬という言葉だけは片づかず、地域や地域住人の自己認識とも深く関わる、より切実な動機も絡んでいたのだが。

人々は自分の住む土地に、中央との回路の記憶を見いだし、時には創作や再解釈を施し、自己認識と誇りの拠り所とした。「あづまかいどう」は、まさにそうした渦中の産物であ

り、来歴も道筋もさまざまな古道群は、この名前と、京都に向かう道路としての歴史や物語を与えられ、地域の評価を高める材料となった。地域の自己認識と、地域評価に関係するという点、確かにこの道路は、「かまくらかいどう」と肩を並べるのに相応しい。二つの道路はいずれも、中央への希求が過去の形をとって現れたものなのだった。ただし、「かまくらかいどう」が地元視点の名称であるのに対し、「あづまかいどう」は明らかに中央からみたときの名称である点、より中央側のまなざしを意識しているといえる。

道路研究の材料として

ここまで検討してきたように、二つの道路には道路そのものの歴史とは別に、後世の人々の心象風景が色濃く投影されていた。このこと自体は、道路を糸口に近世人の持つ中世観や地域観をたぐり寄せられるため、大変魅力的でも、残念ながらその解明は本書の課題からは外れる。なにより道路の実態を探る材料としたときに、二つの道路は後世の色が付いているだけ分が悪い。現にいずれの道路の研究成果にも、時代差に起因する雑音が混入し、元々あった道路像が歪められてしまっていた。それだけに道路関係の地名や伝承に重きを置いてきた、これまでの研究は、新たな方法を探す必要がある。

対抗策としていくつかの手法が思い浮かぶものの、確実なのは文献史学の基本に立ち返り、かつそれに忠実に、同時代資料に登場する記事を基に道路を語る方法だろう。これならば資料解釈による変調はあっても、時代差に起因する雑音が混じる可能性は減る。
実際に作業を進めるに当たっての鍵となるものに、先にも触れた「大道」がある。この言葉は同時代資料中に比較的多く登場し、他の道路名称と比べれば数の上でも恵まれている。材料の多さは、十分な検討を担保するものだから、材料としては優秀である。さらにこの言葉は、名称の違いから従来別々に検討されてきた幹線道路を、一括りにできる接着剤ともなる。試しに「かまくらかいどう」の例をあげてみたい。

史料⑧「上菅生村」『新編武蔵風土記稿』

小名

（略）

大道　或は台道ともかく、村の北なり、此辺古は鎌倉への街道にして、多摩川その南を流るこの所はその川岸にして渡津あり、これを大道の渡しと云ひしとぞ、又の伝へに今この辺にすめる百姓治兵衛が家は、その頃の船子の家なりと、今の登戸の渡は大道渡のうつりしならん歟

鎌倉への街道（かまくらかいどう）＝台（大）道であることは歴然だ。「あづまかいどう」にせよ、奥大道という「大道」との関連が指摘されているため、大道を間に挟めば「かまくらかいどう」＝（奥）大道＝「あづまかいどう」という図式も成立する。これが検討作

業に便宜を図るのは言わずもがな。資料数の増加はもとより、関連資料の少ない個別の大道については、大道という共通項に基づき、奥大道を始めとした他所の大道の研究成果の援用も期待できる。

と、いうことで、次章以下、実際の作業へと移行することにしよう。

大道という名の道路

大道のかたち

「大きな」道路

中世前期の文献資料には、大道という道路がしばしば登場する。「大たう」（「河野通信譲状」『鎌倉遺文』四―二二四三号文書）や「大ミち」（「小井弖能綱譲状案」『鎌倉遺文』十―七二七二号文書）などの表記が示すように、「だいどう」や「おおみち」と呼ばれたこの道路は、同時代人には決して珍しいものではなかった。事実、文献資料上で大道の存在を確認できる土地は広範に渉る。

大道と同様「大」の字を冠する道路に「大路」がある。道と路の違いはあれ、共に「おおみち」と読める点に注目したい。自身が念仏者から襲撃を受けた現場を、日蓮《にちれん》は安房《あわ》国の「東条松原《とうじようまつばら》と中大路」（「日蓮書状」『鎌倉遺文』十二―九一九四号文書）とも、「東条の松原と中大道」（「同」『鎌倉遺文』十九―一四七一五号文書）とも書くように、両者は同じ対象を指す言葉だった。

　双方に共通する「大」の字は、道路特性の反映とみなせても、字面の印象ゆえに大規模な道路＝幹線道路という図式になりやすい。ただ、これはあくまでも印象論であり、道路幅などの具体的数値を基に、大道以外の道路との比較によって出た結論ではなく、「大」の字の持つ意味や、この字を冠する道路の性格に関しては、まだまだ検討の余地がある。

　では、大道とはいかなる道路であり、「大」の字には何が込められているのだろうか。以下、その解明のため、文献資料に現れた大道像の検討に移る。まずは外見に関わる情報を集めてみたい。

曲がりくねったみち

　大道の外見上の特徴として、曲がりくねった姿がある。

史料①覚満田地売券（『鎌倉遺文』二十一—一五四一三号文書）

「タケノシタノ文書南東（東）円房ミツカハ」

謹しんで辞す　売渡す田地立券文の事

　合わせて二四〇歩者

金剛峯寺御庄河南方丹生村戸々谷の湯屋の西の竹之下にあり、

四至 東限大道　南限大道
　　 西限溝　　北限大道

本券文は、長帳たるニ仍って、これヲ放さず、

（後略）

問題の土地は、西を除く三方が大道に接していた。今日の感覚からすれば、三本の幹線道路に接する以上、交通の要衝となるのが自然であり、それに見合った土地利用があってもよさそうなものなのに、地目は地の利を無視したかのように田地である。そこで史料①の記述はそのままに、交通の要衝となりにくい環境を想定した結果、次のような解釈にたどり着いた。すなわち件の土地は三筋の独立した大道ではなく、一筋の大道の屈曲部に位置したとするのである。南北方向の大道が件の土地にぶつかるや、土地の南辺に沿って東進、次いで土地の東辺沿いに北上後、向きを変えて土地の北辺を西に進んでも、四至の表記は変わらない。これなら田地としての利用もまだ納得がいく。この解釈が正しければ、史料①は中世前期の道路の屈曲ぶりを語る証拠となる。文書の四至に大道が隣接して現れる事例は他にも確認できるため、こちらも同じ背景を考えてみる必要がある。

とはいえ、当該期の大道のすべてが屈曲していたわけではない。直線道路もあったことは、「大たうのなわて」（「尼心恵譲状案」『鎌倉遺文』三十八―二九三〇三号文書）という表現に明らかである。時代は下って文安元年（一四四四）頃に成立した用語集の『下学《かがく》集《しゅう》』で、縄手を「直路也」、直線道路と説明するのは（上　天地）、当該期の道路の多くが屈曲していたことの逆説的な証明である。もし当時の道路に占める直線道路の割合が圧倒的に高ければ、道路を意味する言葉は自動的に直線道路を指すようになり、あえて直線道路を表現する言葉は要らなくなる。実態は真逆で、直線道路が少なかったからこそ、その特殊さを強調するために縄手という言葉が生まれたのである。

広くなったり狭くなったり

大道の景観上の特徴は他にもある。

史料②

伊藤九郎助長、父の仰せと云ひ、また兄の敵と思ひける上は、その心愚かならむや、その勢三百余騎を引率して鹿野《かの》の荘へ馳せ向ふ。大道広き処にては馬の鼻を並べて揉みに揉む。大道狭き処にては馬の頭を鏃《とがりや》形に立てなして各々駒を早めて急ぎけり。（傍線は筆者による、以下同）

道路の形状に直接言及した文献資料が乏しい中、史料②の『真名本《まなぼん》　曾我物語《そがものがたり》』（巻第二）の当該箇所は白眉である。父の命を受け、兄の河津助通を射殺した大見小藤太・八幡三郎への復讐のため、両人が潜伏する鹿（狩）野荘に向かう伊藤助長らの道筋から推すに、件の大道は今日の静岡県伊東市付近から天城山方面を経由し、内陸部の狩野川《かのがわ》流域へ通じていたようである。

馬の併走が可能な箇所と、そうではない箇所が併存するという、道路幅の一貫性のなさには、違和感を覚える方もおられよう。しかし、文中の状況そのものは、今日でも日常生活の至る所で目にする光景なのである。図21および22は、岩手県内の国道四号線（奇しくも系譜的には、奥大道という大道の子孫に当たる）を、方向を変えて撮影したものだ。北上してきた対向一車線の道路は、大規模商業施設が並ぶ地帯に近づくや車線を増し、商業施設群の終わりとともに元の対向一車線に戻る。車線の増加は当該区間の交通量や、道路の使われ方といった現地の事情に対応してだから、史料②にも現地の事情を考えてみたい。

側　溝

大道の構造上の特徴としては、次の二つの要素も見逃せない。

史料③－Ａ　念阿弥陀仏寄進状（『鎌倉遺文』七―五二六二号文書）

（念阿弥陀仏）
（花押）

ほしさきのてらを、かさてらのくわんをんによせまいらする、しきちてんハくのこと、

合 くわうや三丁よ 者
水田二丁二反

四至 東八田池をかきる、
南しん宮ハさまの田を、東西のほりへかきる、
西大道乃きハのほりほりをかきる、
北西のほりより北ハさまの田を、八田池まてかきる、

（後略）

史料③－Ｂ　僧観賢田地売券（『鎌倉遺文』七―四七一八号文書）

売渡す水田の事

大伝法院御領志富田庄田内に在り、

図21　岩手県奥州市前沢の国道４号線　北から

図22　同　南から

合一段者字里神脇
四至限東ミソ　限西忠国作　限南大道ミソ　限北岸ミソ

右、件の田地は、僧観賢相伝領掌の地なり、しかるに要用あるに依り、能米六石、永代を限りて、如鏡房に売渡す所実なり、よって後日の證文のため、本券を相副え、新券文を放つの状件の如し、

文暦元年甲午十二月　日　僧観賢（花押）

二つの史料には「大道のきハのほり」・「大道ミソ」が登場する。発掘調査でも側溝を備えた道路遺構の検出は珍しくなく、各単語が道路側溝を指すのは確実だ。譲状や売券などで大道を境界とする際に、大道とのみ記載されて堀や溝の記載がない事例が多い中、ここでは両者をきちんと明記する。史料③では「ほり」と「ミソ」を境界としていることで、側溝は通水の他に、境界装置の役割もあったことがわかる。発掘調査時に、しばしば道路側溝が切り合った状態で検出されるように、側溝の掘り直しが幾度もなされるのは、単に通水の便に止まらず、境界施設の埋没を防ぎ、土地紛争を予防する目的もあったのだ。史料③が「ほり」や「ミソ」を明記する裏には、現地での境界争いの激しさが想像される。

史料③では路面ではなく、「ほり」・「ミソ」が境界となっていた。鎌倉時代の文献資料という限られた範囲の話でいうと、大道が境界をなす際には、側溝が明示されない事例も

含め、道路端が境とされる例は確認できる。対して、路面に境界線が引かれ、大道が分割される事例は、管見の限りでは見つからなかった。

戦国時代の事例だが、『塵芥集《じんかいしゅう》』には「一　くかい（公界）のみち（道）をむさふりとり、さくはになす事、ぬす人のさいくわ（罪科）たるへし」（一三七条）とある。「くかい」の持つ意味からいって（網野一九七八）、この道路は公共性の高い、それゆえ「私」が勝手にできない道路を指すと判断する。熊谷直時《くまがいなおとき》・祐直《すけなお》兄弟による武蔵国熊谷郷を巡る相論《そうろん》では、「堀大道否事」が論点の一つに持ち出されているのも（「関東下知状《かんとうげちじょう》」『鎌倉遺文』十二―九〇九九号文書）、大道を公共性の高い存在とし、その上で大道の路面を掘ったと解釈すれば、なるほど諸人に大きな迷惑をかける。争点となるに十分である。

さて、大道の景観を考えていく際、頭を悩ますものに道路規模がある。残された文献資料から具体的な数値を知ることは難しいため、発掘調査で検出された道路遺構のうち、大道（幹線道路）と評価された例を並べてみたら、規模の点で大小二つのまとまりができた。ちなみに各地で中世古道といわれている道路の現況に近く、私たちの想像する古道像に叶うのは、このうち小規模な方である。

小規模なみち・大規模なみち

小規模なみちの好例として、宮城県仙台市太白区大野田所在の王ノ壇《おうのだん》遺跡の道路遺構をあげてみたい。発掘調査報告書（仙台市教育委員会二〇〇〇）では、道路遺構は奥大道との関連性が指摘されているため、大道と見做すには十分である。道路遺構から約九〇㍍ほど東側には、領主の居館とおぼしき施設を中心に、宗教施設を始めとした溝で区画された施設群があり、件の道路遺構との間を連絡路が結んでいた（図23・図24）。地域の核となる居館が沿道にあることに、周辺地域での当該道路の立ち位置がかいま見える。

問題の道路遺構は新旧二時期に分けられ、うち、古い道路には十三世紀後半から十四世紀全般を中心とした年代が与えられている。当遺跡を走っていた道路の幅は三〜四㍍と一定ではなく、いずれも両側に側溝を持つ。曲がりくねり、道路幅は一定せず、側溝を備えた道路は、文献資料に現れる大道像と重なる。

対する大規模な道路遺構としては、まず鎌倉の若宮大路《わかみやおおじ》がある。往時の若宮大路は現状よりも巨大で、今日の若宮大路の幅二四㍍に対し、路面だけで幅約三三㍍、さらに外側に幅約三㍍の側溝が付属していた。ただ若宮大路は、単なる道路の域を越え、都市の基本軸をなし、さらには都市のシンボルでもあったから、かくも巨大となった面もある。だが巨大な道路跡は都市以外にも姿を見せる。

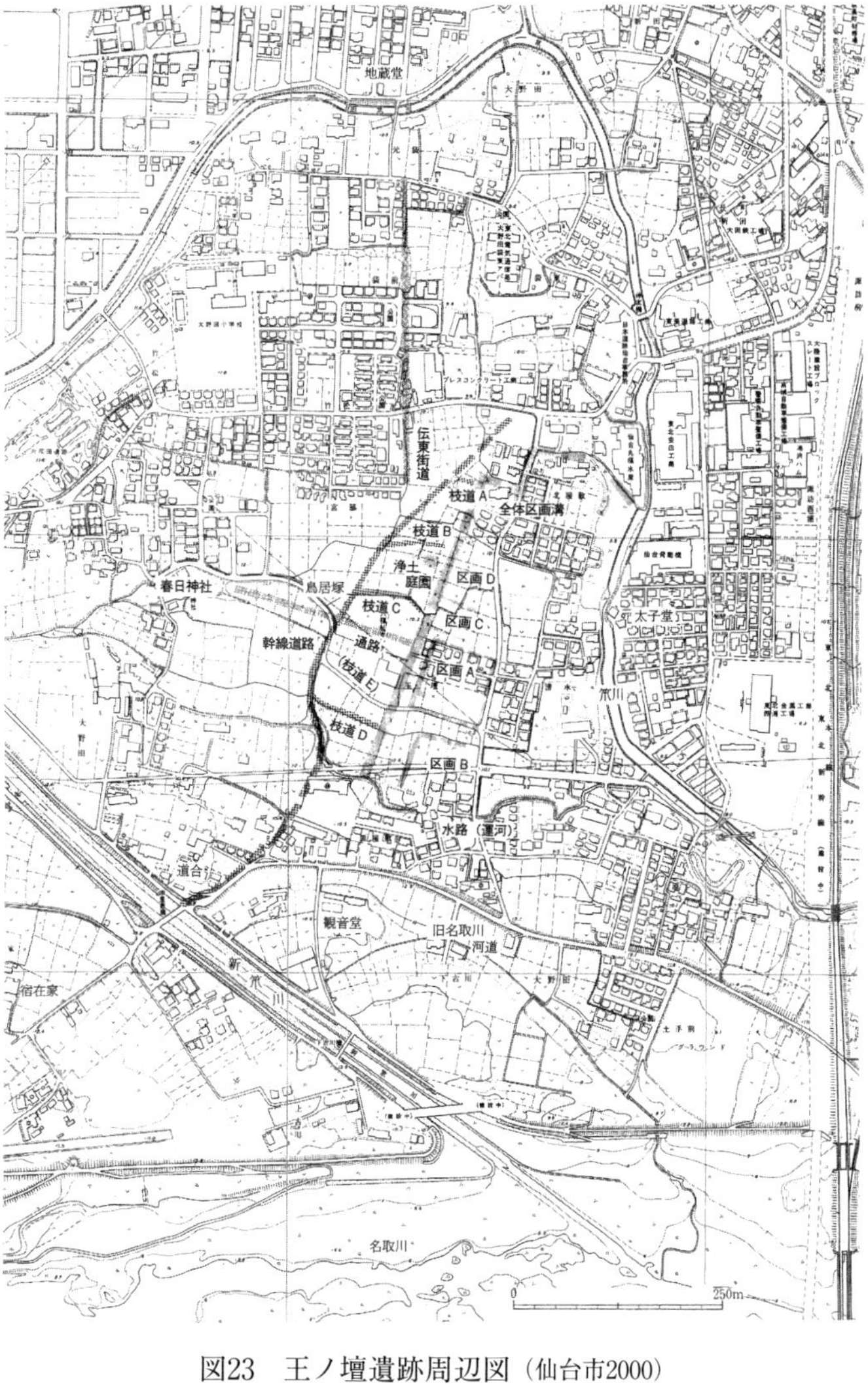

図23　王ノ壇遺跡周辺図（仙台市2000）

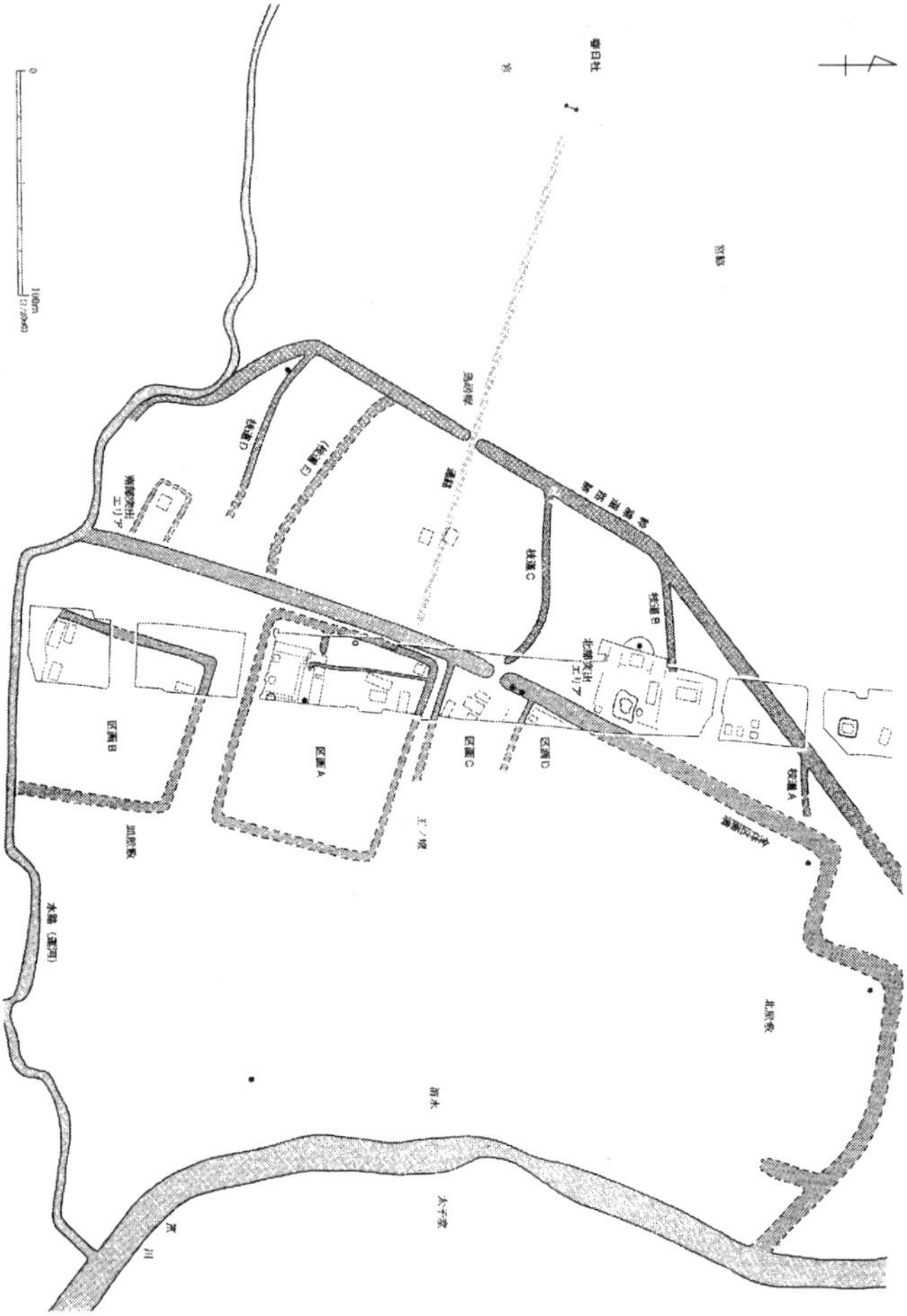

図24　王ノ壇遺跡道路遺構図（仙台市2000）

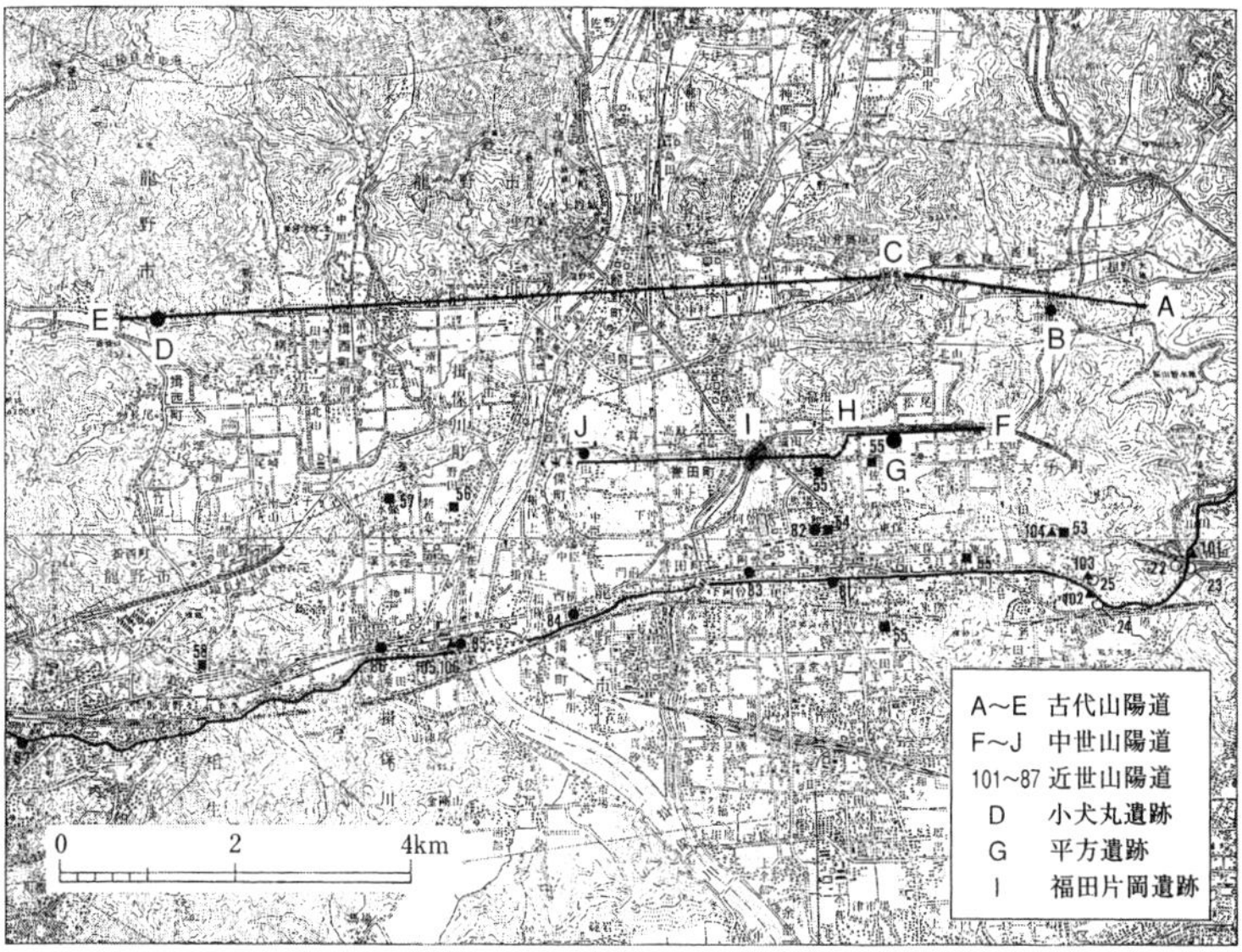

図25　福田片岡遺跡周辺地図（岡田1999）

先にも触れた中ノ宮北遺跡遺構も、道路面は幅一〇《メートル》を超すために、こちらの範疇に含まれる。目を西に転じれば、兵庫県たつの市誉田《ほんだ》町福田《ふくだ》片岡《かたおか》にある福田片岡遺跡からも、側溝を伴う幅一一《メートル》の道路遺構が検出されていた（図25・図26）。道路は十三世紀後半に誕生し、十四世紀から十五世紀にかけて存続、十五世紀後半から十六世紀前半には機能を停止する。件の遺構については、嘉暦四年（一三二九）と至徳三年（一三八六）に描かれた、二枚の「法隆寺領播磨国鵤荘絵図」に載る「筑紫大道」（図27）との関連が指摘されている（岡田一九九九）。なお絵図の筑

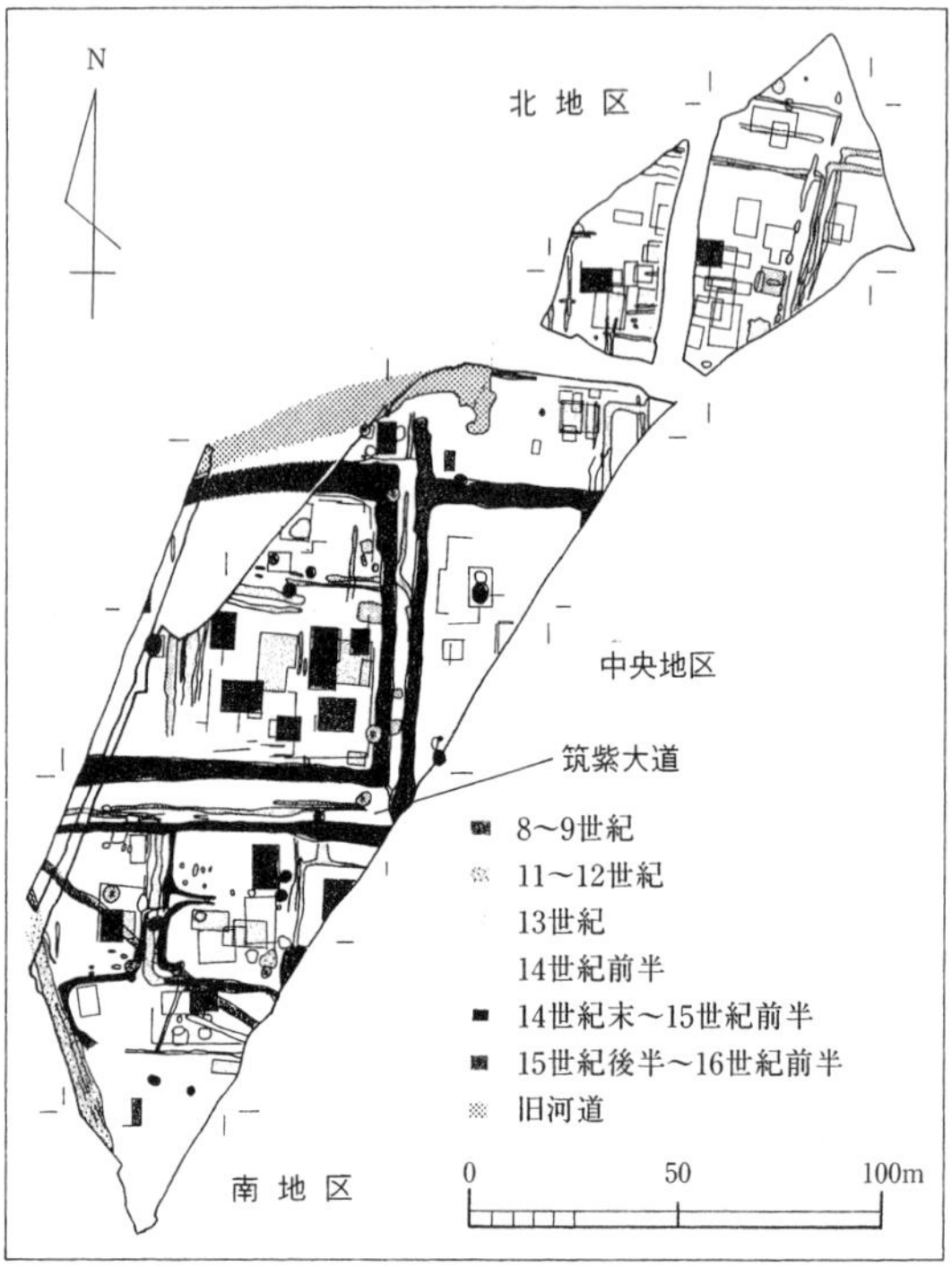

図26　福田片岡遺跡道路遺構図（岡田1999）

紫大道は、直線を基本とするのは古代の幹線道路に近くとも、佐《さ》岡山《おかやま》（坊主山）を越える際は無理せず迂回している点に、時代差を汲み取りたい。

大小二つの道路群のうち、大道という字句にふさわしいのは後者でも、規模を理由に大

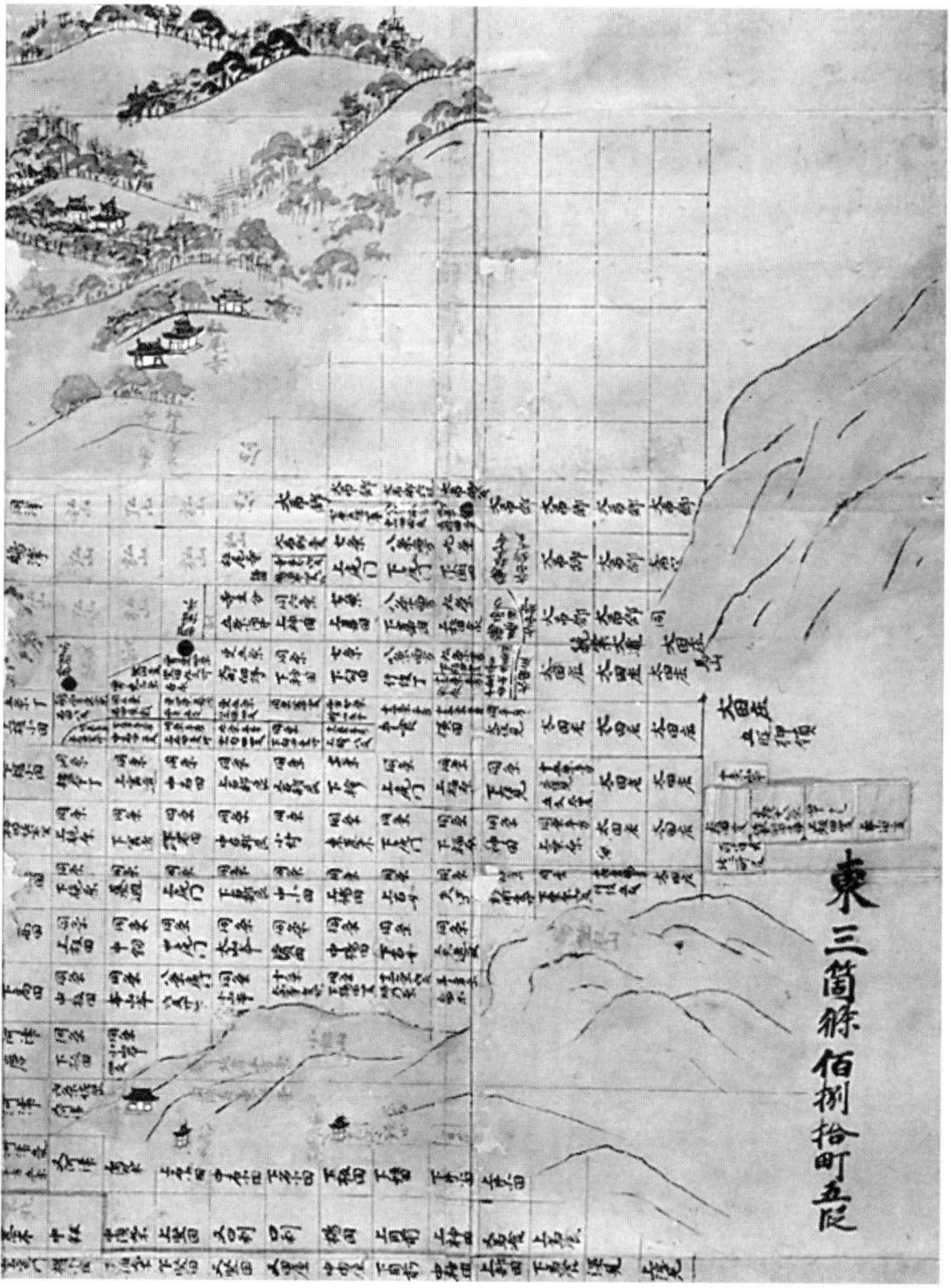

図27　「法隆寺領播磨国鵤荘絵図」（嘉暦４年，法隆寺蔵）中の筑紫大道

道を大きな道と定義してしまえば、決して大きいとはいえない前者は、大道の範疇から抜け落ちてしまう。この点、文献資料に現れる大道にも、第一の道路群と似たものがある。史料②の大道がそうで、馬が並列で進めないという路面は、現代人の目には幹線道路にしては貧弱に映る。あるいは後述する葛川の「崩坂大道」のような山間部の難路など、周囲の状況から判断して大規模とは考えにくい例もある。

と、なると、大道の「大」の字の由来は、規模以外に求めた方が良さそうだ。たとえば物理的ではなく、道路の性格や機能に起因した、観念的な規模の大きさを表すという見方は、どうだろうか。

大道を規定する

大道と国道

身近にある重要な幹線道路といったとき、多くの人の脳裏に浮かぶのは国道（一般国道）だろう。高速道路は料金が発生する点で特別であり、県道や市町村道になると局地的な印象がある。

ふつう国道といえば、比較的長大で大規模なものを想像しがちだ。しかしその数四五〇を越える一般国道には、東京都中央区と青森県青森市を結ぶ実延長八八七キロの国道四号線がある一方、兵庫県神戸市にある国道一七四号線は全長わずか一八七メートルである。道路幅も約一〇〇〇メートルの区間を持つ（東京都品川区八潮から大田区東海間）国道三五七号線に対し、青森県東津軽郡外ヶ浜町の一部に階段区間を持つ国道三三九号線など（図28）、千差万別である。これらをみれば、国道を定義するのが規模ではないことは明らかだ。事実、なにを

図28　通称「階段国道」

もって国道とするかは、ひとえに国道法第五条の規定に遇うか否かである。冗長となるのを承知で同条を引用してみよう。

第五条　第三条第二号の一般国道（以下「国道」という）とは、高速自動車国道と併せて全国的な幹線道路網を構成し、かつ、次の各号のいずれかに該当する道路で、政令でその路線を指定したものをいう。

一　国土を縦断し、横断し、又は循環して、都道府県庁所在地（北海道の支庁所在地を含む）その他政治上、経済上又は文化上特に重要な都市（以下「重要都市」という）を連絡する道路

二　重要都市又は人口十万以上の市と高速自動車国道又は前号に規定する国道とを連絡する道路

三　二以上の市を連絡して高速自動車国道又は第一号に規定する国道に達する道路

四　港湾法（昭和二十五年法律第二百十八号）第二条第二項に規定する国際戦略港湾若しくは国際拠点港湾若しくは同法附則第二項に規定する港湾、主要な飛行場又は国際観光上重要な地と高速自動車国道又は第一号に規定する国道とを連絡する道路

五　国土の総合的な開発又は利用上特別の建設又は整備を必要とする都市と高速自動車国道又は第一号に規定する国道とを連絡する道路

一読すればおわかりのように、条文には規模関連の規定はなく、国土が発展する上で重要な場所を結ぶ道路を国道としている。従ってこの要件さえ満たせば、通行量や規模は問題にならないのである。

かたや鎌倉時代の社会には、道路法のような法律こそなかったものの、大道という名称の広がりは、ある種の道路を大道と見做す価値観の共有を暗示する。現に大道に触れた言説の所々に、そうした価値観の片鱗が見え隠れしている。

遠くを繋ぐみち

日蓮《にちれん》は下総国から甲斐国へと赴く自身の旅を、「任足出大道、自下州至于甲州、其中間往復及千里」（「日蓮書状」『鎌倉遺文』十六―一二二八四号文書）と記すように、大道は遠方へ通じる道路と認識されていた。なお『延慶本《えんぎょうぼん》

平家物語』には、中村三郎忠綱とムクタノ荒次郎村高との間で、礪波《となみ》山山中には里に出る閑道と、自分の村に通じる大道の二つがあると会話する場面がある（第三末）。日蓮の事例より距離は短くとも、山麓にある里と、より離れた自分の村に向かう道路とで呼称を違えるのは、自分たちの住む地域――郷村級での――を離れ、より遠くへ向かう道路を大道とする意識が働いているのだろう。

下総国結城《ゆうき》郡茂呂《もろ》郷（茨城県結城市）の大道が「鎌倉大道」（「暁尊寄進状案」『鎌倉遺文』三十六―二七八五一号文書）と呼ばれたのは、まったくこの理屈によるもので、道路が茂呂郷から遠く離れた鎌倉を目指すことにちなむ。先に取り上げた「筑紫大道」もまた然り。余談だが、もし「かまくらかいどう」に相当する道路群が鎌倉時代にあったなら、道路の性格に基づき、「鎌倉大道」と呼ばれていたことだろう。

人の往くみち

大道の特徴には利用者の多さもあった。源頼朝の挙兵記事として有名な、『吾妻鏡《あずまかがみ》』治承四年八月十七日条はこの点も含め、人々の大道観を知るには格好の記事でもある。

史料④

今度の合戦を以て、生涯の吉凶を量るべきの由仰せられ、また合戦の際、先ず放火すべし、ことさらにその煙を覧んと欲すと云々、士卒已に競い起きる、北条殿申されて云わく、今日は三島《みしま》の神事なり、群参の輩下向の間、定めし衢に満つか、仍って牛鍬《うしくわ》大路を廻らば、往反者の為に咎められるの間、蛭嶋《ひるがしま》通を往くべきかてえり、武衛報じ仰せられて曰く、思うところは然りなり、但し事の草創のため、閑路は用い難し、はたまた蛭嶋通においては、騎馬の儀叶うべからず、只大道たるべしてえり、

軍議の席上では、山木兼隆邸への攻撃軍の進路が議論の的となっていた。牛鍬大路と蛭嶋通の二つの候補のうち、前者は人目に付きやすいとして後者を推す北条時政《ほうじょうときまさ》の意見には、人通りの多い大路＝大道と、そうではない閑路という対立項がみてとれる。前述の礪波山中での会話にも同じ組み合わせが出ているように、大道と閑路は対になる概念だったようだ。大道の反対語が小道（小さい道）ではなく、閑路（ひっそりとしたみち）であるように、大道の命名基準には規模の大小ではなく、利用者の多寡が関わっていた。

確かに牛鍬大路は、大道の名にふさわしく、頼朝たちのいる韮山《にらやま》（静岡県伊豆の国市）という地域を越え、より遠くの三島（同県三島市）へと向かっていた。当地は伊豆国一宮の三島神社に加えて国府《こくふ》も擁する、伊豆国の中心だったから、普段から他の道路よりも利用者は多かったことだろう。なかんずく頼朝の旗揚げの日は、三島神社の祭礼日に当たっていたため、通行人は普段より増えていた。時政が心配したように、人目に付く危険は高まっていたのである。

史料⑤　「北条重時消息」（『鎌倉遺文』十二―八七三二号文書）

一　酒ニエ（酔）イテ、カホノ赤□《カメ》ラムニ、大道ヲトヲルベカ□□《ラスカ》サラム時ハ、日ヲモクラシ、又車ナント取ヨセテ、帰□□《ルヘシカ》近所ナラバ申ニヲヨハス。（後略）

話は飛んで、史料⑤は六波羅探題《ろくはらたんだい》を勤めた北条重時《しげとき》から、やがて彼の跡を継ぐ子供の長時《ながとき》に宛てられたと推測されるものである。内容は京都あるいは鎌倉での行動規範のため、文中の大道とは京都か鎌倉のものを指すのだろう。世間が強く意識され、そこでの言動が己の評価や進退に大きく関わってくる家訓の語る世界は、他者の目を常に気にする世界といえる。この点、不特定多数のヒトの目が常にある大道は、まさしく家訓に登場するにふさわしい空間なのだった。このことを確認して、話を史料④に戻す。

頼朝は、今度の合戦は「事の草創」という晴れ舞台だから閑路は使えないとして、時政案を却下した。史料⑤を参考にすれば、大事な門出に人目を憚ったりしたら、自軍の士気や世評に影響しかねないことを心配したのだろう。頼朝はこれと行軍の隠密性を天秤に掛け、前者を選択した。彼も時政とは異なる次元で、人の目を十分に意識していたのである。

挙兵後の頼朝は、続く石橋山合戦《いしばしやまかっせん》で大敗を喫するが、彼に合流すべく行軍中の三浦一族は、敗報に接するや馬首を翻し、本拠地三浦半島への撤退を開始した。敵に発見されないよう海辺を夜間行軍中の同勢にあって、和田義茂《わだよしもち》（和田義盛《よしもり》の弟）は、行軍に異を唱えている。「此道ハイツノ習ノ道ゾヤ。上ノ大道ヲバナド打給ワヌゾ。只大道ヲ打過サマニ、畠山ガ陣ヲ懸破テ、強馬共少々奪取テ行カバヤ」（『延慶本　平家物語』第二末）という彼の発言からは、頼朝と同じように第三者の目への意識が汲み取れる。

史料④で時政案が拒否された理由は他にもある。それは騎馬が通行できる牛鍬大路に対し、蛭嶋通はそうではなかったことだ。当時の戦闘は騎射戦が主流を占め、騎射戦に対応した甲冑《かっちゅう》は、騎乗せずには装着者の行動を制限するほどの重量があったから、騎馬が進退できなければ、戦闘ができないのだった。頼朝が騎馬の移動が可能な大道＝牛鍬大路を選択したのは、合戦を確実に成功に導く狙いもあった。そういえば史料②中の大道も、馬が併走できない箇所が交じるものの、三〇〇余騎の軍勢を鹿野荘に送り込めた。よって規模の大小に関わらず、騎馬が行動できることも大道の条件としておく。

馬の往くみち

さて、この当時、馬は輸送手段としても使われていた。馬を用いた運送業者は馬借《ばしゃく》と呼ばれ、『庭訓往来《ていきんおうらい》』は、京都の外港の一つをなす大津《おおつ》（滋賀県大津市）と、坂本《さかもと》（同）とを彼らの居住地としている。以上を前提に次の史料を読んでみよう。

史料⑥「大津の葦毛馬雨に逢ひて土葦毛と成る事」（『古今著聞集』巻二十）

大津馬の、あめのふりたる日、あはたぐち《粟田口》の大道をとをりけるに、みちあしくて、

あしげ《葦毛》なる馬どろかたになりたるを見て、縁浄法印よみ侍りける、
しろ《白》馬はどろかたにこそなりにけれ　つち《土》あしげ《葦毛》とやいふべかるらん

大津馬とは、大津から荷を運ぶ馬を指し、粟田口は山科《やましな》を経由する東海道の京都への玄関口のため、馬たちは大津・京都間を往来していたことになる。また、本史料からは東海道も大道と呼ばれていたこともわかる。列島の最重要幹線道路なのだから、大道と目されるのはむしろ当然だろう。ただ、それほどの要路にしては、降雨時の路面状況の悪さが目を惹く。列島の最重要幹線道路といっても、実態は首都の入口付近ですらこの程度、と見做すのは容易で、史料⑥の語る内容はまさにそのとおりである。しかし大津馬に注目すれば、別の視野が開けてくる。

列島屈指の大都市として、京都は多くの都市民を抱えていた。彼らの暮らしに必要な品々は到底都市内だけでは賄えず、馬借などが外部から搬入する物資によって支えられていたわけだが、もし外部からの流れが途切れれば、都市民の生活に直ちに跳ね返ってくる。そのような事態を避けようと、大津馬は雨天くらいでは活動を止めなかったとは解釈できまいか。そして、通行が途切れないことも大道の要素ではなかったか。

ちなみに路上のヒトやモノの流れが途絶する原因は、自然現象にとどまらず、人為的なものもあった。こちらに注目することで、大道のさらなる特徴が浮き彫りになる。

路上の平和

大道を遮断する

中世前期には、道路上の円滑な通行をあえて妨害することも起きていた。たとえば『延慶本　平家物語』では、石橋山《いしばしやま》合戦時に頼朝側が構えた陣を、次のように描写する（第二末）。

史料⑦
土肥《どい》ノ方へ引退テ、コメカミ《米神》石橋ト云所ニ陣ヲ取テ、上ノ山ノ腰ニハカイ楯《垣》ヲカキ《構》、下ノ大道ヲバ切塞テ、立籠ル、

当時の戦闘部隊の中核を騎馬が占めることに対応し、これらを迎え撃つ施設は騎馬への妨害施設の体をなした。障害物を設け、騎馬の通行可能な通路——大道——を遮断するのである。しかし、大道の遮断自体は戦時限定の出来事ではない。

現在の滋賀県東近江市鯰江《なまずえ》町周辺を故地とする鯰江荘では、下司職《げしき》に端を発する住人と佐々木氏との対立時に、佐々木氏側によって「止小椋庄出作、伐塞諸方大道」ぐ作戦が採られていた（「近江鯰江荘由来紀」『鎌倉遺文』十三―九八四九号文書）。「諸方」という表現により、荘内にある幾本かの大道の遮断か、一本の大道の複数地点で遮断が行われたか、のいずれかが想像できる。作戦は奏功し、鯰江荘は「致当庄土民之煩、雖然、忍難堪愁歎及四箇年」という状態に陥った。山野に恵まれない同荘では、荘民は近隣の小椋《おぐら》荘や柿御厨《かきのみその》などの山野を利用していて、山野草木に関する相論や境《さかい》相論も起きていた。出作は利用可能な資源を求めてのことだろうから、大道の封鎖が出作に悪影響を及ぼし、「土民之煩」へと至る流れが想像できる。鯰江荘での人々の暮らしは、外部との繋がりの上に成立したもので、大道はその窓口だったのである。佐々木氏側はこれを十分理解していたからこそ、大道遮断の挙に出たのだった。

犯罪の起きるみち

中世には「路次狼藉《ろじろうぜき》」という犯罪があった。『沙汰未練書《さたみれんしょ》』に「路次狼藉とは於路次奪人物事也」とあるように、路上での強奪行為全般がこう呼ばれた。以下に述べるとおり、大道はしばしばこの種の犯罪の現場になった。具体例としては次の資料が有名である。

史料⑧「関東御教書」（『鎌倉遺文』十一―八〇〇二号文書）

奥大道夜討強盗の事、近年殊に蜂起をなす由、その聞こえ有り、これ偏に地頭《じとう》沙汰人等、無沙汰の致す所なり、早く所領内の宿々、宿直人《とのいびと》を居え置き警固すべし、かつは然る如きの輩有らば、自領他領を嫌わず、見聞き隠すべからずの由、住人の起請文《きしょうもん》を召し取り、その沙汰を致さるべし、もしなお御下知に背くの旨、緩怠せしめば、殊に御沙汰あるべきの状、仰せにより執達件の如し、

建長八年六月二日　相模守判

陸奥守判

宇都宮下野前司殿
小山(永村)出羽前司
氏家(経朝)余三跡
出羽(光宗)四郎左衛門尉
和賀三郎兵衛尉
福原小太郎
武蔵平間郷地頭
那須(資村)肥前々司
岩平次郎

阿波(朝村)前司
壱岐(朝清)六郎左衛門尉
陸奥(恒家)留守兵衛尉
同五郎左衛門尉
渋江太郎兵衛尉
清久左衛門次郎
宇都宮(泰親)五郎左衛門尉
矢古宇左衛門次郎

周防(忠景)五郎兵衛尉
同(時重)七郎左衛門尉
宮城右衛門尉
芦野地頭
伊呂宇又二郎
鳩井兵衛尉跡
岩平左衛門太郎

以上二十四人にこれを下さる　同御教書

宛所には奥大道沿道に所領を持つ御家人が並び、彼らに路上の治安維持が命じられていることをもって、奥大道は幕府が重視する特別な幹線道路と評価される。しかし史料⑧のみを根拠に、奥大道を特別視することはできない。その理由は次に掲げる史料⑨による。

史料⑨「寂仏小田原景泰施行状」（『鎌倉遺文』二十五―一九〇七三号文書）

（端裏書）「守護代施行　大道警固事」
検断沙汰の間、方々の大道末を警固せしめ、悪党を打ち止むべきよしの事、今月二日守護所の御奉書案副御事書内一段幷警固屋在所注文かくのごとし。早く御奉書ならびに御事書及び注文等の旨を守り、沙汰致さしめ給うべく候、恐々謹言、

永仁四年五月二十日　沙弥寂仏（花押）

謹上　飯田郷内野上恵良両村地頭御中

こちらでも史料⑧同様、宛所の地頭に大道の治安維持が命じられている。史料⑧から類推して、大道が所領を通過していたための起用だろう。やはり当地でも路上のヒトやモノを狙って悪党が跳梁し、幕府は対応を迫られていたのである。「方々大道末」とあるように、治安維持の対象は大道の末端に及ぶ。史料⑨に付属していた「警固屋所在注文」とは、史

料⑧を参考にするなら、大道沿いの宿に設置され、宿直人が詰める施設の場所を記したリストを指すのだろう。

史料⑨にある飯田郷《はんだ》は、現在の大分県玖珠郡《くす》九重町《ここのえ》付近を故地とし、野上《のがみ》も恵良《えら》も同町内の地名である。九重町は熊本県境近くの山間部、玖珠盆地の東南部に当たるため、問題の大道は玖珠盆地の内外を結んでいたと考える。東国を貫く長大な奥大道を対象にしたのと同種の命令が、九州の山間部を走る、より小規模な大道に下されたのは、規模や場所とは無関係に、大道全般の治安維持に幕府が意欲を持っていたことの現れである。

さて、幕府は承元四年（一二一〇）に、駿河国以西の海道沿いを対象に、駅家に夜行の番衆を詰めさせて旅人の警固と、駿河国宇津山《うつのやま》で起きた強盗事件の盗品の捜索に当たらせる旨を守護に命じていた（『吾妻鏡』承元四年六月十二日および十三日条）。当該記事には大道という字句こそなくとも、宇津山とは、静岡県静岡市駿河区宇津ノ谷と、藤枝市岡部町岡部坂下との境にある峠――東海道の宇津ノ谷峠――を指すから、件の海道とは東海道＝大道となる。沿道の関係者を大道上の宿に詰めさせ、付近の治安維持に当たらせるのが幕府のやり方だったようだ。東海道の事例をさらにもう一つ。

史料⑩「将軍源頼朝家下文案」（『鎌倉遺文』二―七一一号文書）

下す　近江国山中新五郎俊直所

早く宣旨《せんじ》の状に任せて鈴鹿《すずか》山の守護を沙汰し盗賊の難を鎮むべき事

右、神祇官奉幣使《じんぎかんほうへいし》等の訴に就いて、綸旨《りんじ》を下さるるにより、その状に任せて、彼の山の守護を沙汰し、かつは奉幣使上下向斎宮群行公卿勅使以下往還諸人の安穏のため、路次近辺の滋木を伐り払い、甲乙浪人等を招き寄せ、山内に居住せしめ、盗賊の難を鎮むべきの状、仰する所件の如し、もって下す、

建久五年二月十四日

こちらも大道の文言こそないが、鈴鹿峠を越す通行量の多い道路――だからこそ山賊が跳梁する――といえば東海道となる。山中俊直は鈴鹿山中の治安維持のため、道路端に生い茂る木々を伐採して盗賊の隠れ場所をなくし、警備の人間を山中に据えるよう命じられていた。余談となるが、道路の両側に空閑地を設け、通行人を待ち構える盗賊の隠れ場所をなくすのは、盗賊対策としては効果的で、中世ヨーロッパでも採用されていた。一二八五年にイギリスのウィンチェスターでも同じ目的の下、道路に沿って二〇〇《フィート》幅の空地を設けるべく、街道両側の垣根と藪とが焼き払われている（シュライバー一九六二）。

犯罪にはリスクが付きものとはいえ、体刑を中心に、今日と比べて格段の厳罰主義をとる中世社会では、失敗時のリスクははるかに大きい。にも関わらず、幕府が各地で対策に乗り出すくらい夜討や強盗が蔓延していたのは、犯罪者にとり、大道は割の良い稼ぎ場だ

ったためである。それほど当時の大道にはヒトやモノ——犯罪者にとっては「葱を背負った鴨」——が溢れていた。

大の字が意味するもの

ここまでを整理すると、大道の「大」の字の意味するものとして、ある仮説を提示できる。すなわち大とは道路の規模ではなく、路上を往くヒトやモノの量の大きさ、そしてこれらが沿道に果たす影響力の大きさを表す、というものである。こう定義すれば、道路本体の規模とは関係なく、大道に相当する道路が各地で見つかる。

規模の大小を問わず、ヒトやモノの移動を介して地域に影響力を持つ道路。これは先に触れた国道の定義と一脈通じている。もっとも両者には違いもあった。

大道は動く

もし、近所の幹線道路が利用者の都合で勝手に動いてしまったら、どうなるだろうか。周辺の交通・物流体系が変わるため、各方面に甚大な影響を及ぼすことは確実だ。ことに客商売では、客数の変動に結びつくから死活問題となる。

変化する道筋

中世前期の社会では、この種の事件が起きることがあった。列島で最重要視された大道の東海道ですら、利用者の都合で道筋が変わった。

史料⑪『東関紀行《とうかんきこう》』

豊川《とよかわ》といふ宿の前を打過るに、あるもののいふを聞ば、この道は昔よりよくる方なかりしほどに、近き比より俄に渡ふ津の今道といふかたに旅人おほくかゝるあひだ、今はその宿は人の家居をさへほかにのみうつすなどいふなる。古きを捨て新敷につくならひ、定れる事といひながら、いかなるゆへならんと、おぼつかなし。

新しくできた「渡ふ津の今道」に利用者を奪われた結果、豊川宿を利用する旅人は減り、宿では転出する家も出ていた。道路自体はあり続けても、従前までの役割を後発の道路に取って代わられることで、かかる事態を迎えたのである。

『東関紀行』の作者が京都から鎌倉に向かった仁治三年（一二四二）から四年後の寛元四年（一二四六）、将軍職を追われた藤原頼経《ふじわらのよりつね》が帰京時に「豊河宿」に宿泊しているように（『吾妻鏡』寛元四年七月二十日条）、宿自体はその後も機能していたが、これは同宿が確認できる最後の記事でもある。人の流れの変化は致命的だったのだ。『新編豊川市史』は、「渡ふ津の今道」が誕生したきっかけに豊川の流路変動をあげる。渡河点が渡ふ津に移った結果、以前の渡河点付近にあった豊川宿は、利用が不便になってしまったという。

原因こそ違え、同種の動きは今も各地で起きている。たとえばバイパス建設などに伴う交通動態の変化と、新しい道路沿いに商業施設が展開した結果、顧客を奪われた都市中心部の商業地域に閉店した店舗の列、いわゆるシャッター通りが誕生する光景は、すでにお馴染みだ。この点、豊川宿の住人たちはきわめて今日的な問題に直面していた。ただ史料⑩に「俄に」という文字があるように、道筋の変転に計画性は薄い。事態に直面した旅人たちが新たな経路を模索し、個々の利用を積み重ねた結果、今道が生まれ、東海道が自動的に切り替わる流れが想像できる。この変化を前に、豊川宿の住人たちは頑として抗うのではなく、状況に適応していったようだ。

大道の誕生経緯を暗示する表現が、大隅《おおすみ》国佐田《さた》村を舞台とした、建部親綱と一族の宗親との間の相論に、争点の一つとして現れている。それは「踏通」というもので、相論では絵図に朱色で書かれていた大道の代わりに、宗親領内に新道を「踏通」したことが問題視されていた（「建部親綱和与状」『鎌倉遺文』十一―八二八二号文書）。道路計画やこれに基づく工事をこの言葉から想像するのは難しく、幹線道路である大道が踏み通してできた道路に座を奪われるのは、道路の誕生や道路の切り替えが簡単だった状況を物語る。

同じ東海道でも前代、つまり古代の東海道は、地方との間を最短で繋ぐという中央側の事情に基づき建設されていた。そのため道路は直線的な経路を採り、架橋や丘陵の切断も厭わなかったのに対し、鎌倉時代の東海道は無理をせず、中央よりも現地の都合に対応して道筋が変わっていた。中央集権に馴染んだ今日の視点からみると、中央の統制が効かず、広域的な道路行政がなしがたいのは短所のようであれ、これは地元の事情や要望が速やかに道路に反映されやすいことでもある。予算折衝や行政上の複雑な手順を踏まないと道路を造れない今日の道路行政と比べれば、人の流れが現実に道路を生み出していく分、道路を造りやすい環境ともいえる。その意味では鎌倉時代の大道とは、地域の実状に見合った、等身大の幹線道路だったのだ。

古代と比べ、中世資料には数多くの大道が登場する。後者の方が資料の総数が多いのは否定しないけれど、原因は単なる分母の大きさだけではないだろう。すでにみた道路の特徴を追い風に、各地で大道が多く誕生したことも一因と考える。

各地で新しい道路が生まれたからといって、それは旧来の道路の廃絶を意味しない。

増殖する大道

史料⑫－A　浄妙留守家政譲状（『鎌倉遺文』二十七—二〇四四七号文書）

譲り渡す　陸奥国宮城郡高用名内余部村・岩切村・金山・椿村ならびに南宮村内田在家・村岡村山以下地頭職の事

嫡孫左衛門次郎家明

一　余部村浄妙知行分除女子分田子大道西在家等を、祖父行妙が孫子新左衛門尉家継家明親父に譲らるる事は、弘安九年なり、道を立替らるる事は、弘安二年也しかるに何の子孫も本大道を堺と申す事あるべからず、よって亡母平氏死去の時、家継下向の間、比等の子細を譲状に書き載せるの上は、不審あるべからざるなり、

（後略）

史料⑫－B　沙弥暁連小代行平譲状（『鎌倉遺文』三一—一八三三二号文書）

合

入西郡内勝代郷村々ならびにやしき等の事

一所　屋敷、ほりのうちなり

一所　よしたのむらの四至

東、こさむのつゝみをかきる、南、あとかはをかきる、西、大たうのふるみちをかきる、北、たむきのさかひをかきる、

（後略）

Aでは道の付け替えに伴い、本（元）の大道を境界に使うことを禁止しており、Aの作成時点で、現地には新旧二つの大道が併存していたことになる。かたやBは「大たうのふるみち」という表現により、新道の存在が予想されても、もし新道誕生を機に旧道が廃止されていたら、道路名の記載も四至としての利用もできない。よって古道も、依然として機能していたと判断する。新たな大道の誕生後も、かつての大道は依然として利用されていたことを、二つの史料は教えてくれる。

地域内部での大道の増加により、都鄙《とひ》間・地方間の連絡は、前代よりも密になっていく。地域に及ぼす影響力の大きさゆえ、大道と呼ばれた道路である。有形無形、可視・不可視を問わず、雑多なヒトやモノが路上を動き、沿道一帯に多様な影響を与えたに違いない。

さて、本章では路上での目に見える動きの追跡によって、大道とはなにかを語ってきた。にも関わらず、無形や不可視という言葉を使ったのは、当時の路上にはこの種の動きもあり、社会の各方面に少なからぬ影響を与えていたためである。

目に見えぬモノの中には、たとえば情報のように、現代人にも理解できる存在もある反面、モノノケの類いといった、当時の人々の精神が生み落としたモノも交じっていた。これらが道路を往くと認識される原因は人々の道路観、否、世界観に基づいていた。従ってモノノケの移動の分析は、道路を通じて中世人の精神世界、ひいてはかかる世界を生み出した、当時の社会を検討することにもなる。以下、章を改めて、この問題を考えてみることにしたい。

なにかが大道をやってくる

異界への扉

路上のモノノケ

雑多なものが行き交う中世の路上には、目に見えないモノノケの類いの姿もあった。これらの移動というと、飛行や瞬間移動などの超自然的な方法を想像しがちだが、中世人たちは彼らを、道路をやってくる存在と捉えていた。その根底には当時の道路観、ひいては世界観がある。

中世人の生活圏の中心には、家や集落といった日常生活の拠点があり、周囲を耕地などの開発された空間が取り巻いていた。中心を離れるにつれ、荒蕪地《こうぶち》や山林原野といった未開の要素が次第に混じりだし、ついには人跡稀な大自然へと到ると、手つかずの自然が物理的な障壁となり、ここで生活圏は一つの小宇宙として閉じられる。ゆえに前後左右にある同じような小宇宙との交流は、ヒトが大自然に穿った、交通路という小さな穴を介する他ない。従って小宇宙の住人が意識する相手との境界は、今日のような線とはならず、実際に双方を結んできた交通路沿いという、点の形をとった。過去に遡るほど自然界でのヒトの占領地は後退するから、先の世界観はさらに強固になろう。

外界との通路が限定されるとなれば、モノノケが道路を介してやってくるのは、現実に即した描写となる。

侵略するモノノケたち

ある夜更けのこと。京都に住む一人の下臈《げろう》は大路の辻で「青バミタル衣着タル」女房に遭遇し、尋ねられるまま民部《みんぶ》ノ大夫《だいぶ》なる人物の家まで案内する。実は彼女の正体は近江《おうみ》国に住む女房の生霊で、目的地に入り込むや民部ノ大夫に復讐を遂げた。これは『今昔物語《こんじやくものがたり》』に収められた説話である（巻第二十七「近江国生霊、来京殺人事第二十」）。なぜ生霊が下臈に道を尋ねたかというと、相手に復讐しようと上京したのはいいが、目的地がわからなかったためである。超自然的な存在にしては間が抜けているようでも、ヒトの魂が体内から抜けでたものが生霊だから、土地勘のなさは女房譲りだろう。それはさておき、大路で出会った後の二人（？）は、連れだって民部ノ大夫の家に向かっていることから、生霊はそれ以前も、つまり近江から京都までも歩いてきたと判断する。

生霊の正体を知った下臈は怖い思いをし、生霊の持つ気に影響されて頭痛を起こしたも

図29　塞の神と疫鬼と瀕死の病人（『春日権現験記絵』宮内庁三の丸尚蔵館蔵）

のの、より深刻な被害は受けずに済んだ。理由は彼女の狙いが民部ノ大夫個人にあり、下臈は埒外だったためである。だが、道路からの来訪者の中には、不特定多数に深刻な被害をもたらすものもいた。典型的なものが疫病を運んでくる疫神《えきじん》である。高橋昌明氏は、今日でもお馴染みの存在である鬼が本来は疫神であり、伝染病などが具現化された存在（図29）だったことを指摘している（高橋一九九二）。

山城《やましろ》国内で発生した牛疫《ぎゅうえき》が「綴喜《つづき》郡樺井《かばい》社」と「道路鬼」の祟りによるものとされた、承和十二年（八四五）の一件（『続《しょく》日本後記《にほんこうき》』同年五月九日条）が証言するとおり、伝染病の拡大は道路を鬼が動いて起きるとされていたのである。

交通路が伝染病の感染経路になるのは世界史的な現象であり、有名な例としては、十四世紀にヨーロッパの人口が激減した原因を作ったペスト禍がある。この時のペストは同病が猛威を振るっていたアジア方面から、交易路を経てヨーロッパに侵入したものである（ケリー二〇〇八）。日本の場合、歴史的に大流行した伝染病といえば、ペストよりも天然痘《てんねんとう》（疱瘡《ほうそう》）となるが、大陸との交流によって国内に上陸し、その後は幹線道路沿いに病禍を広げるのが常だった。先に検討したように、ヒトやモノの移動は水上交通を除けば道路を使う他なく、感染者の移動も例外ではなかったから、彼が道路を移動するにつれて沿道に病気が拡大することになる。同時代人の目には、あたかも目に見えぬ疫神が道路沿いに病をばらまいていくように映ったことだろう。道路が不可視のモノの移動経路になるという思考の成立には、こうした側面もあった。

正暦五年（九九四）の疫病流行時に、人々は自宅の門を閉じて家内に閉じこもった（『本朝世紀』正暦五年六月十六日条）。不特定多数との接触の回避は、感染リスクを下げる点で合理的であり、今日でも有効な方法である。しかし、当時と今とでは発想の根源が違っていて、彼らは疫神が道路から入ってこないよう、門扉を閉じて家内に籠もっていたのだった。時代は下った仁平二年（一一五一）にも、京都では「洛中大物忌《らくちゅうおおものいみ》」と称する事態が起きていて、その折も「今夜疫鬼遊行すべし」という妖言が飛び交っていた（『同』仁平二年五月十八条）。都の道路は、病を運ぶ疫神や疫鬼が跋扈する空間だった。

大道そして都市。モノノケにとっての

交通路でのヒトやモノの移動を介して伝染病は伝播する。ならば、ヒトやモノが盛んに往来し、遠くの感染地へ向かう道路ほど、病気の伝播路、つまり鬼に代表される不可視の連中の通路になりやすいことになるが、この条件に見事に適合するものが大道だった。そういえば先の女房の生霊も、近江国から上京後、大路（＝大道）で下臈と遭遇している。近江国と京都との間の交通路から判断して、彼女は東海道など何らかの大道を利用して、京都にやってきた公算が大きい。

さて、この当時、疫病をことのほか恐れた人々に、京都を筆頭とした都市の住人たちがいた。都市や都市的な場に多々勧請《かんじょう》され、都市神というべき神社に祇園《ぎおん》社がある。それは同社の祭神たるスサノヲや牛頭天王《ごずてんのう》が持つ、荒々しい力が疫病を退散させると信じられていたためである。同社例祭の祇園祭（祇園御霊会）は京都のものが有名でも、祭礼自体は先の理由から平泉《ひらいずみ》や鎌倉《かまくら》など、都市および都市的な場で広く行われていた。

多くの人口を抱え、人口密度の高い都市や都市的な場は、今日と比べて格段に低い衛生観念と、下水を始めとする衛生状態の劣悪さもあって、疫病が発生すれば爆発的な流行をみせ、多くの被害者を出した。医学知識や医療技術の立ち後れもあり、病禍の前に有効な対処策はあまりにも少なく、ひたすら流行の収束を待つ他ない。信仰の出番はこんなとこ

ろにあった。

都市や都市的な場は、政治や宗教あるいは経済など、周辺地域における何らかの拠点をなすのが通例であり、そのために各空間は交通網を介した外部との連絡を不可欠とする。なかんずく大都市は、複数の交通路の結節点であり、不特定多数のヒトの出入が常時あるのだから、各地から交通路を介して疫神を呼び集めやすい環境となる。

一六六五年のロンドンのペスト禍を、記録や聞き取り調査を基に再構築した傑作に、ダニエル・デフォーの『ペスト』がある。そこではまさに同条件の空間――英国最大の都市にして政治・経済・交通の拠点であったロンドン――へのペストの侵入から流行、そして収束までが記されている。そして一連の事件は、外国からやってきた――当然、交通路を使ったはずである――二人のフランス人が、ドルアリ小路の上手の端の家で死亡したことで幕が切って落とされたのだった。

わが国の中世に話を戻すと、人々は外部に通じる道路上に障壁を設け、道路沿いに災いがやってくることを食い止めようした。といっても医学的な見地に基づく検疫所や隔離施設などではなく、祭祀や宗教施設という精神的な障壁だった点に時代性がある。なかでも京都の路上で挙行される道饗祭《みちあえのまつり》・四角四境《しかくしきょう》祭などの国家規模の祭祀は有名であり、言及される機会も多い。ただ、この種の祭祀は首都の専売特許ではなく、大仰にいえば、あ

図30　秋田県横手市十文字町睦合字真角の
集落入口に立つ人形道祖神

る程度の人口を擁する空間なら実施される性格のものだった。古い集落の出入口や辻に佇む道祖神《どうそじん》の石碑。集落の境に注《し》連縄《めなわ》を張る勧請《かんじょう》吊《づ》りや、縄製の巨大な構築物を設置する民俗儀礼（図30）。今日でも各地で目にするこれらは、外部からの悪しきモノを防ぐためのものである。

福島県喜多方《きたかた》市慶徳《けいとく》町にある新宮熊野《しんぐうくまの》神社は、天喜三年（一〇五五）に創建、応徳二年（一〇八四）に現地に移転したと伝える古社である。同社の長床は慶長十六年（一六一一）の大地震後の再建とはいえ、鎌倉時代の部材をよく残し、同社の歴史の古さを伝える。新宮熊野神社門前にある新宮の集落（図31）には、同社に関連するのだろう「大門」「馬場小

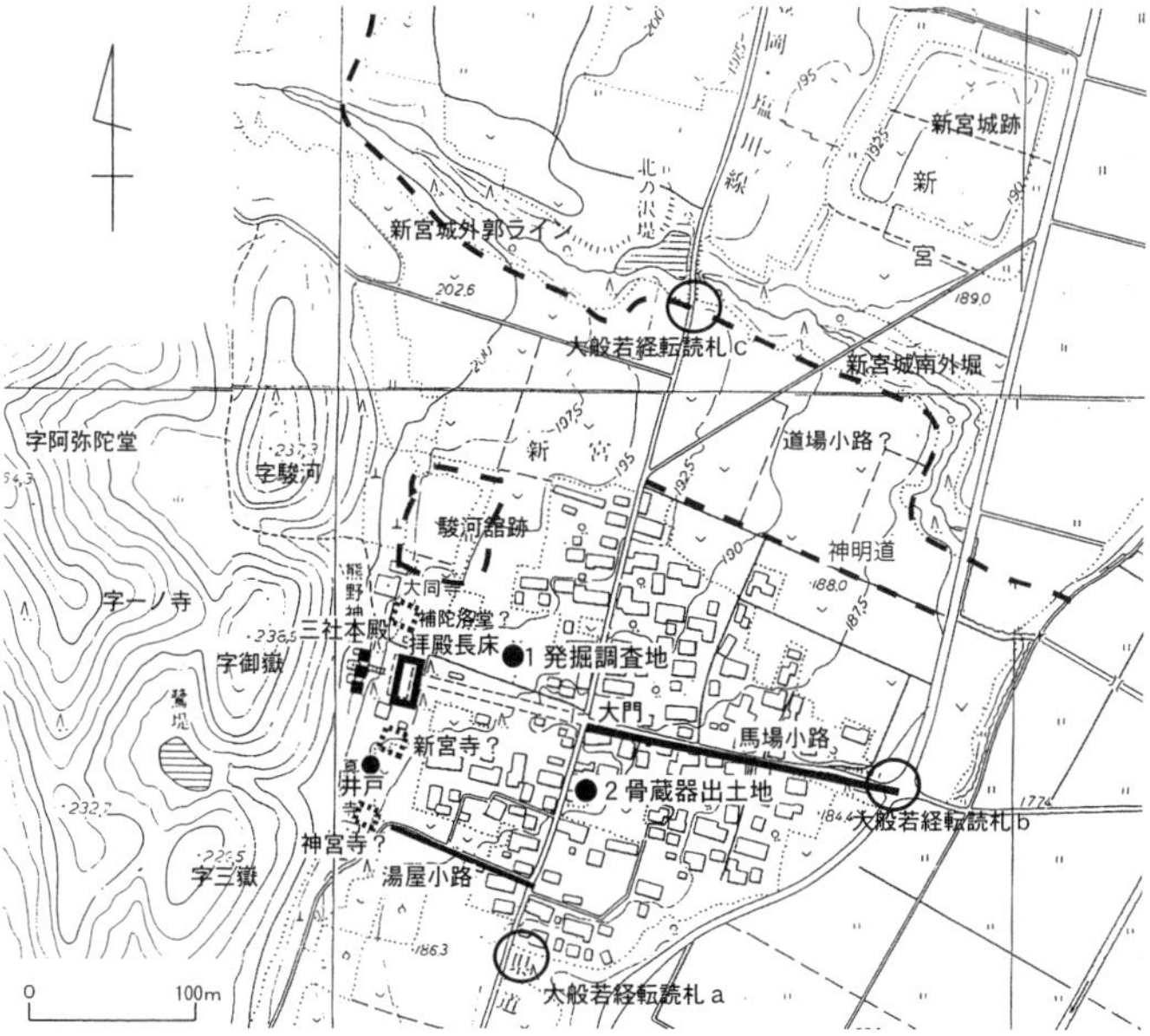

図31　新宮熊野神社周辺図　(福島県喜多方市2008)

路」「湯屋小路」などの地名が残り、地内からは建武二年（一三五五）の銘を持つ石製蔵骨器が出土するなど、中世から同社の門前集落として機能していたことがうかがえる（福島県喜多方市二〇〇八）。そこである程度の人口が予想されるのだが、新宮集落では、今日でも主要道路の集落への出入口に大般若《だいはんにゃ》経《きょう》転読札を掲げ、見えない防護壁を作っている（図32）。国土安穏と除災招福を祈る大般若経転読札を路傍に掲げる理由は、いうまでもなかろう。新宮熊野神社には建武三年銘を持つ大般

図32　大般若経転読札（図31のａ地点）

若経が伝来しているから、同経の威力によって、外部からのモノノケが集落に侵入することを防ごうとする当地の習俗は、少なくともこの頃まで遡らせることができそうだ。

大道と祭祀

新宮と似た事例は、中世資料中にも確認できる。

史料①　「左近太郎等連署林寄進状」（『今堀日吉神社文書集成』四三六号文書）

（端裏書）
「道祖神林寄進状」
寄進す今堀郷道祖神林の事
合わせて小四十歩
蒲生上郡今堀郷内西大路に在り

四至
東を限る左近三郎林　　南を限る道
北を限る七郎太郎作定　西を限る大道
右、件の林の下地、元は左近太郎ならびに左近三郎兄弟先祖相伝の私領なり、然るといえども、現世安穏後生善所ならびに生丶父母世丶兄弟の頓證菩提《ぼだい》のため、道祖神の所在地に寄進するところ明白実正なり、更に後丶代丶（経る）といえども、他の妨げあるべからずものなり、よって後日亀鏡たるの状、件の如し、
至徳元年甲子二月十日　左近太郎（略押）
左近三郎（略押）

至徳元年（一三八四）に、今堀（滋賀県東近江市今堀町）に住む左近太郎・三郎兄弟が私領を道祖神に寄進した際の寄進状である。件の土地は、大道を含む二本の道路の交点に占地することに注目したい。二年後の至徳三年に兄弟は当地に隣接する屋敷一所を売却しており、その折りに作成された売券には次のようにある。

史料②「左近太郎等連署屋敷売券」（『同』四〇三号文書）

（端裏書）
「道祖神後のはたけの売券」

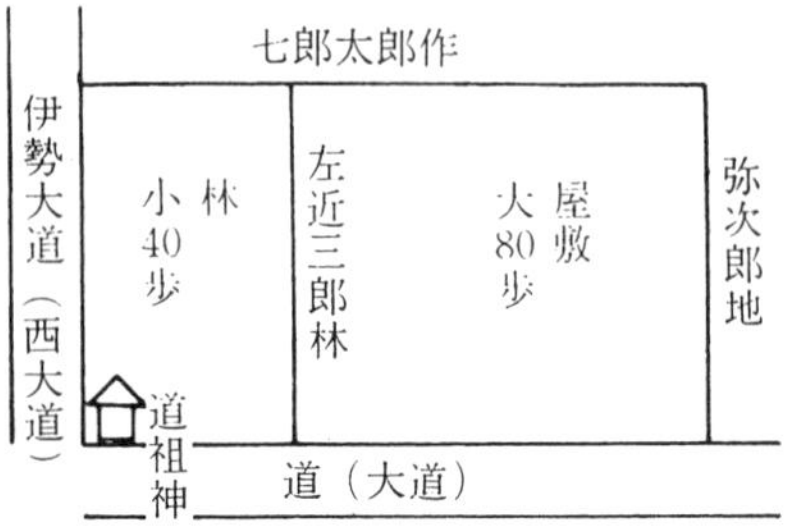

図33　史料①・②模式図（『八日市市史』）

売渡しまいらす私領屋敷一所の事
　この地、本は一反小四十歩、兄弟ニテ惣ニ寄進す
合大八十分は　直〃銭《能》米二石、慥に請取りおわんぬ
四至
　東を限る　弥次郎地を定む　南を限る　大道を定む
　西を限る　伊勢大道を定む　北を限る　七《西ノ》郎太郎作を
　定む
蒲生上郡得珎保内今堀郷内字後道祖神にあり
右件の屋敷、元は左近太郎・同左近三郎兄弟の私領なり、然
るといえども、直に要用あるにより、今堀郷十禅師社に沽却
しまいらす所、在地に明白実正なり（後略）

史料①では西の境をなしていた大道は、史料②では伊勢大道とされ、南の境界の道路は大道となるなど、両者は明らかに別個の道路である。前章では譲状の四至に複数の大道が登場する事例を、道路の屈曲という視点で分析したけれど、今回は当地を二本の大道の交差する空間と見做す。『八日市市史』（第二巻　中世）では、問題の土地の現地比定がなされ、伊勢大道を近世の御代参街道、大道を柴原道、そして史料中の道祖神を両者の分岐点にか

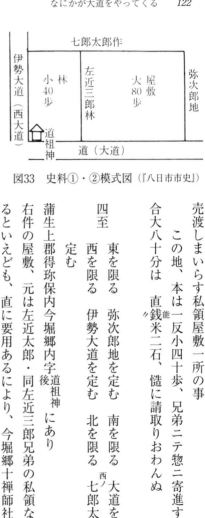

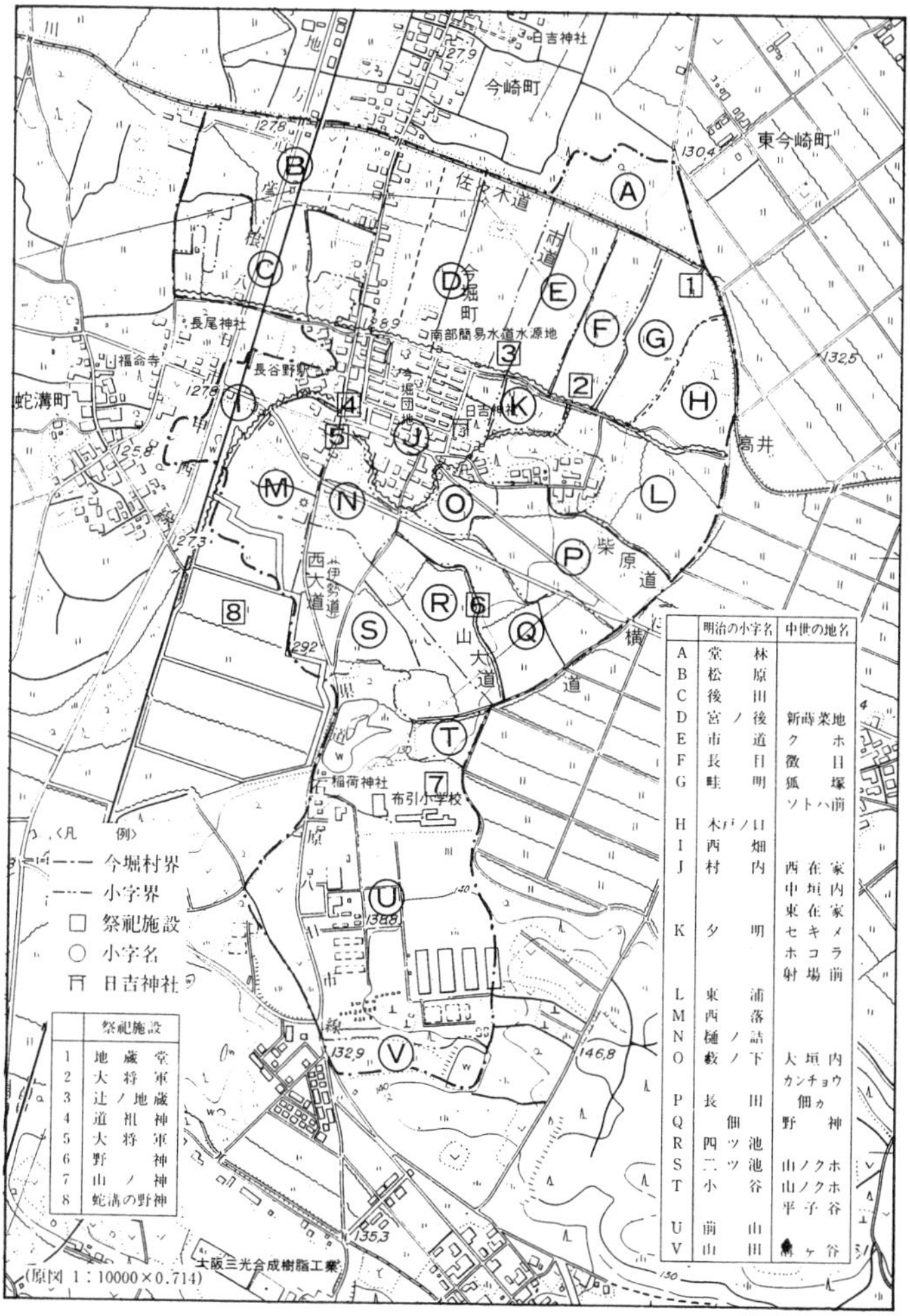

	祭祀施設
1	地蔵堂
2	大将軍
3	辻ノ地蔵
4	道祖神
5	大将軍
6	野神
7	山ノ神
8	蛇溝の野神

	明治の小字名	中世の地名
A	堂林	
B	松原	
C	後田	
D	宮ノ後	新蒔菜地
E	市道	クホ
F	長目	徴目
G	畦明	狐塚
		ソトハ前
H	木戸ノ口	
I	西畑	
J	村内	西在家
		中垣内
		東在家
K	夕明	セキメ
		ホコラ
		射場前
L	東浦	
M	西落	
N	樋ノ詰	
O	藪ノ下	大垣内
		カンチョウ
P	長田	佃ヵ
Q	佃	野神
R	四ツ池	
S	二ツ池	山ノクホ
T	小谷	山ノクホ
		平子谷
U	前山	
V	山田	[illegible]ヶ谷

図34　今堀の地名と祭祀施設（『八日市市史』）

って存在した道祖神に比定していた。模式図が図33、地図に落としたものが図34である。

道祖神の反対側には大将軍堂が鎮座するが、今堀にはもう一カ所、十禅師社《じゅうぜんじしゃ》（今日の日吉《ひよし》神社）東方にも大将軍堂が置かれ、ちょうど今堀を挟み込む配置をなす。大将軍堂も領域守護的な役目を持つ社だから、設置にはモノノケの侵入への恐れがあったと判断する。二本の大道が交差している以上、目に見えぬ侵入者が入り込む可能性は、単純に考えて二倍に増える。しかも伊勢大道は近江と伊勢とを結ぶ重要な幹線道路であり、八日市場という湖東屈指の市場を沿道に控えている。活発なヒトやモノの移動があれば、モノノケがやって来る可能性も高くなるし、なにより今堀自体が保内商人と呼ばれる座商人の根拠地だった。大将軍堂と道祖神とが大道の交差点で対面するのは、ヒトやモノの通行量の多さゆえ、単独の宗教施設による防御は難しいという判断により、宗教施設を複数配置し、いわば防衛線を厚くする対策が採られた結果と考える。

源頼朝とモノノケたち

復讐するモノノケ

モノノケが疫病の仮の姿でもあった以上、ある程度の人口が集住する空間は、その格好の標的となった。そしてこのような空間にはモノノケに狙われる特定の個人もいた。先の女の生霊は、男女関係という私的な因縁から相手を狙ったが、怨恨の発生原因はさまざまである。たとえば政争や戦争時に勝者を恨んで死亡した、もしくは人々にそう認識された人物は、死後に怨霊と化して勝者側の関係者を狙うと信じられていた。怨霊化したと目された著名人には、たとえば早良《さわら》親王や菅原道真《すがわらのみちざね》、崇徳《すとく》上皇などがおり、いずれも政治的には完全な敗北者である。彼らを屠った側は、そこから生じる種々の利益を享受する代償として、怨霊の報復に怯えることになった。なお、怨霊たちの怒りは災害や疫病の形で顕れた（と考えられた）ため、復讐は当事者間で完結せず、周囲の人々をも否応なしに巻き込むことになる。政争にしろ戦争にしろ、敵味方の首脳陣は大都市に本拠を据えていたから、怨霊の復讐のとばっちりを受ける人々は多かった。

今回取り上げる源頼朝《みなもとのよりとも》と鎌倉幕府首脳部もまた、時代の子として敗者の復讐を恐れる存在だった。彼らは怨霊が大道を通って復讐に訪れると考え、自らの都市に対抗策を織り込んでおり、これを複数の文献資料で確認できる点、大変ありがたい事例なのである。

鎮魂の寺、永福寺

建久二年（一一九二）二月十五日の夕刻。鎌倉の北に位置する大倉山付近には、寺院建設にふさわしい「霊地」を探す頼朝の姿があった（『吾妻鏡』同日条）。このとき彼の眼鏡に適った土地に建てられた寺院が永福寺《ようふくじ》である（現在は廃寺）。

先の『吾妻鏡』の記事は、永福寺の周辺環境を「霊地」と表現する。『日本国語大辞典』でこの言葉を引くと、「神仏の霊験あらたかな地。神仏をまつってある神聖な地。また、神社や寺など。霊域。霊場。霊境。霊区」とある。今だと、さしずめパワースポットとなろう。ただし、この解説を額面通りに受け止め、現地に足を運んだ人の多くは失望するだろう。宅地化が進行した現状を割り引いても、寺跡一帯は「霊地」という言葉から想像される、神秘的で荘厳な光景からはほど遠い、平凡な風景の中にあるからだ。今日に至る間に、風景が激変するほどの大規模土地造成があった可能性も低いから、頼朝は霊的に優れた何かを、この地形に見いだしたことになる。

永福寺の建立目的は、先の『吾妻鏡』の建久三年十二月十五日条に明言されているとおり、文治五年（一一八九）の奥州合戦《おうしゅうかっせん》が生んだ「数万之怨霊」の鎮魂にあった。同寺が大倉御所の北東の方角にあるのは、御所の鬼門に永福寺を置き、悪しきモノの侵入を食い止めようとしたためと解釈されている。

以上を前提に、大倉御所の東北に当たる地域の中から、あえて現在地が選ばれた理由としては、二つの視点からの説明がある。一つ目は日没地点に注目したもので、馬淵和雄氏は永福寺の発掘調査成果や、現地で日没を実見するなどして、彼岸の中日《ちゅうにち》には夕日が本堂の真上に沈むこと（建久三年十二月十五日もそうだったという）を指摘する。中世の寺院には宇治平等院《びょうどういん》や平泉の無量光院《むりょうこういん》などのように、落日を背景に取り込むことで西方極楽《さいほうごくらく》浄土《じょうど》の再現を目指したものがあり、永福寺の占地にも同じ計算が働いていたとするのだ（馬淵一九九六）。

もう一つの意見は藤原良章氏によるもので、氏は平泉関係者の怨霊《おんりょう》を防ぐことが期待されていた以上、永福寺は彼らの来訪路、すなわち平泉への道路沿いに建てられたとしていた。鎌倉市街から当地へと延びる道路は永福寺を通過後、北方の山中で途切れているものの、藤原氏は、この道路はかつて奥州に続いていたとする（藤原二〇〇四）。氏の説を補強するものに、次の史料がある。

史料③「石河光隆着到状写」（『石川町史』第三巻　資料編1考古・古代・中世〈古代・中世〉五三号文書）

着到

陸奥国石河大炊余四郎光隆、去ぬる五月二十三日、奥州安積郡佐々河城において、塩田陸奥禅門子息陸奥六郎、同渋河七郎以下、家人土持二郎入道、同六郎左衛門入道らと合戦を致すの間、光隆軍忠を抽んずるにより手負い仕り、（中略）七月十五日参上を企て、二階堂釘貫役所に勤仕するところなり、よって件の如し、

元弘三年七月　日

（証判ヵ）

去ぬる十五日より以来、役所勤仕相違無く候

同二十七日　泰政（花押）

経道（花押）

史料④「石河光隆着到状写」（『同』五四号文書）

（着到ヵ）

〔　〕
二階堂釘貫陳（陣）警固の事
　石河蒲田大炊助余四郎源光隆
右、去ぬる七月二十二日より今月に至り懈怠なく勤仕せしめ候、よって着到の状件の如し、
元弘三年九月　日
（証判カ）
　去ぬる五月二十六日以来より、三十三ケ日、勤仕せられおわんぬ、
　同十九日　　泰政（花押）
　　　　　　親平（花押）

史料⑤「政綱警固覆勘状」（『鎌倉遺文』四十二―三二六二〇号文書）
（堅切紙）
二階堂三辻役所警固の事、相共に勤仕し候おわんぬ、
元弘三年十月十日　　政綱（花押）
　曾我乙房丸

柵を立て廻して門を設けた、関所のような役目を持つ軍事施設が釘貫《くぎぬき》役所である。ある程

度以上のヒトやモノの出入りを前提とした施設は、行き止まりの谷である今日の二階堂にはふさわしくないと思えても、施設が設置されている以上、かつては外部からの道路、それも軍勢の通過可能な道路があったことになる。史料中の石河・曾我両氏は奥州の武士であり、うち石河光隆は奥州での合戦後に釘貫役所に詰めているのだから、この道路を使って鎌倉にやってきた可能性もある。

そういえば『吾妻鏡』には、「二階堂大路」という道路が登場している（寛喜三年正月十四日条・建長三年十月七日条）。道路名称については、永福寺（二階堂）への道路に因むというのが通説でも、釘貫役所の存在からは、永福寺を通過して奥州へ向かう大路（＝大道）ゆえの命名とも推理できる。この場合、藤原氏の指摘のとおり、奥州合戦に頼朝率いる主力部隊が北上していった「大手」の道路ゆえ、戦後には平泉からの怨霊の侵入予想路となり、永福寺の建立、さらには二階堂大路の命名を促したことになる。

頼朝と怨霊たち

参考までに述べておくと、中世人たちも頼朝が複数の怨霊に狙われていたと思っていた。多くの敵を屠ってきた実績があるだけに無理もない。頼朝の死去前後を語る『保暦間記《ほうりゃくかんき》』では、彼は相模《さがみ》川の橋供養《はしくよう》から鎌倉への帰途、八的原付近で源義広《よしひろ》・義経《よしつね》・行家《ゆきいえ》の亡霊に、続く稲村《いなむら》ヶ《が》崎《さき》では安徳《あんとく》天皇の亡霊と遭遇。その後発病して死亡したとされている。頼朝が恐れていた平泉関係の怨霊がいないところに、本人と世間一般の認識とのズレがかいま見える。亡霊との遭遇自体には疑問符が付いても、橋供養の帰りの経路は鎌倉と京都を繋ぐ東海道（＝大道）に当たり、大道で怨霊と遭遇する構図も、道路をモノノケの通り道とする当時の認識に叶う。

永福寺は頼朝が建立した寺院の中では特殊な部類に属する。鎌倉には彼発願《ほつがん》の寺社として、鶴岡八幡宮《つるがおかはちまんぐう》や勝長寿院《しょうちょうじゅいん》などがあっても、特定の合戦の戦死者の鎮魂を前面に押し出すのは永福寺のみなのである。長きにわたる主敵として一か八かの挙兵に賭けるくらい、頼朝を追い詰めた平氏ですら、頼朝は一門の生存者を鶴岡八幡宮の僧に任じ、その鎮魂に当たらせたように、既存施設の活用で済ましていた。これと比較すれば、奥州合戦の犠牲者の扱われ方は明らかに別格である。それは頼朝がいかに彼らの報復を恐れたかに尽きる。

永福寺の建立からおよそ六十年後の宝治二年（一二四八）に、同寺の修理話が持ち上がったことがある。『吾妻鏡』によれば、経緯は次のようなものだった（宝治二年二月五日条）。少し長いが、同日条全体を引用する。

史料⑥

永福寺の堂修理の事。去る寛元二年四月。その沙汰に及ぶといえども。日来すこぶる懈緩なり。しかるに左親衛。明年二十七歳の御慎みなり。当寺を興行せらるべきの由。霊夢の告げあるにより。殊に思召を立つと云々。当寺は。右大将軍。文治五年伊予守義顕を討ち取り。又奥州に入り藤原泰衡《ふじわらのやすひら》を征伐す。鎌倉に帰りせしめ給うの後。陸奥出羽両国を知行せしむべきの由。　勅裁を蒙むらる。是れ泰衡管領《かんれい》の跡たるによるなり。しかるに今関長東久の遠慮を給うの余り。怨霊を宥めんと欲す。義顕と云い泰衡と云い。指したる朝敵に非ず。ただ私の宿意をもって誅亡すの故なり。よって其年内に営作を始められる。随いて壇場の荘厳。偏に清衡。基衡。秀衡以上泰衡父祖等の建立する平泉の精舎を模されおわんぬ。その後六十年の雨露月殿を侵すと云々。明年は。義顕ならびに泰衡一族の滅亡の年の支干に相い当る所なり。

同条では永福寺の建立目的はより具体的に、義顕《よしあき》（義経）と泰衡の鎮魂となっていた。慰霊すべき「数万之怨霊」の実態は彼らだったのだ。鎌倉幕府の歴史書たる『吾妻鏡』が、自らの先祖たちと敵対した義経や泰衡を、さしたる朝敵でもないのに頼朝の意趣で滅ぼされたと、いわば先祖たちに非があるように書くのは、開戦までの経緯は味方の目にすら理不尽に映ったためである。

周知のように、奥州合戦の発端は、頼朝と敵対後に平泉に匿われた義経の身柄にあった。本来ならば彼が自殺した時点で開戦の名分は失われるし、朝廷の制止もあった。しかし頼朝が出兵を強行したのは、予定される一戦が生み出す利益の大きさにある。平泉藤原氏を滅ぼすことで、頼朝と拮抗できる地域軍事権力は列島から駆逐され、軍事面での脅威は消滅した。同時に同氏勢力圏の併呑によって、恩賞に使える莫大な土地も得た。また頼朝は合戦を活用して、自らの体制固めに成功してもいた。泰衡と義経は、頼朝が莫大な果実を得るための犠牲とも評せるだろう。

これまで頼朝が敵と戦うには、同時代人が納得できる理由があった。たとえば平氏の場合、平氏打倒を掲げた以仁王《もちひとおう》の令旨《りょうじ》は大義名分になったたし、挙兵にしろ本人や周囲の人々にしてみれば、追い詰められての自衛の反撃だった。あるいは源義仲《よしなか》を始めとする源氏一門の場合も、直接の利害対立に加え、彼らの身体を流れる血それ自体、頼朝の立場を脅かす要素になったから、こちらも納得はできる。しかし、泰衡を相手とする合戦に皆が納得する名分はない。このことは頼朝本人が一番分かっていたはずだし、結果として「数万之怨霊」を生んでしまっている。その理不尽さを生んだ者の前に、罪悪感は怨霊という衣装を纏って現れた。

建暦三年（一二一三）の四月三日の夜、北条政子《ほうじようまさこ》の夢枕に甲冑《かっちゅう》法師《ほうし》が立ち、平泉の寺の陵廃を恨み、そして彼女に忠告した。折しも三日は秀衡――実際は泰衡だろう――の忌日だったせいもあり、人々は彼の霊魂だと言い合った。早くも翌日には平泉の寺塔を修理すべしという命令が下されている（『吾妻鏡』建暦三年四月四日条）。反応の早さは、怨霊への恐怖の大きさに他ならない。ただし建暦三年当時、頼朝は死去して久しいから（彼の死亡は建久十年〈一一九九〉である)、頼朝の抱いた恐怖は共謀共同正犯というべき、幕府首脳部にも共有されていたことがわかる。どころか、先の史料⑥は、頼朝が死去した建久十年の四十九年後の宝治二年のことで、霊夢を体験したのは左親衛《さしんえい》、すなわち奥州合戦時には生まれてもいなかった北条時頼《ときより》だった。恐怖は世代を超えて確実に引きつがれていたのである。まさに「親の因果が子に報い」である。

対怨霊施設として

平泉からの怨霊を防ぐために永福寺の建設を決めたものの、頼朝たちはそれだけでは不十分としていた。それは先の今堀のように、複数の宗教施設による霊的な防衛線を、当地でも確認できるためである。

永福寺とは問題の道路を挟んで反対側、寺域を見おろす丘陵の先端部からは、経塚《きょうづか》が発見されている(図35・図36・図37)。遺物は十二世紀末から十三世紀初頭の年代が与えられており、ちょうど永福寺創建と同時期に造られたことがわかる。

経塚とは、経典などを土中に埋納した施設である。末法《まっぽう》の世に教典が亡失することを恐れ、遙か未来に予定されている弥勒菩薩《みろくぼさつ》出現の時まで、経典を保存しようという試みを出発点に、経塚はやがて極楽往生や現世利益《げんぜりやく》を願っても造営されるようになる。というのが通説的理解だが、各地の経塚を追っていくと他の説明ができそうな事例がみつかる。

たとえば平泉では、都市をとりまく周縁部や交通網に沿う経塚群が確認され、八重樫忠郎氏は、これらが都市に侵入してくるケガレなどの、有象無象の敵を防いでいたと指摘している（八重樫二〇〇五）。経典の功徳により、災厄から身を守ったという類いの説話があるように、経典は悪しきものを寄せ付けない、優れた力を持つとされていた。ならば経典

図35　永福寺周辺地図（地理院地図）

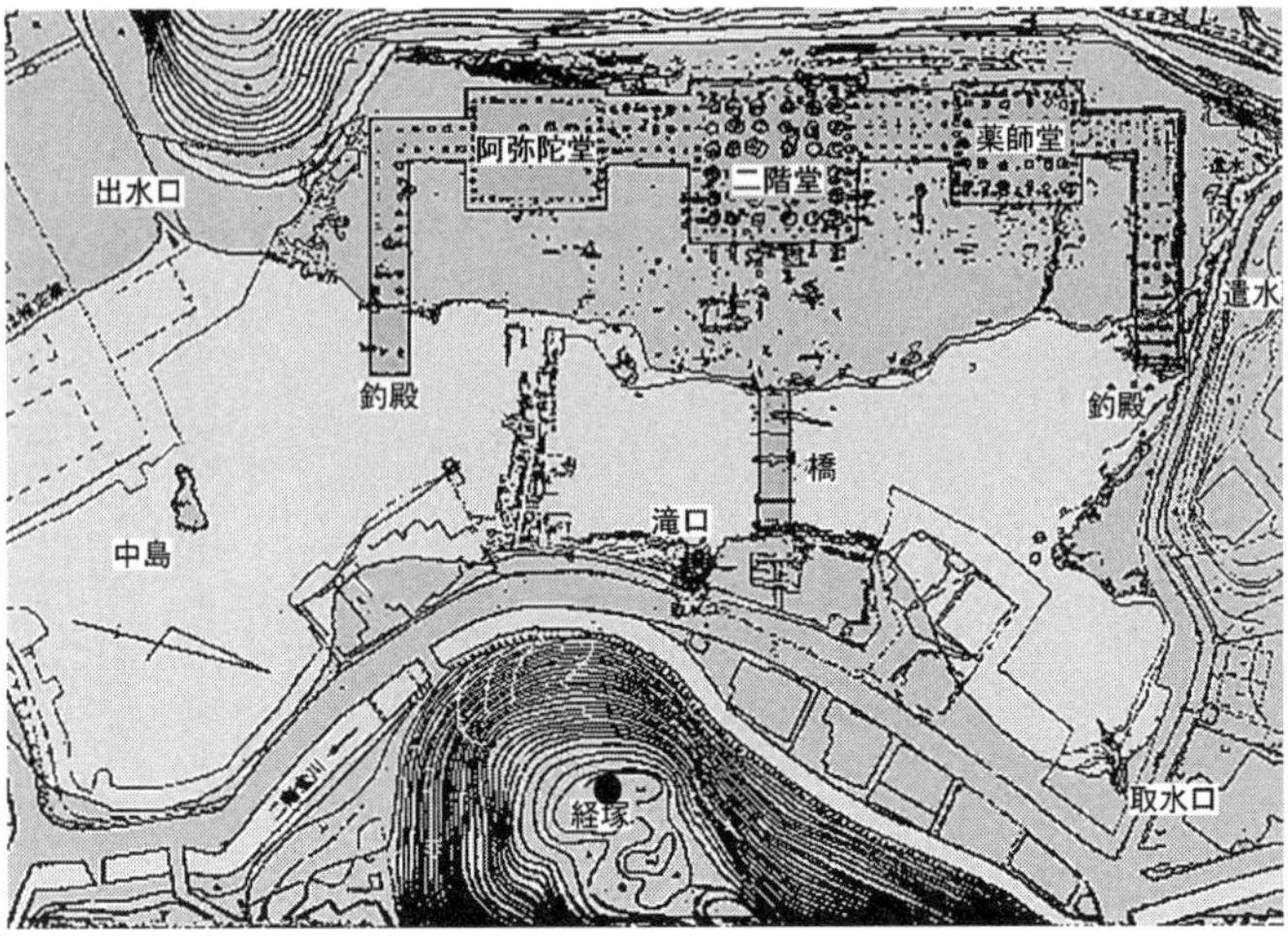

図36　永福寺の伽藍と庭園（鎌倉市教育委員会提供）

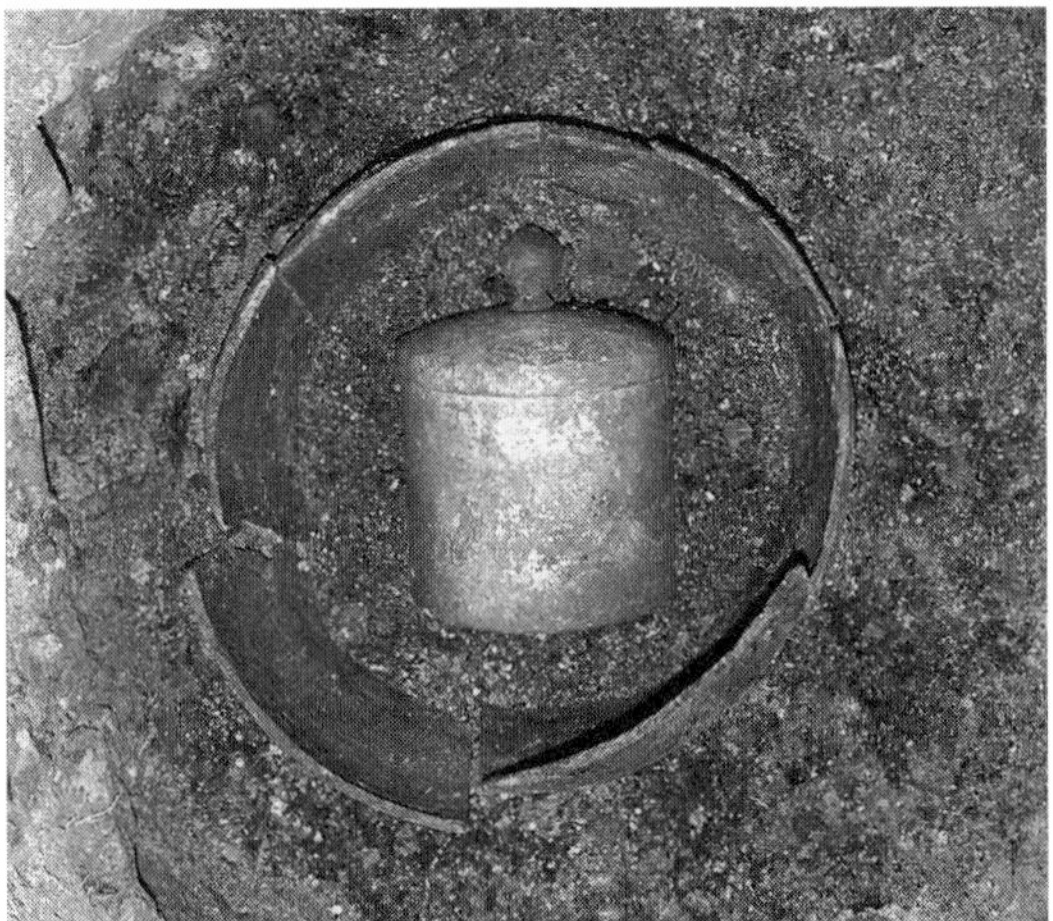

図37　発掘された経筒（鎌倉市教育委員会提供）

が埋められた空間や、場合によってはそれを擬した施設もまた経典の力、ないしは経塚という形状をもって、諸々の悪しきモノの接近を阻むはず。そのような考えがあっても不自然ではない。外部からの悪しきモノは道路沿いに来ると認識されていたのだから、道路沿いに施設を設置すれば、理屈上はその侵入を撃退できることになる。

平泉での経塚防衛構想がよくわかる例に、鏡山《かがみやま》山頂に設けられた経塚がある（図38）。鏡山の麓には西から平泉に向かう道路が通っていて、太田《おおた》川の接近によって、道筋は山と川との間の隙間に限定されていた。従って当該地点に経塚を設置すれば、陸路で平泉へ侵入するモノノケには、ピンポイントかつ効果的な防衛線が引ける。道路は付近で大きく向きを変えて上り坂に転じ、坂を登ればほどなく毛越寺《もうつうじ》だから、当地一帯は平泉の西の出入り口付近に設けられた、霊的な最終防衛地点ともいえる。

ただし平泉の場合、鎌倉のように特定の相手から個人や集団を守るというよりも、不特定多数の相手から都市そのものを守ろうとしていた。当地の特徴として、ケガレの徹底的な排除がある。かつての中心地区の一割が発掘された段階で、平泉藤原氏時代の年代観の人骨はなく、動物の骨製品の出土も皆無なため、動物の解体や骨製品を製造する職人もいなかったと考えられているほどである。これは京都や鎌倉などの同時代の他の大都市と比べたときの、当地の際立った差異となる。

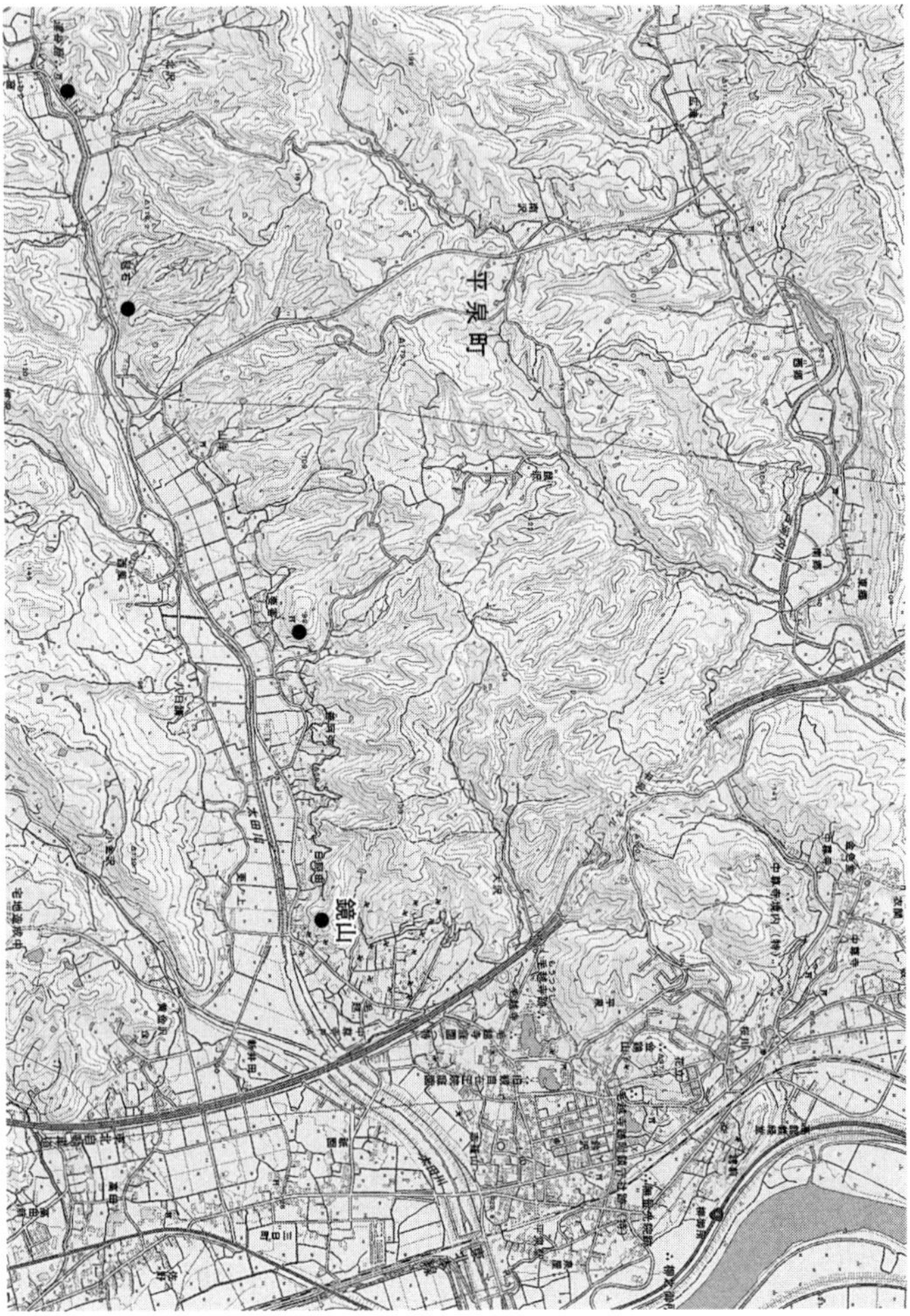

図38　平泉への西からの道（地理院地図）
道路沿いの要所要所に経塚（●）が並ぶ．

もともとケガレという概念自体、都市京都の貴族社会で異様な肥大化を遂げたものである。平泉が彼の地の文物を積極的に導入したのはよく知られたところで、さらに平泉には、外来の文物を導入する際、それに関するテキストに忠実であろうとした結果、本場を上回るものを作り出す習性があった。宇治《うじ》平等院鳳凰堂《びょうどういんほうおうどう》を範にしつつも、より規模を大きくした無量光院しかり。阿弥陀堂《あみだどう》の建立という貴族社会の流行を受け、光堂《ひかりどう》とも呼ばれていた阿弥陀堂を建てるに当たり、金箔を貼ることで字句通り光り輝く阿弥陀堂――金色堂――を建てたことにしかりである。このような姿勢から類推して、ケガレにおいても、京都よりも徹底的な排除が進められたのではないか。これに経塚造営の早期の例は京都周辺で確認されることを付け加えれば、平泉ではモノノケの対応に京都よりも熱心に取り組み、この間、彼の地の経塚を粉骨奪胎して利用したという経緯が推測できる。

以上を念頭に置いた上で舞台を鎌倉へと戻す。件の経塚は永福寺を取り巻く丘陵上で確認されている経塚の一つだが、造営年代が永福寺のそれと重なることに加え、特に幹線道路沿いに設けられているため、寺域を霊的に守護するのみならず、平泉と同種の理論も働いていたと推測される。頼朝は奥州合戦後に鏡山の麓を通過し、達谷窟《たっこくのいわや》経由で帰路に就いており（『吾妻鏡』文治五年九月二十八日条）、当地の経塚群を目撃したのは確実である。かたや永福寺自体が平泉の中尊寺《ちゅうそんじ》二階大堂《にかいだいどう》を模したものであるように、彼は平泉の文物を取り入れていたのだから、経塚による防御法も平泉に倣った可能性もないとはいえない。

永福寺跡と経塚が位置するのは、ちょうど谷が大きく展開し始める地点である。ここまで南下してきた道路は、西側が永福寺の敷地で制限されるため、経塚の下をすり抜ける他なく、このありようは先述の鏡山での事例と類似する。もっとも自然地形を中心とした平泉に対し、わざわざ永福寺を設けている分、鎌倉の方が霊的な防備には積極的だった。永福寺から北では、大規模な土地造成をしない限り、大寺院造営に足る場所はなく、逆に南は御所のある大倉まで平坦地の幅は広がるばかりである。いってみれば永福寺一帯は、北からの怨霊の侵入に対し、効果的な防衛ができる最終地点なのだった。さらに当地では、彼岸の中日に本堂の中軸線上に日が沈む伽藍《がらん》配置も採れた。頼朝がこの地を「霊地」としたのは、これら複合的な理由に基づくのだろう。

平泉の怨霊を防ぐと明言された寺院は、鎌倉で永福寺のみである。今日、鎌倉から東北地方に向かうとされるのは、山内を経由する「かまくらかいどう」中道だが、こちらの沿道には永福寺のような施設は確認できない。それゆえ、ある時期まで東北地方へ向かう道筋は二階堂を経由しており、それがいつ頃からか山内経由の道路に取って代わられた。もしくは鎌倉から北に向かう道路は幾筋かあった中、平泉側の恨みを買う張本人の頼朝その人は、二階堂経由で北へと向かったか。永福寺造営は、どちらかの反映と推測される。

大道は私たちの目に見えない分野でも、その名に恥じない大きな影響力を持ち、回り回って地域の景観や都市構造にも影響を与えていた。ならば道路を道具に、土地の性格や歴史を読み解くという手法も採れるはずである。

大道と地域社会㈠

山村の大道

葛川

山あいの霊場

本章の趣旨は、前章の掉尾を受け、実際に道路を軸に土地の性格や歴史を考えることにある。舞台として選んだ近江国《おうみ》葛川《かつらがわ》、陸奥国《むつ》骨寺村《ほねでらむら》は、いずれも絵図を含む同時代資料から大道、ないしは大道と呼ぶに値する道路の存在が確認できる土地である。加えて、山間地という地形上の制約から、外部との連絡路が限定されることは見逃せない。絵図で確認する限り、中世前期の交通事情も同じ傾向にあり、大道がその中心となっていたことが予想されるため、外部との交流が地域にもたらした影響をもって、内外の連絡路としての大道の影響力が測れると踏んだ。

琵琶湖《びわこ》の西岸、現在の滋賀県大津市の北西部に位置し、東西を比良《ひら》山地と丹波《たんば》山地とに挟まれた谷一帯が葛川である。谷中央部を琵琶湖に注ぐ安曇川《あどがわ》が流れ（図39）、同川沿い

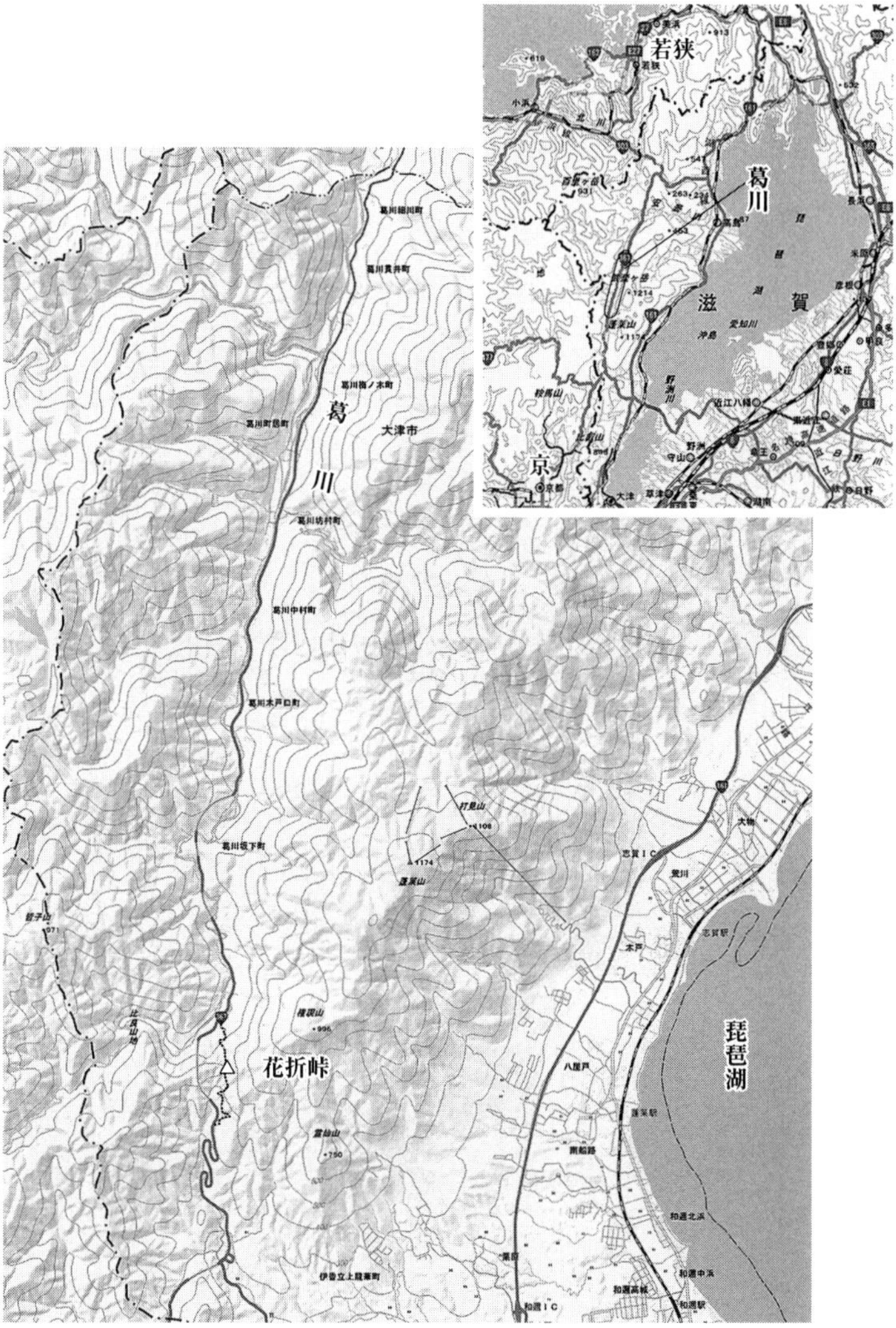

図39　葛川周辺地図（地理院地図）

に平地が連なる他、土地の大半を山林が占める、典型的な山村景観が展開している。

しかしながら山間地とはいえ、中世の葛川は大変知名度の高い土地だった。事の発端は、比叡山《ひえいざん》東塔の無動寺《むどうじ》を開いた相応《そうおう》が当地で厳しい修行の末、貞観元年（八五九）に不動《ふどう》明王《みょうおう》の姿を感得《かんとく》した一件に遡る。これを機に天台修験《てんだいしゅげん》の別院道場の息障《そくしょう》明王院が建立され、当地は修行者たちが集う霊場《れいじょう》としての途を歩み始める。そして平安時代成立の『新《しん》猿楽記《さるがくき》』に山伏の修行の地として登場するような、名だたる霊場となるのである。

そんな葛川の中世の歴史は、周囲との相次ぐ紛争によって彩られている。霊場の清浄さを維持するため、開発に制限が加えられてきた結果、周囲よりも山林資源が豊富に残されたことで、その利用権益を巡って近隣荘園との争いが頻発したのである。争いの過程で多くの裁判資料が作成され、今回使用する絵図――鎌倉時代末頃の製作と推定され、記載情報と彩色の多寡の別から、「彩色絵図」「簡略絵図」と呼ばれるもの（図40・図41・図42・図43）――も、その渦中の産物である。明王院を中心とした葛川を描いた両図には、画面中央部を走る大道以外、めぼしい道路はないことを確認しておこう。

中世の「酷道」

今日の葛川の主要幹線道路に、京都府京都市と福井県三方《みかた》上中郡若狭《わかさ》町とを結ぶ国道三六七号線がある。その前身は、若狭街道と呼ばれた幹線道路にあるが、いずれも絵図の大道と同様、安曇川に沿って葛川を縦断するため、国

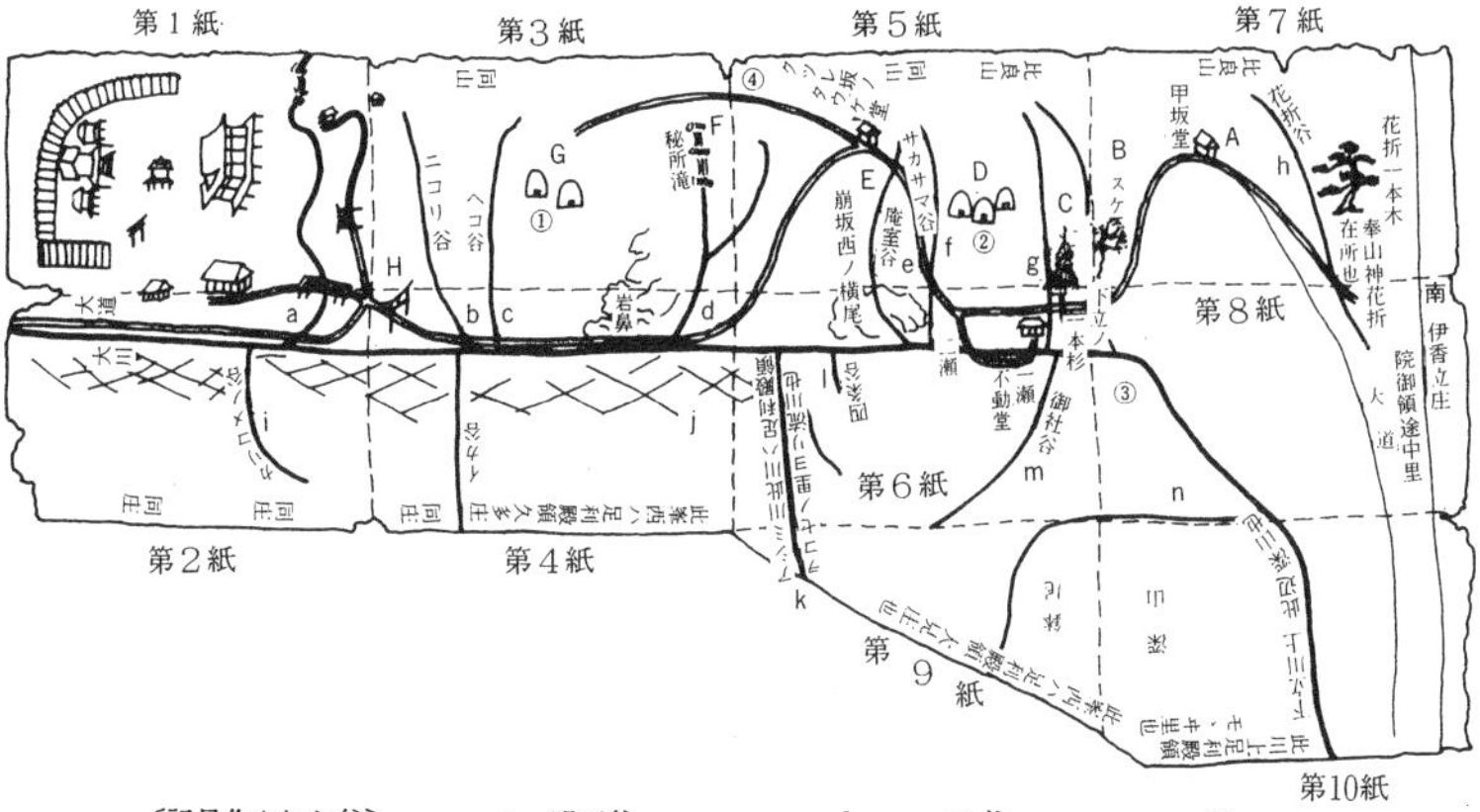

〔記号化された谷〕　a．明王谷　b．ニコリ谷　c．ヘコ谷
d．サカ谷　e．庵室（アセチ）谷　f．サカサマ谷　g．ドン谷
h．花折谷　i．カリコメ（鎌鞍）谷　j．イカ谷　k．アシミ谷
l．四条谷　m．御社谷　n．寺谷
〔ランドマーク〕　A．甲坂堂　B．スケ　C．下立一本杉
D．文永六年炭竈　E．崩坂ノタウケ堂　F．秘所瀧　G．文保元年炭竈
H．大門鳥居

図40　「葛川絵図」（彩色絵図）トレース図（下坂・長谷川・吉田1988）

図41　「葛川絵図」（彩色絵図，明王院蔵）

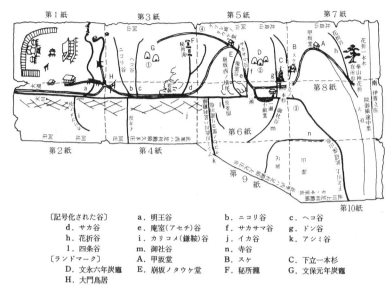

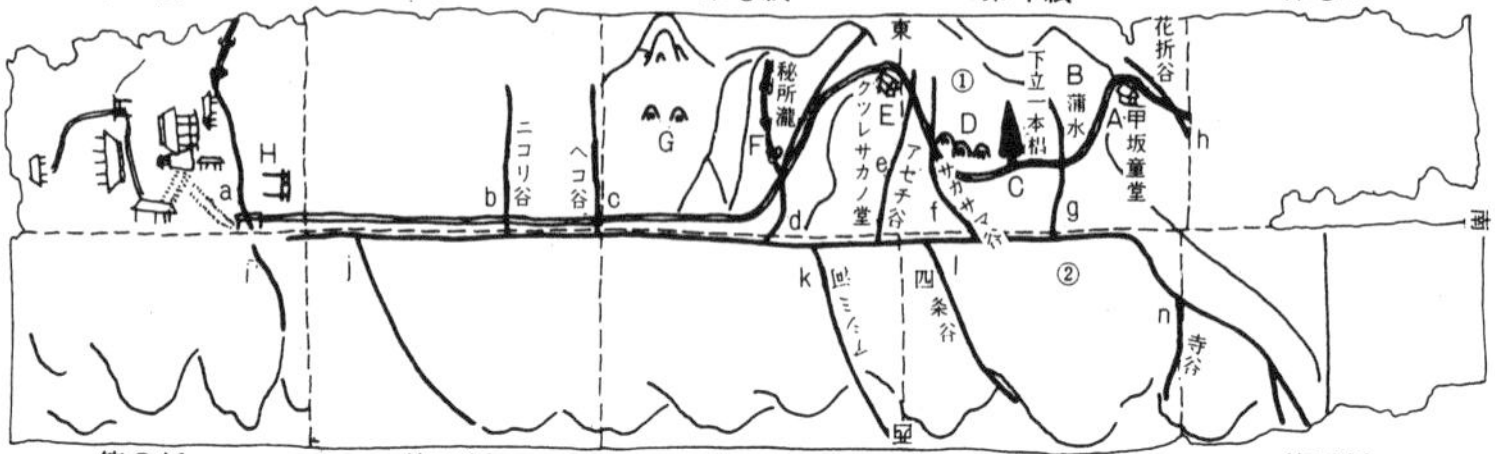

図42　「葛川絵図」(簡略絵図) トレース図 (下坂・長谷川・吉田1988)

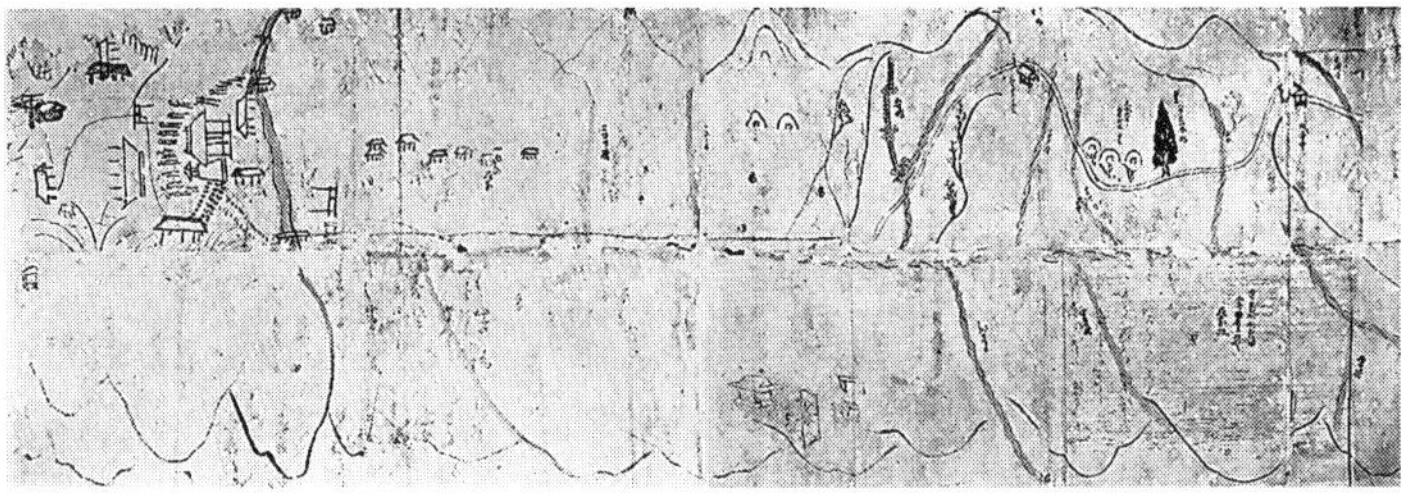
図43　「葛川絵図」(簡略絵図. 明王院蔵)

道と若狭街道、そして絵図の大道の三者は、同じ道路の系譜に属すると判断する。もっとも経路や道路状況は一様でなく、現在の国道は、道筋の大がかりな変更やトンネルの設置により、急峻な斜面の昇降や、屈曲の大幅な減少に成功したのに対し、残り二つはそうではない。特に大道は「崩坂《くずれざか》大道」(「青蓮院宮慈道法親王令旨案」『鎌倉遺文』三十五—二六七六六号文書)と呼ばれるように、崩坂という難所を擁していた。

　崩坂は、サカサマ谷とサカ谷の間の尾根上に比定されている(図44)(下坂ほか一九八八)。サカ谷の入口に立つ文政六年（一八二三）の紀年銘を持つ石碑には、道路事情改善のために新道が拓かれた経緯が刻まれ、難所の記憶を今に伝える。新道自体、今日の基準からは良路とは言いがたくとも、件の尾根を等高線沿いに回り込んで通過する点に、傾斜の軽減を図る努力が見て取れる。対する旧道は、尾根に切れ込んだ谷の斜面を、等高線に直交する形で

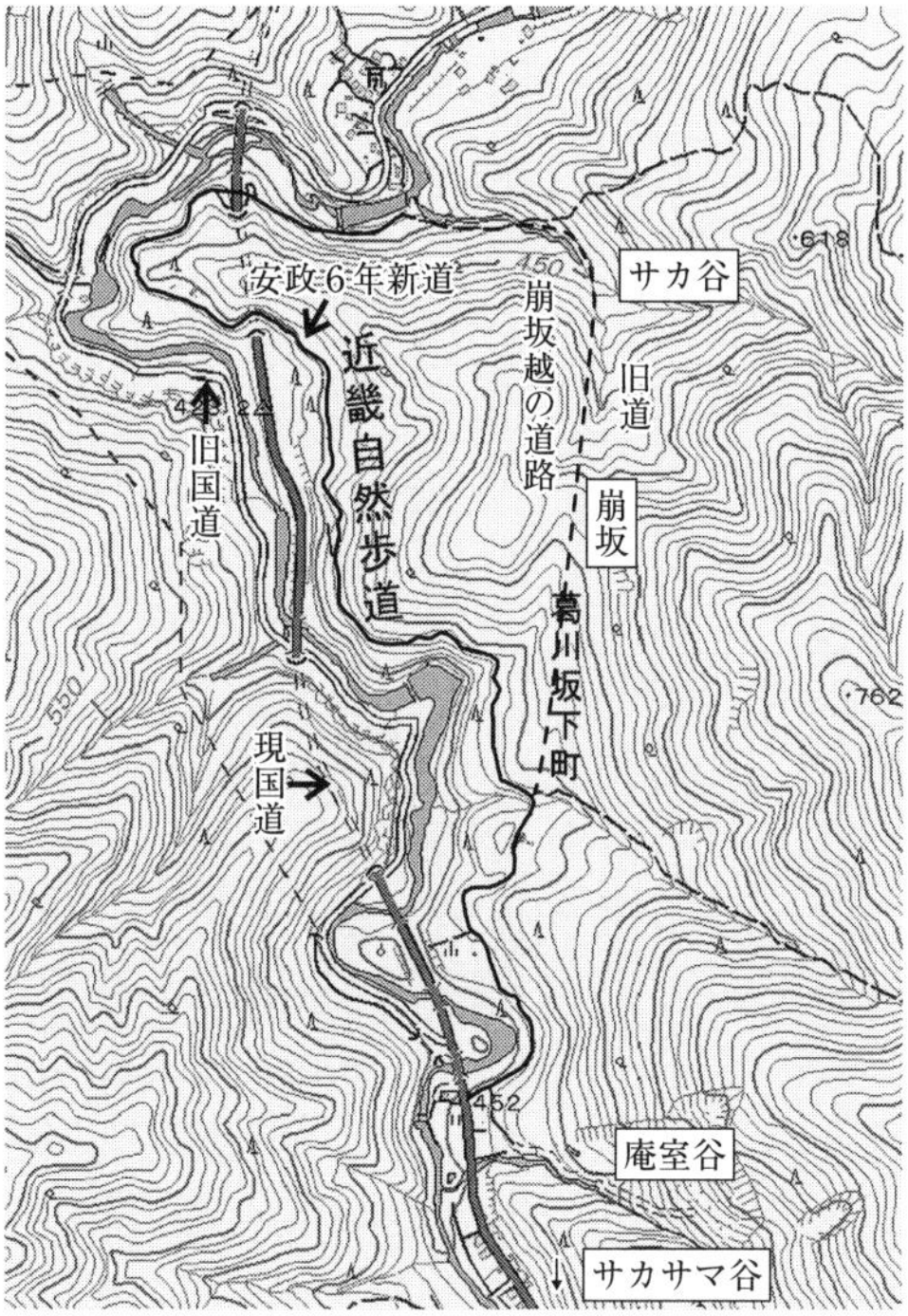

図44　崩坂比定図（地理院地図）

登攀《とうはん》するなど、傾斜の克服には熱心ではない。旧道の道筋が即、中世前期まで遡る確証はないけれど、同じ崩坂を経由する以上、似た状況を想定するべきだ。

なお、この大道の難所は崩坂にとどまらない。たとえば葛川への南の出入り口に当たる標高五〇〇《メートル》越えの花折峠《はなおりとうげ》は、昭和五〇年（一九七五）のトンネル開通を機に交通条件が大幅改善されるまで、長らく若狭街道最大の難所とされてきた。だが、複数の難所を抱えつつも、葛川への道行きは今様の題材になるほど、中世前期の人々に膾炙していた。『梁塵秘抄《りょうじんひしょう》』（巻第二）は、葛川への道行きを歌った次の歌を収める。

史料①

何れか葛川へ参る道、仙洞七曲崩れ坂、大石安曇杉の原、聖宮の御前を行くは玉川の水、

歌の主題は葛川ではなく、葛川への道のりだという点に注意したい。そういえば今日の「酷道」も目的地ではなく、目的地に至る間の道中の厳しさと、これを克服する過程が関心を集めている。史料①の背景にも、同じようなことがいえるかもしれない。

若狭・京都・そして葛川

結論を前倒しすると、沿道への影響力の大きさゆえ、ある種の道路は大道と呼ばれるに至ったという前章の見通しは、葛川にも適応できる。わかりやすいのは件の大道の起点と終点に当たる、京都と若狭における道

路の役回りである。海を持たぬ京都にとり、道路を介して搬入される日本海側の海産物は、一貫して都市民の食生活に重要な位置を占めていた。これは若狭街道の異名、「鯖街道《さばかいどう》」に集約されている。方や若狭側にとって、道路は京都向けの物資の搬出によって収入をもたらすとともに、京都方面からの文物の搬入路でもあった。今日の若狭地方に仏像を筆頭に、京都との交流を示す文物が多く残されているのも、元を辿れば道路を介した交流の所産なのである。

この大道の京都側の出入り口に当たる朽木《くつき》口には、内蔵《くら》寮《りょう》領率分《りつぶん》関が設けられていた。そこでの応永二年（一三九五）当時の関銭対象品目リストが、『山科家礼記《やましなけらいき》』文明十二年正月二十六日条に載せられている。馬による「駄」と、歩荷による輸送「かちニ（歩行荷）」がなされていたことがわかる。

その具体的な品目は以下の通りである「一、かいさう《（海草）》一駄七文、かちニ三文　一、うを《（魚）》一駄七文、かちニ三文　一、ひ《（檜）》物木一駄七文、かちニ三文　一、あした《（足駄）》一駄十文、かちニ文　一、くろかね《（鉄）》一駄十文、かちニ三文　一、あかかね《（銅）》一駄廿文、かち五文　一、お《（苧）》一駄廿文、かちニ七文　一、むらさき《（紫草）》一駄卅文、かちニ五文　一、布一駄廿文、かちニ十文　一、かミ《（紙）》一駄八文、かちニ三文　一、こき《（合器）》一駄十文、かちニ三文　一、高荷一駄五十文ふるかわへハ卅文注之　一、かちすミ《（鍛冶炭）》一かに三文　一、いしと《（石砥）》一かに三文　一、しいし《（椎子）》一か

に三文　一、かうそ《（楮）》一かに三文　一、くり《（栗）》一かに三文　一、こうのはい《（紺灰）》一駄十文　一、かき《（柿）》一駄三文　一、鳥一かに五文　一、しゝのかわ《（鹿の皮）》一かニ十文　一、見《（箕カ）》一かニ三文　一、ひそはしら《（檜曾柱）》一かニ三文　一、竹　一かニ三文　一、すゝわらひ《（煤蕨）》一かに三文」

　収入源としての関所の設置は、ヒトやモノの往来が盛んであることが大前提である。ことに先の品々はリストを作って対応するほど、大量に関を通過していたのである。こうした動きの只中に葛川は置かれていた。

　だが、葛川は単なるヒトやモノの通過点に終始してはいなかった。当地にとっても、件の道路は大道の名に恥じない役割を果たしていたのである。

　史料①の「参る」という文言が端的に示すように、霊場での修行や参詣を目的に、多くの人々が大道を使って当地にやってきた。そもそも葛川の歴史においては、宗教関係者の移住が開発の起爆剤になったのだから、大道を介した宗教者の往来は当地の歴史を方向付けたといっても過言ではない。そういえば先に登場した花折峠の名は、葛川参籠《さんろう》の行者《ぎょうじゃ》が付近で樒《しきみ》の花を折り取り、手向《たむけ》の花としたという伝承に由来するという。葛川の大道は、「信仰のみち」という面を有していたのである。

　また、大道は葛川の支配とも関わる、「支配のみち」でもあった。現地を支配した明王院は、葛川を開いた相応との縁から、彼を開基《かいき》とする無動寺の支配下に置かれ、のちに無動寺のトップを青蓮院門跡《しょうれんいんもんぜき》が兼任するようになると、その支配下に組み込まれる。青蓮院門跡による葛川支配には住人と明王院、そして無動寺や青蓮院間での連絡が不可欠だが、相互の位置関係から、連絡路には件の大道が使われたとするのが妥当である。歳末御公事物の運上に、葛川の住人が青蓮院のある京都へ赴いていたことも確認できる（「近江葛川常住幷住人等申状案」『鎌倉遺文』三十四―二六五六八号文書）。

さらに視点を変え、葛川の住人にとっての大道の役割を考えるなら、大道は彼らの「生活のみち」でもあった。以下、とある殺人事件を振り出しに話を進めていきたい。

花折谷殺人事件

文保元年（一三一七）十二月二十四日。葛川への南の境付近に位置する花折谷で、美濃《みの》国の地頭《じとう》の下人である四郎男が殺害され、所持品を奪われる事件が発生した。被害者は葛川の人間と一緒にいたところを、隣の伊香立《いかだち》荘の亀王神主・兵衛入道らに襲撃されたのだった（「伊賀公朝申状」『鎌倉遺文』三十四―二六五七一号文書）。ちなみに犯人たちが属する伊香立荘は、葛川と最も激しく争った相手でもある。事件の年は両者の大規模な衝突が発生した年でもあったから、何らかの形でこれと関係しているのだろう。犯行現場の花折谷は、両者の係争地になったこともある、曰く付きの場所だった。そのような場所に、こともあろうに葛川の人間と居合わせたために、下人は双方の対立に巻き込まれてしまったと推測する。

被害者が事件現場にいた理由を、彼の主人である伊賀公朝は、次のように説明する。

史料②「伊賀公朝申状」（『鎌倉遺文』三十四―二六五七一号文書）

葛川住人等杣人たるにより、材木を買わせしめんがため、公朝下人の四郎男を杣人等に相い副え、銭貨十五貫文を葛川に下し遣わすの処、件亀王神主・兵衛入道已下の山賊人等、花折谷において四郎男を殺害せしめ、銭貨以下の物等を盗み取り、伊香立荘に逃げ籠もりおわんぬ。

十五貫文の銭を携え、美濃国から材木を購入しに訪れた四郎男は、どこかで葛川住人と落ち合って現場に向かい、殺害されてしまったのだという。公朝は葛川の住人を杣人と述べているけれど、杣人とは製材に従事する専門技術者であり、どこでも誰でもできる性質の職業ではない。そんな専門職がおり、美濃国から材木を購入しに客が来るほどなのだから、葛川の製材業の活況ぶりは推して知るべし。健保六年（一二一八）には明王院の常住が京都へ材木を販売していたことが問題視されているように（「僧賢秀陳状案」『鎌倉遺文』四―二四一三号文書）、商圏には京都も含まれていた。葛川にとっての京都は、大都市ゆえの膨大な木材の需要がある、大の得意先だったはずだ。

もし四郎男の商談が成立していたら、購入した材木は重量物ゆえ陸路では搬出されず、筏《いかだ》に組まれて安曇川経由で琵琶湖へと廻漕された公算が大きい。同川下流にある朽木荘の百姓が借財を理由に、地頭得分を葛川住人に差し押さえられた際、「材木筏五十余数」が対象になっている（「近江朽木荘願仏申状」『鎌倉遺文』二十三—一七九九二号文書）。葛川での製材業の規模の大きさの一端は、このときの筏の数に現れている。

話は飛ぶが、荘園公領制下の時代ということもあり、中世には盛んな都鄙間交流がなされていたといわれる。この指摘自体に異論はないものの、

地方間の交流

当時のヒトやモノの動きには、都と地方だけではなく、先の美濃国と葛川でのような、「鄙鄙間交流」とでもいうべきものも含まれ、各方面に少なからぬ影響を与えていたことを強調しておきたい。

各地の中世遺跡でおなじみの出土品の一つに、常滑《とこなめ》産陶磁器がある。生産地の知多《ちた》半島から出荷された夥しい数の製品は、中世人の暮らしを多方面で支え、その流通範囲は当時の日本国の範囲を超えて、北海道のような当時は国外と看做されていた地域にも及ぶ。広域な流通自体は常滑産陶磁器にとどまらず、他の製品にも当てはまるものがあり、うち京都以外の産品については、京都を介さない流通経路を考えた方が現実的である。

もし、こうした地方同士の動きを軽視し、当時の列島における諸交流を、中央と地方という図式に押し込めてしまえば、地方発の広域流通品の動きに代表される地方同士の交流は過小評価され、場合によっては切り捨てられてしまう。その先に待つのは、地方の潜在

能力を軽視した中世社会像だが、それはある種の現代社会像にも重なる。

山村の産業と大道

閑話休題。近年の中世史研究の潮流の一つに、山村の生業を見直し、新たな山村像の構築を図る動きがある。葛川でも周辺環境を上手く利用し、他所の需要を視野に入れた種々の産物の採集・飼育・生産が営まれていたことが明らかになってきた。耕地の多寡やそこからの生産量という、お馴染みの尺度によって土地の生産力を測る限り、田畑に恵まれず、さりとて開墾《かいこん》可能な土地も物理的に限度がある葛川のような山村は、生産力の低い、言い換えれば貧しい土地と評価されてしまう。対して先行研究が打ち出すのは、耕地よりも山林原野を舞台とした地場産業で稼ぐ村の姿だ。当時の葛川の産業に関しては、相論相手の伊香立荘側の資料に、これを列記したものがある。

史料③「近江伊香立荘々官百姓重申状」(『鎌倉遺文』十四―一〇五一九号文書)

(前略)

一　定め置かれる所五宇の外、数十宇の今在家の事
一　御前尾瀧山に乱入せしめ、往古の大木を伐り、数百艘の漁舟を作る事
一　男女の輩群集の間、魚鳥を集め、剰え狩漁に及ぶ事
一　牛馬を放し飼う事

一　彼の山において材木を取り、紺灰《こんばい》を焼いて売買せしむ事
一　彼の山を伐り、畑において五穀を作り、麓を開発せしめ田代となす事
一　常住のために、本堂後の大竹を切りて、畠の鹿垣となす事
（後略）

一条目では開発進行の結果が、続く二条目からは、狩猟と漁業に牛馬の放牧などの動物資源の採取と育成、木材の伐採、その跡を利用した焼き畑や、山地を開発した耕地での農業、紺灰の生産や造船などの加工業などが述べられている。うち加工業については、伐採された木材は船の材料の他にも、足駄の材料（「葛川住人等陳状案」『葛川明王院史料』四五五号文書）などの木製品に加工されていた。

当地の産品には、商品価値の高いものが含まれていることもあって、地元での消費よりも、外部への積極的な搬出を想定した方がよい（岡一九九九）。実際に需要と供給の双方から判断すると、内部だけでは消費が難しい品々が葛川では生産されており、現に材木は遠方との取引が行われている。第二条で言及される造船も、造船の背景には琵琶《びわ》湖《こ》での漁業の発展による、漁船需要の高まりが指摘されている（盛本一九九六）。後ろの第五条に現れる紺灰も同じで、藍染《あいぞ》めの媒染剤として用いられる紺灰は、一般家庭で毎日使うような品ではなく、ある程度の流通圏がないと供給過剰になってしまう。第三条については、他

の史料から鹿・猿・熊・鳥・兎・魚という、より具体的な獲物が判明する（「近江葛川根本住人末孫交名注文」『鎌倉遺文』三十四―二六六九四号文書）。殺生禁断の掟を無視しての狩漁には、害獣駆逐という山間地特有の事情も働いているのだろうが、獲物はいずれも商品化が可能で、しかも大型哺乳類のように都市部では確保が難しい上に、鹿革など武具の材料を始めとして需要の高いものも含まれる。ここからは殺生禁断もなんのその、経済的な利益を求め、あえて禁制に挑む功利的な住人像も描けよう。

葛川の産業が外部の需要を多分に前提にしていたなら、大道には産品を搬出し、見返りとしての富を呼び込む回路という、きわめて重要な役割が与えられる。『山科家礼記』文明十二年正月二十六日条には、「し、のかわ」「ひ物木」「ひそはしら」「足駄」「鳥」「竹」など、葛川の産物と被る品々が載るため、大道を介して運び出された葛川産の品々も、関《せき》銭《せん》の対象になっていたと想像する。

さらに『山科家礼記』における「駄」の存在を念頭に置くと、史料③の第四条に登場する牛馬は、荷物の運搬用に飼育されていたとの解釈も引き出せる。同時に、住民の収入源としての運送業の存在も視野に入ってくるが、京都と若狭を結ぶ道路沿いの土地なのだから、否定する話でもない。傍証となるものとしては近代の例がある。『角川日本地名大辞典25滋賀県』の「葛川村」によると、明治三十九年（一九〇六）の葛川村の有業者一〇二四名のうち、最大は林業の三〇〇名だが、次位には交通業従事者の二七八名が付く。大道が葛川の人々の生活にいかに深く入り込んでいたかを知るには、大道封鎖の例が確認できることで十分だろう。近隣との紛争に際しての、「葛川切塞大道、不通公私使者、奪取所持物、或切散之」（「近江葛川常住幷住人等申状案」『鎌倉遺文』十四―一〇五三五号文書）という行動は、大道が名前に応じた働きをしていればいるほど、利用者への確実で効果的な打撃となる。あるいは花折谷の一件も、十五貫文の銭を携えた四郎男は、大道を使って葛川にやってきていた。銭が象徴するように、当地の大道はまさに富が移動する空間だった。

沿道への影響力の大きさゆえ、ある種の道路は大道と呼ばれるに至ったとする、大道の定義は、葛川にも当てはまった。けれども当地の道路が「崩坂大道」と呼ばれていた点を考慮すると、言葉不足は否めない。一文を付け加えて、「どんなに険阻な道路であれ、ヒトやモノが活発に移動し、沿道一帯に大きく作用していれば、それは大道と認識された」とした方が現実に即したものになる。

時代の中で

地域の開発や商工業に大道が深く関わるのは、葛川の専売特許ではない。中世前期という時代を大開発時代と捉えた保立道久氏は、自然との対峙の中でさまざまな商工業・交易関係が拡大、これと呼応して地域特産物が広域流通品と化したと述べる（保立二〇一五）。さらに氏は広域的・地域的物流は交通によって担われ、地域開発のために交通条件を確保しようという動きがあったとも指摘していた。交通条件の確保とは、陸上では道路の設定や維持と同義である。むしろ保立氏が紹介する、若狭国多《た》烏《がらす》浦《うら》の開発を命じた稲庭《いなば》殿の発言、「田（多）烏という浦ハ、切あけてゐへきよし」（「若狭多烏浦立始次第注進状」『鎌倉遺文』十四―一〇九四九号文書）に登場する「切あけ（明）」という言葉には、道を切り開くという意があるように、道路建設こそ開発の先兵だったのである。道路の特性から推して、その中心には外部と接続し、やがては開発された地域の基幹となる道路、すなわち大道が据えられていたことだろう。保立氏のいう大開発時代とは、大道の大開発時代とも言い換えられる。

この道路開発を組み込んでの地域開発が確認できる場所が、陸奥国骨寺村だった。当地を専論とする研究では、開発の果実である年貢《ねんぐ》や公事《くじ》の安全、かつ効率的な輸送を図り、新道が造成されるという認識が共有されている。これは保立氏の指摘と表裏一体の見方でもある。

骨寺村

二枚の村絵図

今日の岩手県一関《いちのせき》市中心部より約一五キロほど西、岩手・秋田県境に続く山並みに抱かれ、北上川支流の磐井《いわい》川沿いに数珠玉のように連なる小盆地群の一つ、同市厳美《げんび》町本寺《ほんでら》地区が骨寺村の故地である（図45・図46）。

もともと自在坊蓮光《じざいぼうれんこう》という僧侶の所領だった骨寺村は、彼が藤原清衡《ふじわらのきよひら》の発願になる紺《こん》紙金銀字交書一切経《しきんぎんじこうしょいっさいきょう》書写事業の奉行として、事業を成功に導いたことで主を変えた。ご褒美として、同経を納める中尊寺《ちゅうそんじ》経蔵の初代別当《べっとう》に任じられたのを機に、彼は村を経蔵に寄進したのである。以来、村は経蔵の物的基盤の中心として、別当たちを支え続けた。

中尊寺に伝来する骨寺村関係資料の中に、二枚の村絵図がある（図47・図48・図49・図50）。一枚は十三世紀末から十四世紀にかけて作られ、簡略ながらも宗教関連の記述が目

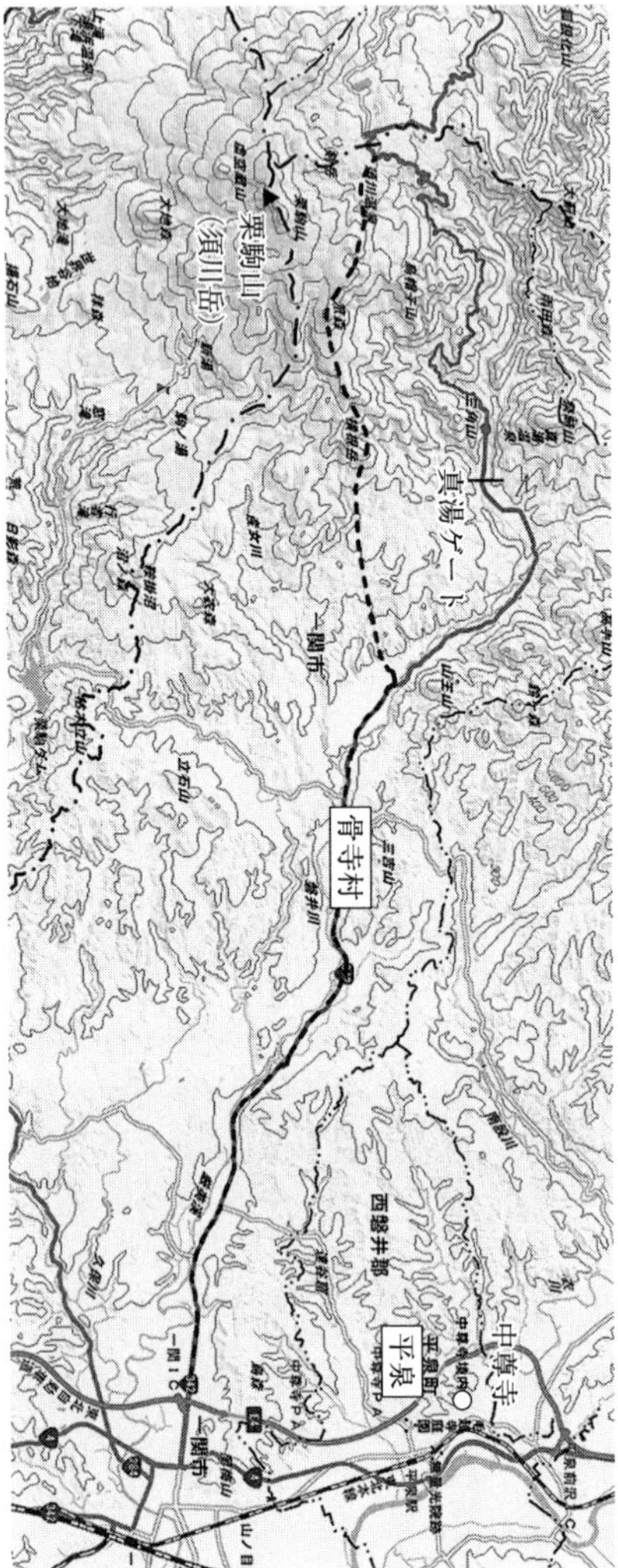

図45　本寺地区周辺地図1　---は院内街道

立つために仏神絵図、もしくは簡略絵図と呼ばれている。本来は料《りょう》紙《し》がさらに下に続いていたが、いつの頃か失われ、村の様子も途中で切れてしまっている。構図の類似から、おそらくは次に述べる絵図と同じ範囲が図化されていたのだろう。もう一方の絵図は、やや遅れた十四世紀前後の作で、前者よりも図中の情報量が多く、特に水田と組になった在家の描写が特徴的なことにちなみ在家絵図、あるいは詳細絵図と称されている。後者は

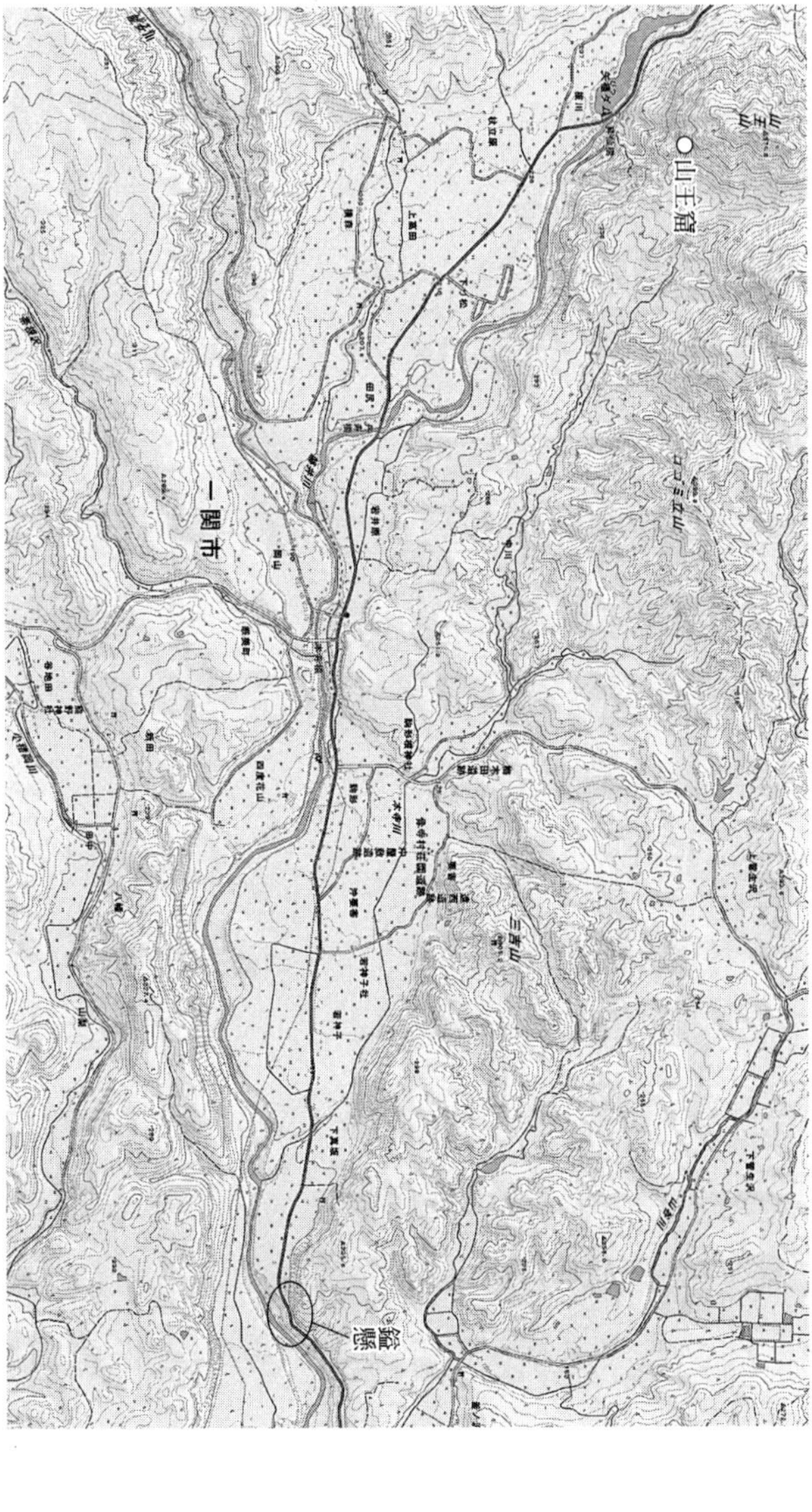

図46　本寺地区周辺地図2

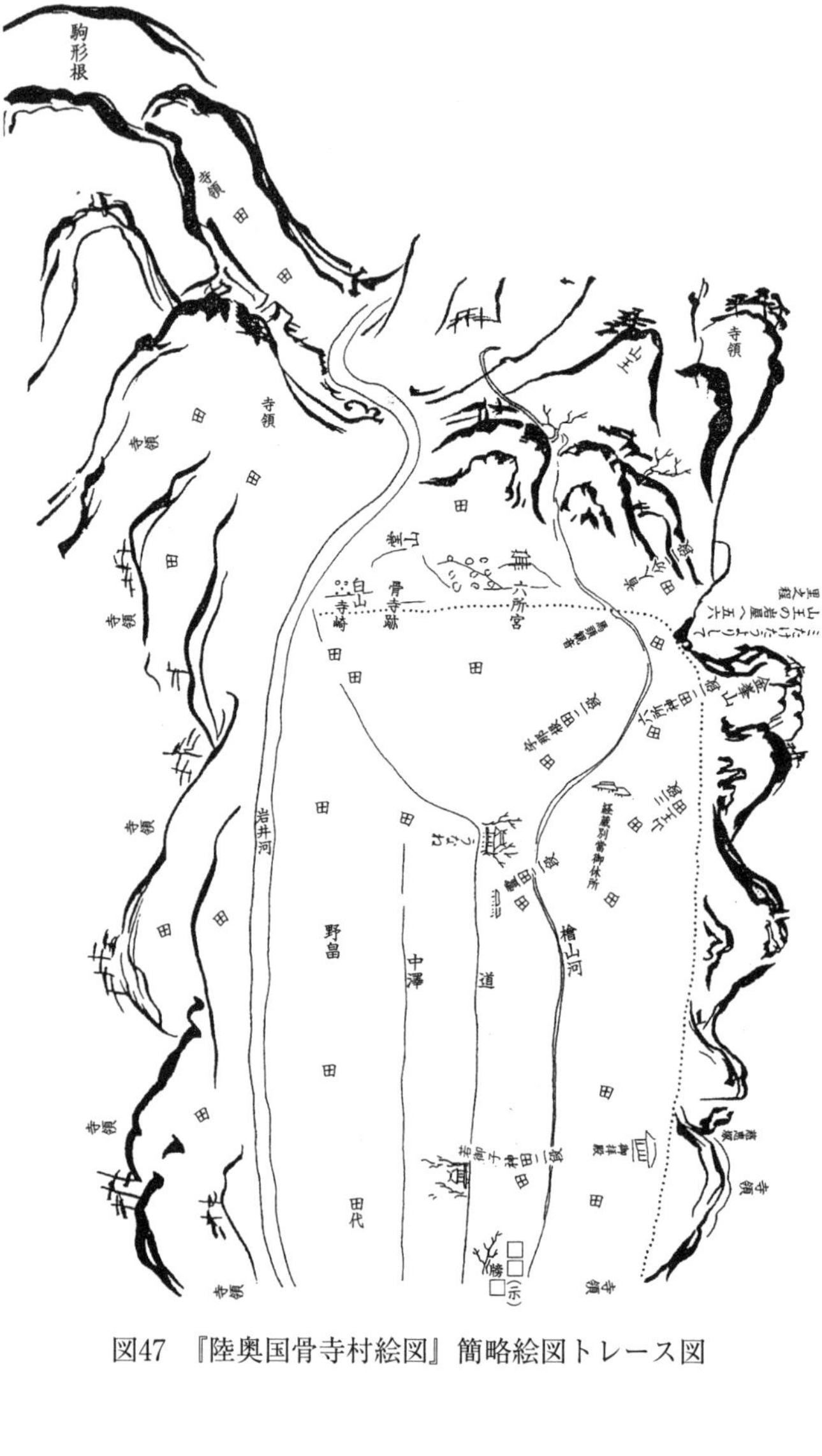

図47　『陸奥国骨寺村絵図』簡略絵図トレース図

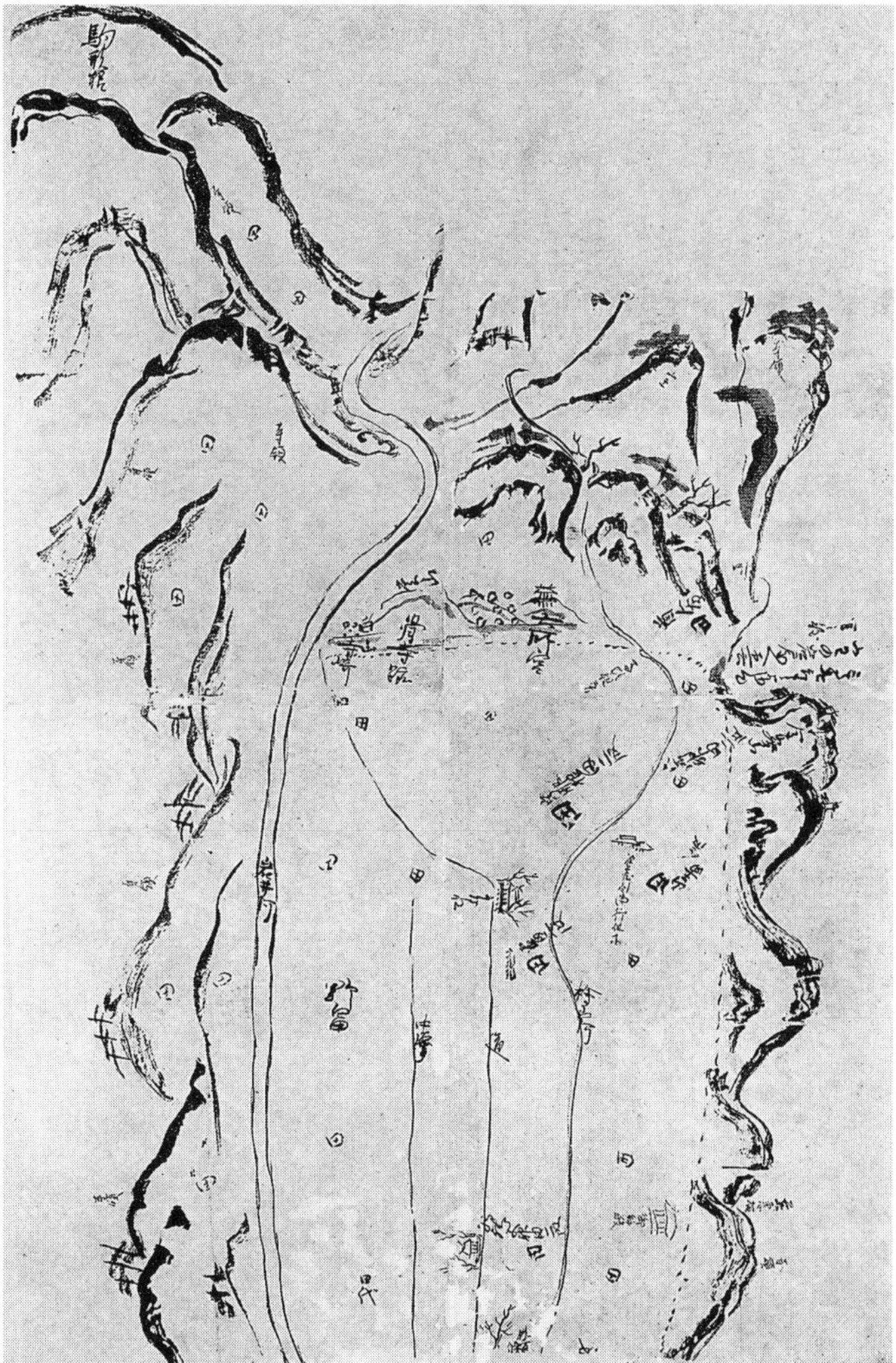

図48　『陸奥国骨寺村絵図』簡略絵図（中尊寺蔵）

図49　『陸奥国骨寺村絵図』詳細絵図トレース図

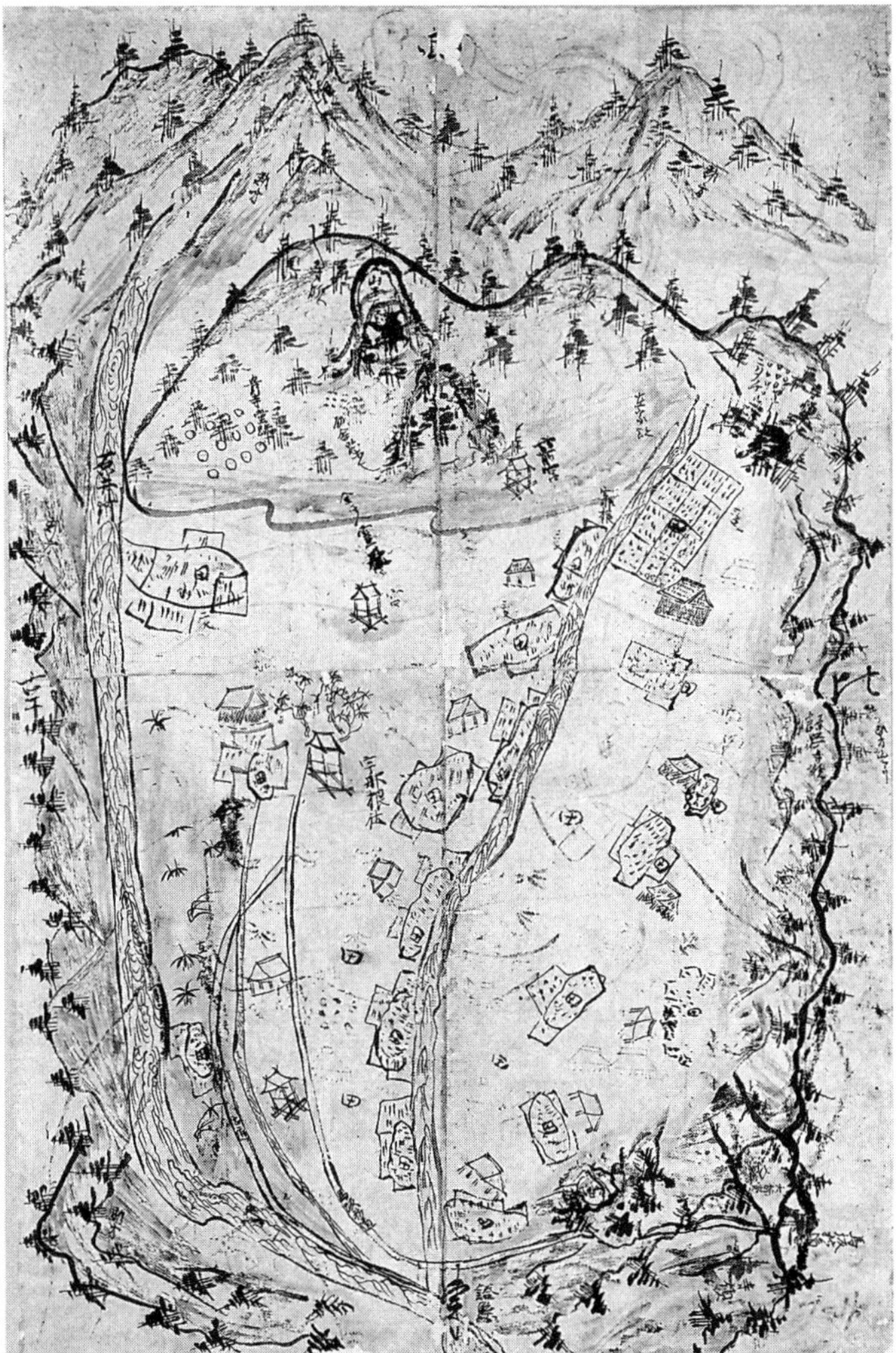

図50　『陸奥国骨寺村絵図』詳細絵図（中尊寺蔵）

「寺領」・「郡方《ぐんかた》」という表記や、紙背の「寺領□□《郡方》界論」という一文が語るとおり、鎌倉時代に起きた郡地頭葛西《かさい》氏（郡方）との相論に際し、中尊寺側の資料となったものだった。

描かれたみち・描かれないみち

簡略絵図には、寺崎と呼ばれる辺りを起点（終点）とする道路の姿がある。「道」と注記のあるこの道路は、「うなね」社前で方向を転じて画面下へ向かい、無記名ながらも位置関係から若神子《わかみこ》社に比定される社を通過後、料紙下端の榜□（示？）と書かれた樹木の辺りで途切れている。本来ならば、もっと下方まで続いていたのだろう。かたや詳細絵図では「宇那根」（うなね）社社頭付近から道路が展開しているが、簡略絵図と違い、こちらは途中で分岐している。うち磐井川沿いに村外へと向かう道路には「古道」、そして若神子社と推定される社の傍らを通過して丘陵を登っていく道路には、「馬坂新道《まさかしんみち》」という注記が施されている。簡略絵図の「道」と詳細絵図の「馬坂新道」は、いずれも「うなね」社頭と、その先に鎮座する社殿の傍らを通過しているから、同一の道路を描いていると見做す。当然、詳細絵図の「古道」は、これよりも古いものになる。

「道」と「馬坂新道」とを同一とすると、絵図によって起点（終点）が異なってくる。だが宇那根社は寺崎からそう離れていない場所に比定されており、実際には二つの道路の起点（終点）は、絵図から受ける印象ほど離れていない。そこで本書では両者は同じ地域に属すと捉え、寺崎の東側一帯に道路の起点（終点）があったとする。

一見してわかるとおり、新・旧各道路は村と外部とを繋ぐ役目を担っていた。少なくとも絵図を作成した中尊寺側が両者を特別視していたことは、他にも道路があったと推測されるにもかかわらず、この二本だけが図化されている点に明らかである。

描かれなかった道路の一つに、絵図の右手丘陵上を走っていた道路がある。詳細絵図の金峯山《きんぷせん》の上には、「ミたけたう（御嶽堂）よりして山王の岩屋へ五六里の程」とあり、両者を繋ぐ山道があった。詳細絵図では、該当部分に「ミタケアト」の注記と、建物の柱跡か礎石《そせき》と思しき記号があり、簡略絵図の完成後、在家絵図ができあがるまでの間に、当該施設の退転ないしは廃絶があったことが判明する。斉藤利男氏によると、当該道路は平泉から当地を経て、須川岳《すかわだけ》（栗駒山《くりこまやま》）に至る修験路だという（斎藤二〇一四）。霊場間を結ぶ宗教的な道路が図化されなかったのは、もっぱら修験者が使う非日常的な道路ゆえ、村の日常や歴史とは一線を画すものと認識され、情報として注記はされても図化には至らなかったためだろう。ちなみに村の日常生活と関わっていても、描かれなかった道路もある。詳細絵図に在家や水田の姿がある以上、それらを結ぶ生活道路があったはずだが、絵図には一切姿を現さない。

私たちが地域の見取り図を作成する際、重要度の低い道路は往々にして省略されるから、描かれなかった道路にも似た状況を想定すべきだろう。二枚の絵図の主題は、全体としての骨寺村の把握にあり、現に詳細絵図は葛西氏との堺相論《さかいそうろん》という、まさに地域の形状が問われる案件に関わっていた。自ずと描かれた道路は、村には重要な存在だったに違いない。かかる条件に適う道路を当時の社会に求めれば、幹線道路＝大道をあげるのが妥当だ。

新道が冠する馬坂という名称は、馬の通れる道に由来するという意見が先行研究の大勢を占めるが、馬が通行できるのは大道の条件の一つでもある。また、新・旧双方の道路が村の外へと伸びるのも、遠く離れた地域を繋ぐという大道の条件に適う。この場合の目的地としてまず脳裏に浮かぶのは、経蔵別当のいる平泉であり、彼との連絡や、年貢・公事の輸送などを行う必要があるため、道路は村の進退に深く関わっていたことになる。そういえば、周辺へ及ぼす影響力の大きさも、大道の条件の一つである。

行き止まりのみち

村の内外を繋ぐとはいえ、絵図の道路は村を通過せずに、村の中心部をなす平坦地の西の外れで止まっていた。図に従うと、骨寺村は東側にのみ門戸を開いていたことになる。平坦地以西の道路事情や開発の歴史から、この表現は現状の反映と捉えたい。

今日の本寺地区の重要幹線道路は、地区唯一の国道に当たる国道三四二号線である。秋田県横手《よこて》市と宮城県登米《とめ》市と結ぶ同線は、既存の道路を繋ぎ合わせて設定され、本寺地区周辺では一関市山目《やまのめ》で奥州街道から分岐後、秋田県の院内《いんない》鉱山付近に向かう院内街道（秋田街道）が土台をなす（岩手県教育委員会事務局文化課一九八〇）。院内街道の道筋は元禄十二年（一六九九）に作成された、『磐井郡西岩井絵図』（写）に確認できるため、この時点までは歴史を遡れても、資料の制約からより過去へとは遡上できず、村への進入経路が似ている詳細絵図の旧道との関係も不明である。

国道や院内街道が絵図の道路と大きく違うのは、かつての骨寺村の範囲を超え、隣県に向かう点である。しかし現行の国道は須川岳（栗駒山）の北側、標高一〇〇〇メートル《メートル》越の須川峠を通過しており、積雪や路面凍結の影響は避けられない。例年十一月上旬から翌年五月中旬までは、本寺地区から一〇キロ《キロ》ほど西の一関市厳美町真湯《しんゆ》温泉の真湯ゲートと、秋田県雄勝《おがち》郡東成瀬《ひがしなるせ》村椿川《つばきがわ》にある椿川ゲート間は閉鎖され、年の半分は通行止めになる（図51）。方や院内街道は本寺地区の西にある瑞山から先、井戸沢という沢沿いに山に分け入り、須川岳を目指していた（図45）。路面状況や除雪も含めた近代以前の道路管理のあり方を考慮すると、道路を取り巻く環境は国道よりも厳しかったに違いない。

絵図では道路は行き止まりとなっていても、その先にある須川岳は金峯山修験の行場なのだから、往来の需要はあったはずである。しかし道路があっても、冬期はどこかで通行止めになり、通年での活発な利用は考えにくい。それに冬期以外でも、修験の行場となる

図51　封鎖中の真湯ゲート

ような高山をあえて目指す機会は少なかったろうし、さらに先の出羽国との間でヒトやモノの日常的、かつ活発な往来を想像するのも難しい。そもそも骨寺村より西では、山林資源の利用や、期間を決めての出作などはできても、定住を前提とした開発は難しかった。現在の本寺地区の隣、かつての骨寺村の四至内に収まる市野々《いちのの》地区ですら、近世に本寺地区を始めとした外部からの出作によって、開発が進められた歴史を持つ。時代を遡るほど未開発地は多くなるだろうし、開発状況を反映するかのように、この地区には過去の宗教施設や金石文《きんせきぶん》などの分布も薄い。そのため絵図に描かれた地域は、村の中心部であると同時に、西に続く未開地と対峙する開発の最前線と評価できる。かかる状況下では、仮に絵図の道路がさらに西に伸びていたとしても、恒常的にヒトやモノの姿があったかは疑問である。その意味では、絵図の道路表現は当時の状況に適う。

開発とみち

近年実施されたプラントオパール分析の結果、のちに骨寺村と呼ばれる土地では、九一五年の十和田《とわだ》山噴火後に水田耕作が開始されることが判明した（骨寺村荘園遺跡自然調査研究班二〇一二・神谷二〇一三）。以後、いくつもの段階を踏んで今日の水田景観が誕生するのだが、詳細絵図には、水田耕作開始から絵図作成時に至る間の開発の歴史が重層的に描かれている。最初に水田を開いたのは、おそらく磐井川沿いに当地にやって来た人々であり、入間田宣夫氏は彼らを「首人《おびと》」という指導者に率いられた、平を姓とする関東に出自を持つ小集団とする（入間田二〇〇五）。当時の土木技術の進展具合や集団の規模などから推して、大規模灌漑《かんがい》用水網の建設には至らず、沢水や所々の湧水《ゆうすい》を用いた小規模水田の開発にとどまっていたことだろう。詳細絵図に点在する不定形で小型の水田は、当時の開発に由来するものと考えられている。

宇那根社の傍らにある水源は、水田の水源のみならず小河川の源にもなるなど、他所よりも湧水量が多かった。湧水量の多さは広範囲の耕作を可能とし、干魃《かんばつ》時には被害の軽減を保証するものだけに、住人たちが感謝と畏怖の念を抱いたことは、宇那根社の存在に明白だ。ウナネという社名は、水田の維持に不可欠な人工の用水路（ウナデ）の水源（ネ＝根）に因んでおり（大石二〇一〇）、水田耕作を担保する水源への崇敬が読み取れる。二枚の絵図で同社があるのは当地だけであるように、この水源は村で最重要視されていた。

詳細絵図は、宇那根社の脇に有力者の住まいと思しき大型の家を描くように、有力者はここに居を構えた。そして水源と、水源を神格化した宇那根社とを保護・管理し、同社の祭礼を司ることで共同体の存続を図る一方、自己の権威の裏付けとしていたと予想される。結句、宇奈根社のある寺崎の東側一帯は村の実質的な政治の中心となり、外部からの道路が付近を目指すようになった。入間田宣夫氏は、有力者が付近に居を定めたのは開発の開始時期、先の首人の時代まで遡り、件の建物こそ彼の子孫のものだとしていた（入間田二〇一二）。ならば道路の誕生時期は水田耕作が開始され、水利上の利点によって付近が村の中心となった頃――おそらくは十世紀以降――となる。想像を逞しくすれば、首人に率いられた一団が当地にたどり着いた際の経路こそ、古道の母胎なのかもしれない。

貢納品とみち

骨寺村は、経蔵別当の所領内では、村という最大の単位をなす唯一の土地である。この一件だけでも、経蔵別当にとっての骨寺村の重要性が想像できるが、当村の重要性は規模にとどまらない。天治三年（一一二六）三月二十五日の日付を持つ「中尊寺経蔵別当職補任状案」（『平安遺文』五―二〇六〇号文書）には、「毎年正月修正・二季彼岸・懺法《せんぼう》・毎月文殊講《もんじゆこう》、彼以骨寺田畑一向可募」という一節がある。通年の法会や行事に、骨寺村からの貢納品が充てられていたというのだから、村なくして経蔵の年中行事は回らないのだった。貢納品の中身については、文保二年（一三一八）の日付のある「陸奥国骨寺村所出物注文」(『鎌倉遺文』三十四―二六六二五号文書)と、時代は下った延文から永和(一三五六〜七九)頃に作成されたとみられる「骨寺村在家日記」(『南北朝遺文』二―一九六六号文書)に品目が記されている。

「骨寺村所出物注文」には、白米・鰹《かつお》・宮々御祭立用途物(具体的な中身は不明)・山畠栗・栗所干栗・歳末立木・銭が登場し、地絹《じぎぬ》の代銭納《だいせんのう》により、養蚕《ようさん》の実施も判明する。次いで「骨寺村在家日記」では、立木・そなへ(供え餅)・あふら(油、時代的には荏胡麻《えごま》だろう)・米・むしろ(莚)・こも(薦)・もわた(シナノキの繊維で織った布)・五ほう(牛蒡《ごぼう》)・うるし(漆)・銭が納められている。なお、物品の比定は小岩弘明氏の解釈に倣った(小岩二〇一五)。これらを経蔵別当の許に届けるには、交通網の使用は不可避である。

ただし、貢納品には村では産出しない品々も混じっていた。銭と鰹である。

まず銭だが、「陸奥骨寺村所出物注文」の書かれた十四世紀段階では、小物成《こものなり》・首人・作田在家の分が代銭納され、これよりのちに成立した「骨寺村在家日記」では、年貢全てが代銭納となるなど、年を追って利用対象が増えている。それだけ貨幣経済への依存度が強まっているのであり、前者では合計で十二貫百二十文、後者では十五貫二百五十文の銭が納入されているように、村では最低でも年間これだけの銭が要った。年貢以外に村民が自身で使う分もあったろうから、村が必要とする銭はもっと多かったに違いない。たぶん村人たちは、村を取り巻く山野の産物を市や宿で交換して、銭を入手していたのだろう。

一方の鰹は、「骨寺村所出物注文」に「節料早初」とあるように、神への捧物である。奥羽山脈の懐で鰹が捕れるわけもなく、山村の住人が海生大型魚の捕獲に長けていたとも思えないため、市や宿で入手したとしておく。鰹といえば、やはり海から離れた大和国南郷荘でも「神祭料かつを」が課せられ、これを「田舎市」で入手できないことが問題となっていた（「紀守時出挙米進上状」『平安遺文』七―三七五七号文書）。内陸の土地に鰹を賦課《ふか》しても、入手不可能ではその意味がないから、この手の賦課の有無は、交易圏に海を含む市や宿や、市場経済の進展度を図る指標にもなる。「田舎市」では鰹が入手できないという一節を当地に当てはめれば、骨寺村の人々が利用していたのは、それ以上の場所ということになる。

ただし今日の本寺地区には、市や宿の存在を裏付ける資料はなく、地名など間接的な痕跡も確認できない。そもそも先述したような周辺環境、ことに冬期は地域の交通体系の最末端になる状況では、需要と供給の双方で、骨寺村に物流の拠点があったとは考えにくいのである。かえって外部の市や宿が利用されていたとした方が納得がいく。そうした場所で村では得難い物資を入手していたのなら、村と外部とを繋ぐ交通路の重要性は、否応なく増す。

ところが交通路の重要性といっても、旧骨寺村を含む近世の五串《いつくし》村を流れる磐井川は、急流のために「舟筏通セス」（『岩手県管轄地誌』第七号巻之六「陸中国磐井郡五串村」）という状況にあり、旧骨寺村の下流には、厳美渓《げんびけい》という渓谷が控えることで、舟運の利用は不可能だった。しかも骨寺村内では磐井川は段丘下を流れ、水辺に接近するまでが大変なのである。後世この高低差を生かして水力発電所が建設されたほどである。村外との交流は陸上交通、より具体的には新旧両道が担っていたとするのが妥当なのである。

古道と新道

骨寺村と外部とを結ぶ幹線道路に新・旧の二本があった背景を、先行研究は村の東の境界をなす、鎰懸《かぎかけ》付近の地形と絡めて説明する。現行の国道やその前身に相当する院内街道は、この箇所を磐井川と丘陵との間の僅かな隙間を縫って通過しており、絵図からは、古道もここを通っていたことがわかる。近年の道路整備によって迫力はかなり減じたとはいえ、現地は依然として交通の難所だったことを偲ばせる。

事実、鎰懸一帯には、崖崩れの危険が常に付きまとっていた。直近の例を出せば、平成二十三年（二〇一一）の東日本大震災時に付近で発生した土砂崩れは路面を埋め、復旧には時間を要した（図52）。さらにこれを遡ること三年前の岩手・宮城内陸地震の際にも、やはり付近で土砂崩れが起き、長期の通行止めを招いている。当地方を襲った地震はこの二つにとどまらず、大雨のように、土砂崩れや落石の誘因は他にもある。そのため先行す

図52　東日本震災時に鎰懸付近で発生した土砂崩れ（若神子亭提供）

る道路が自然災害と無縁だったとは考えにくい。大型重機もなく、貧弱な道具と人力とに頼った土木工事がなされていた時代である。ひとたび交通が途絶するや、復旧までには多大な時間と手間とを要した。

もともと難所ということもあり、骨寺村が中尊寺経蔵別当の所領となる以前から、交通途絶が発生していてもおかしくはなく、村人を困らせてもいただろう。ところが村が外部に領主を頂き、その物的基盤の一翼をなすに至るや、交通の途絶は村人と領主双方に別種の難題を新たに突きつける。道路の不通が原因で経蔵別当への貢納の遅滞や、貢納品の定数不足にでもなれば、経蔵で執り行われる年中行事に確実に波及するのだった。定められた行事を先例通りに実施することに至上の価値がおかれ、行事の成功・失敗が担当者はおろか、時の為政者の評価にも直結した時代である。行事の遅延や中止、内容変更はあってはならざる事態だった。ゆえに新道の建設目的は、かかる事態の防止が主だったと考える。

新道の道筋については近年、鈴木弘太氏による現地比定が行われていて、氏は本寺川を渡河後、不動窟の前を通過してゴショノ沢と呼ばれる沢を遡上して尾根に上がり、反対側にある菅生沢に抜けるという道筋を指摘している（鈴木二〇一四）。氏の指摘する道筋は、尾根を超すだけに旧道よりも斜面の昇降は増え、現地を歩いても楽ではない。しかし川沿いのような被害は受けにくい点、外部との常時接続が最優先された結果とも評価できる。

新道を作った人々

経蔵別当が所領からの貢納品をきちんと受け取るには、現地を適切に管理する必要がある。この点、彼も同時代の領主たちと同様、現地支配を行いつつ、収入の安定を目指して開発にいそしんでいた。骨寺村の場合、その一端は絵図に残されている。

詳細絵図の右手上方にある川の畔には、十二枚の方形の水田群が描かれている。湧水や沢水を水源とする不定形の水田と比べ、その造成にはより多くの労働力と、隣接する水田間での適切な用排水管理のため、測量などの高度な技術が要った。村民側がこれらを持っていれば、不定形の小規模水田など生まれなかったろうから、方形水田群の建設には他所の人間の関与があったはずである。当時の骨寺村周辺にあって、労働力集積を可能とする力（強制力も含む）と、高度な技術力とを併せ持つ存在を探すと、領主であり各種先端技術や知識の集積地だった大寺院に所属する人々、つまり蓮光に連なる宗教者（中尊寺関係者を含む）に行き着く（大石一九八四）。水田開発は彼らの主導によるものだったのだ。

現地支配を全うし、かの地からの貢納品を無事平泉に届けるためには、安全な連絡路がなくてはならない。村人たちも安全な連絡路を欲していただろうが、丘陵を越える新道を作るには、やはり相応の技術力と労働力が要る。先行研究では先の方形水田群の建設と同じ理由から、領主側の積極的関与が指摘されているのは、全面的に賛成である。災害に弱く、馬の通れなかった旧道の弱点を補うべく、領主主導の下で新道が建設されたという流れがみえてくる。

新道、その後

道路の複線化により、骨寺村の交通環境は格段に向上した。観応《かんのう》の擾《じょう》乱《らん》の只中の観応二年（一三五一）、多賀城《たがじょう》にいた吉良貞家《きらさだいえ》は、骨寺村に禁制を発給《はっきゅう》していた（「吉良貞家禁制」・『南北朝遺文』二―一〇三九号文書）。内容自体は禁制によくあるもので、軍勢の乱入と狼藉とを禁止している。おそらく村への軍勢の侵入を恐れた中尊寺（経蔵別当）が貞家に願い出て、発給の運びとなったのだろう。軍勢の進駐は、軍勢の移動に耐えるだけの交通環境が整って初めて発生する。進駐の有無を確かめる術こそなくとも、当時の骨寺村は、軍勢の乱入が起こりうる土地になっていたことだけは確かだ。筆者はここに道路整備の進行による、地域の発展を想像する。

さて、領主としての経蔵別当と骨寺村との関係は、永享七年（一四三五）の年紀を持つ「沙弥光尊譲状」（『平泉町史』史料編一、九三号文書）までは辿れても、その後はよくわからない。天正十八年（一五九〇）の葛西氏滅亡後に、中尊寺による所領回復運動があり、失敗に終わっていることから（吉田二〇〇八）、正確な日時や理由は不明ながら、永享七年以降のある段階で村は経蔵別当の手を離れたようである。

経蔵別当が骨寺村の領主でなくなったことで、双方を不断にヒトやモノが往来する必要はなくなり、この間を結ぶ道路の重要性は格段に低下した。殊に領主の主導の下、支配の一助として建設された新道は、経路の策定には住人よりも領主の意向が反映された可能性がある。自ずと住人にとっては、領主のいる中尊寺方面との連絡はともかく、それ以外には使い勝手が良くなかったことだろう。それでも村を運営するには、領主との連絡が不可欠だから利用されてはいても、経蔵別当との関係が終了すれば利用の必要もなくなる。現地の都合で道路が盛衰した時代である。今日の本寺地区には、新道の系譜に連なる道路は痕跡も含め明確な形では残っておらず、道筋も復元する他ないのは、村側の需要と合わず早くに廃道となったことを暗示する。

逆に旧道が難所を抱えつつも、近世の院内街道や今日の国道の一部に道筋を残せたのは、現地の需要に適っていたためだった。院内街道や国道が磐井川沿いに下流に向かうことを考慮すると、旧道も同様の可能性がある。そして村民の日常生活では中尊寺方面よりも、川下との交流が大きな比重を占めていたことで、道路は廃絶から救われた。ちなみに骨寺村の後身になる本寺地区は、近世段階では磐井川下流にある五串村の端郷となっていた関係上、道路は本村との連絡路になったし、当地を含む磐井郡の中心である一関の市街地も、磐井川下流に位置する。そのため道路は今日でも地区の人々の暮らしには不可欠な存在である。いってみれば地元の需要の多寡が、二つの道路の明暗を分けたのである。

地域と幹線道路

葛川でも骨寺村でも、大道は地域社会の動向と無関係ではいられなかった。そもそも地域の開発と大道の開発は連動していたのである。

大道と土地開発が連動するのなら、開発件数の多さや開発内容の多様さでは、山間部よりも都市部の方が上回っているのだから、こちらでも両者の連携を確認できるに違いない。そこで次章ではすでに何回か登場した鎌倉に視点を移し、この問題を探ってみたい。

大道と地域社会(二)

都市の大道

犬懸坂を越えるみち

鎌倉《かまくら》は、先述した若宮大路《わかみやおおじ》や二階堂《にかいどう》大路の他に、武蔵《むさし》大路や大町《おおまち》大路、車《くるま》大路など、複数の大路(=大道)を擁していた。それは多数の人口を擁し、常に外部との間でヒトやモノが往来する都市にふさわしい姿でもある。もっとも各道路の歴史は一様ではなく、源頼朝《みなもとのよりとも》の鎌倉入り以降に建設されたものだけでなく、彼以前に遡る歴史を持つものも混じっていた。それは当地の歴史の反映でもあった。

頼朝以前のみち

鎌倉の歴史は古く、早くも『古事記《こじき》』に「鎌倉之別《ワケ》」なる皇族系の豪族が登場し、『万葉集《まんようしゅう》』にも当地を詠んだ歌が収められている。御成《おなり》小学校敷地内から古代の鎌倉郡衙《ぐんが》の遺構が検出されているように、すでに古代には郡の中心となっていた。続く武士の台頭の時代には、平将門《たいらのまさかど》を討った貞盛《さだもり》に始まる貞盛流平氏の根拠地となり、子孫の平直方《なおかた》の代に婿に迎えた河内源氏《かわちげんじ》の源頼義《よりよし》に当地を譲って以降、ここは河内源氏の東国での拠点となる。中でも頼朝の父親の義朝《よしとも》は、「鎌倉之楯」（「官宣旨案」『平安遺文』六―二五四四号文書）を構えていた。このような地域の拠点としての歴史を反映し、当地には各方面からの道路が集まっていたのである。

頼朝の登場以前に遡る道路としては、稲村《いなむら》ケ崎《がさき》から入って海岸部を通過して逗子《ずし》方面に抜ける東西道路。この東西道路から分岐する南北道路（のちの今小路）。そして南北道路からは北に向かう武蔵大路。そして東に向かう六浦《むつら》道（現在の県道金沢鎌倉線の前身）が再分岐していた（野口一九九四）（図53）。

ただし当該期の鎌倉にあった道路はこれにとどまらなかった。犬懸坂《いぬかけざか》を越えて鎌倉の内陸部と海岸部とを繋ぐ道路は、その一つである。同時期にあった南北道路や東西道路は、道筋が変化したり消滅した箇所はあるものの、大枠では今でも使われているのに対し、犬懸坂を越える道路は幹線級の道路でありながら、今日では忘却の淵に佇んでいる。犬懸坂を越える道路への需要が一過性のものなら、そこから時代の要請を汲み取ることができるし、道路が地域に与える影響を考慮するなら、道路の変遷の追跡は、道路を軸に地域の歴史と、地域の性格の移り変わりを解明することでもある。本章は犬懸坂を越える道路を材料に、上記の作業を行うものである。

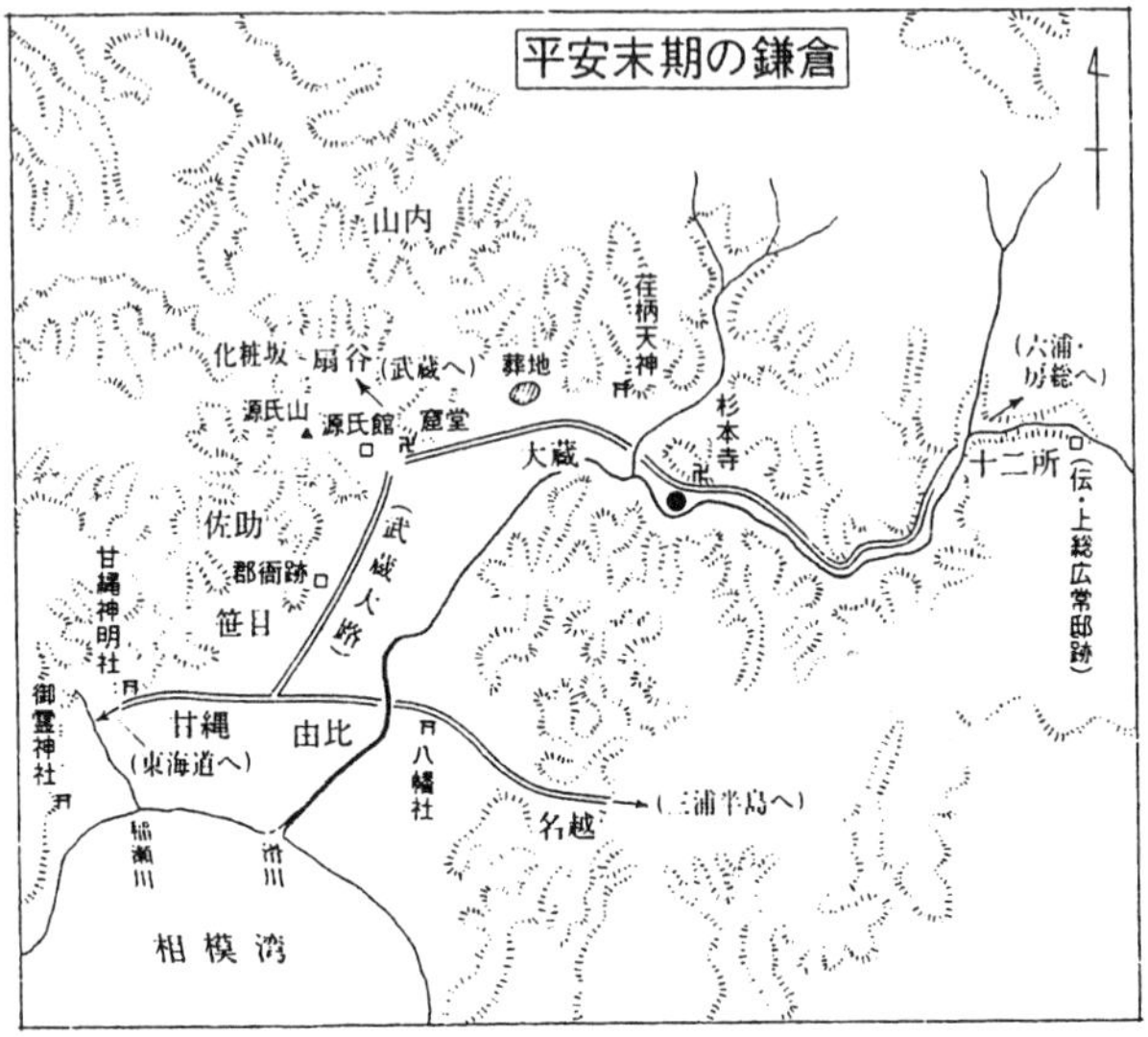

図53　平安時代末期の鎌倉（岡2004，野口1994に加筆）
●印が調査地点

忘れられたみち

犬懸坂越えの道路の歴史は古く、頼朝の挙兵に呼応した三浦《みうら》一族と、彼らを討つべく進軍中の武蔵国の武士たちが鎌倉の海岸部で激突した事件、いわゆる小坪《こつぼ》合戦に伴って歴史に登場する。

史料①　「大沼遇三浦付小坪坂合戦事」（『源平盛衰記《げんぺいせいすいき》』那巻第二十一）

和田《わだ》小次郎義茂《よしもち》か許へ、兄の小太郎人を馳て、小坪に軍始れり、急き馳よと、和平以前に言遣たりけれは、小次郎はいさゝか小用ありて、鎌倉に立寄たりけるか、是を聞驚きさわきて馬に打乗り、犬懸坂を馳越て名越《なごえ》にて

浦を見れば、四五百騎か程打囲て見えけり

最初に押さえておきたいのは、義茂が騎乗して坂を通過したことである。彼が小部隊を率いる描写もあるので、当時の犬懸坂はある程度の騎馬の通行に耐える道路、すなわち大道だったといえる。

名称が示すとおり、坂は現在の鎌倉市浄明寺《じようみようじ》にある犬懸ヶ谷《いぬかけがやつ》にあり（図54）、坂を通過した道路は名越経由で小坪方面へと向かっていた。今でも犬懸ヶ谷の最奥部からは、小坪方面へと道路が伸びてはいる。しかしながら幹線道路はおろか、生活道路ですらない散策路となっており、しかも近代以降の開発に端を発する破壊と分断によって、肝心の小坪にたどり着くことも叶わなくなっている。先の見立てに倣うと、この間の変化には、道路の役割と、沿道の土地利用双方の変化が作用していたはずだ。

近世の犬懸ヶ谷には、谷の北の杉本にある坂東《ばんどう》三十三番札所の一番札所の杉本寺《すぎもとでら》と、逗子にある二番札所の岩殿寺《がんでんじ》とを結ぶ、「巡礼みち」という道路（『日本歴史地名体系14　神奈川県の地名』「犬懸ケ谷」）があった。また『新編相模国風土記稿』（山之内庄）には、谷内にある「妙真坂」を犬懸坂の後身とする記述があるけれど、谷内には一本しか道路を見出しがたいため、両者は同じものと考えられる。時代は下って明治初年に陸軍が作成した迅速測図では、現行の道路とは道筋に異同があるものの、谷から小坪方面へと続く山道が

図54　犬懸坂周辺現況図（岡2004）
No.23が上杉氏憲邸跡遺跡

確認できる（地図55）。こちらも小坪を目的地とするため、同じ道路の系譜に属するものとしておく。

馬は通過できたか

かつて鎌倉市の仕事で、現行の散策路のある丘陵を含む、鎌倉市街地東部の丘陵一帯を踏査したことがある（鎌倉市教育委員会二〇〇一）。名越周辺では実際に小坪方面が臨め、史料①の記述と合致するものの、現状では馬の走行は厳しいというのが当時の感想だった。この点は迅速測図の評価も同じで、同図では道路の表現方法として、細い実線を駄獣の通れる道、細い点線を徒歩以外は通行不可能の道としているのだが（図55）、問題の道路は細い実線と点線で描写されていた。従って迅速測図を製作した陸軍関係者は谷から先、人間以外の通行は不可能と評価していたことになる。戦闘から輜重《しちょう》まで、広く軍隊で馬を用いていた時代の、それも専門家の判定であるため、この評価は傾聴に値する。

事実、今日の犬懸ヶ谷周辺の丘陵裾部は急峻な斜面をなす箇所が多く、中でも谷最奥部の地形は、義茂の騎馬による登坂を難しいと思わせる。けれども周辺では中世以後、石切や谷内部の平地拡張が行われ、これに関連して山裾が垂直に切断された痕跡が広範に分布している（鎌倉市教育委員会二〇〇一）。あるいはそこから上がった先にある尾根も、両側が採石によって削られているため、尾根上を走る道路も影響を蒙った恐れもある。従って

図55　近代初期の鎌倉（岡2004）
該当する道路は点線で強調した.

地形の評価は、後世の地形改変の影響を割り引く必要がある。
犬懸ヶ谷について、近世の地誌の中に興味深い証言がある。

史料②　「犬懸谷」（『新編鎌倉志』巻二）

○犬懸谷附衣張山短尺石犬懸或作駈谷は、釈迦堂谷の東隣なり。土俗、衣掛谷とも云。此所と、釈迦堂谷との間に、切抜の道あり。名越へ出るなり。昔の本道とみへたり。

犬懸ヶ谷と釈迦堂ヶ谷とを隔てる尾根上にある「切抜」こそ、名越への「昔の本道」だというのである。筆者はこの尾根も踏査しているが、たしかに史料②に対応するような、二本の切通を確認していた（図56）。

うち堀切4では、過去に発掘調査も実施されていて、堀の壁面からは柱を据え付けたと思しき掘り込みと、ピットとが検出され（図57）、報告書では尾根上の移動を阻止するための堀切と、西からの犬懸ヶ谷への通行を遮断する木戸の存在が想定されている（神奈川県教育委員会ほか二〇〇一）。遺物を伴わないため遺構の年代観は不明ながら、鎌倉開府以前にこのような場所に木戸を設ける蓋然性は低く、木戸はそれ以降のものだろう。鎌倉時代の犬懸ヶ谷には「犬黙（懸）草堂」（「曼陀羅供作法奥書」『神奈川県史　資料編Ⅰ古代中世（1）』三六五号文書）や、日光山別当の「犬懸谷坊」（『吾妻鏡』寛元三年三月十六日条）が営まれ、続く室町時代には犬懸上杉《いぬがけうえすぎ》氏の居館が置かれているため、木戸はこれらの施設に

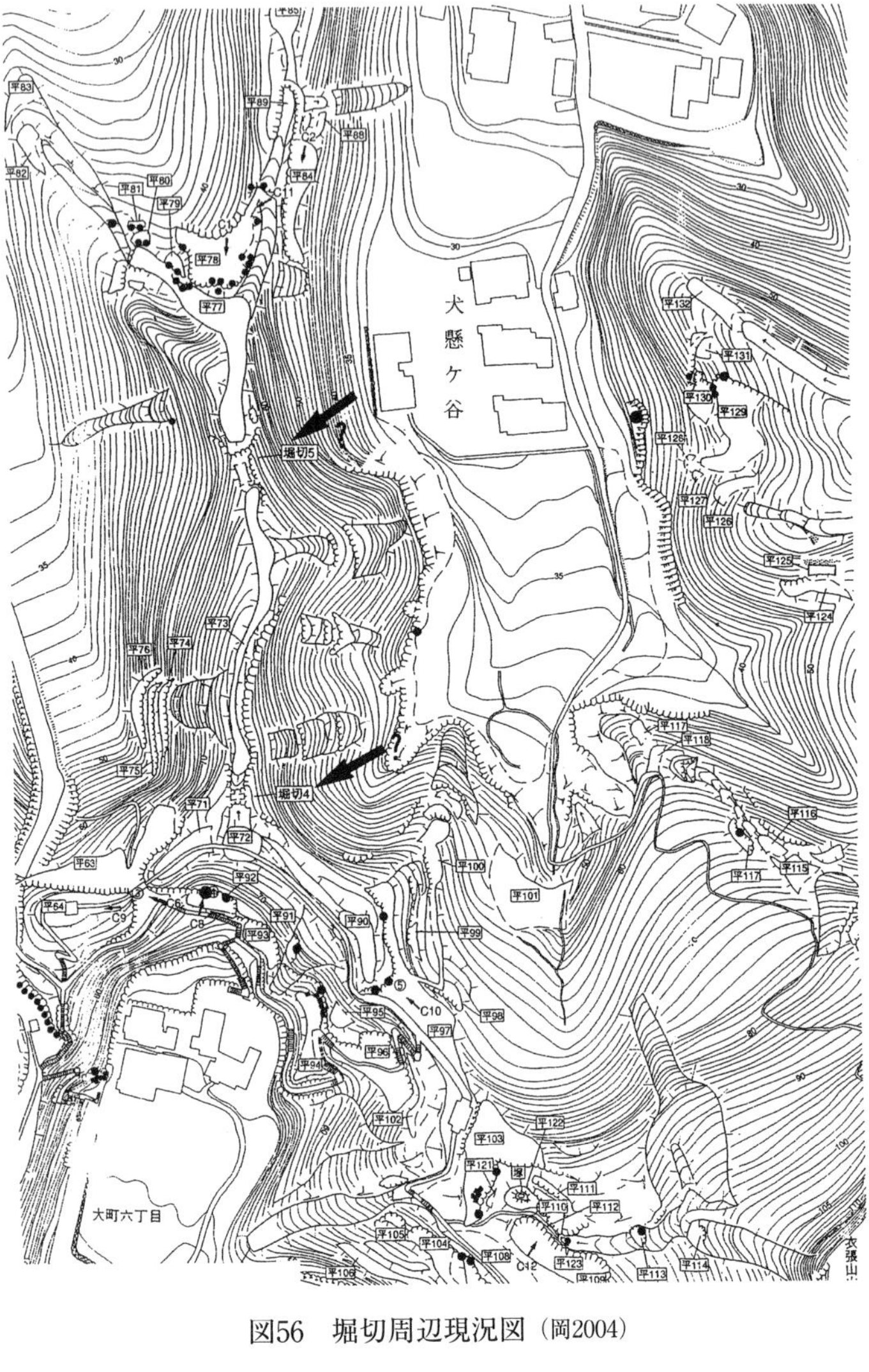

図56　堀切周辺現況図（岡2004）

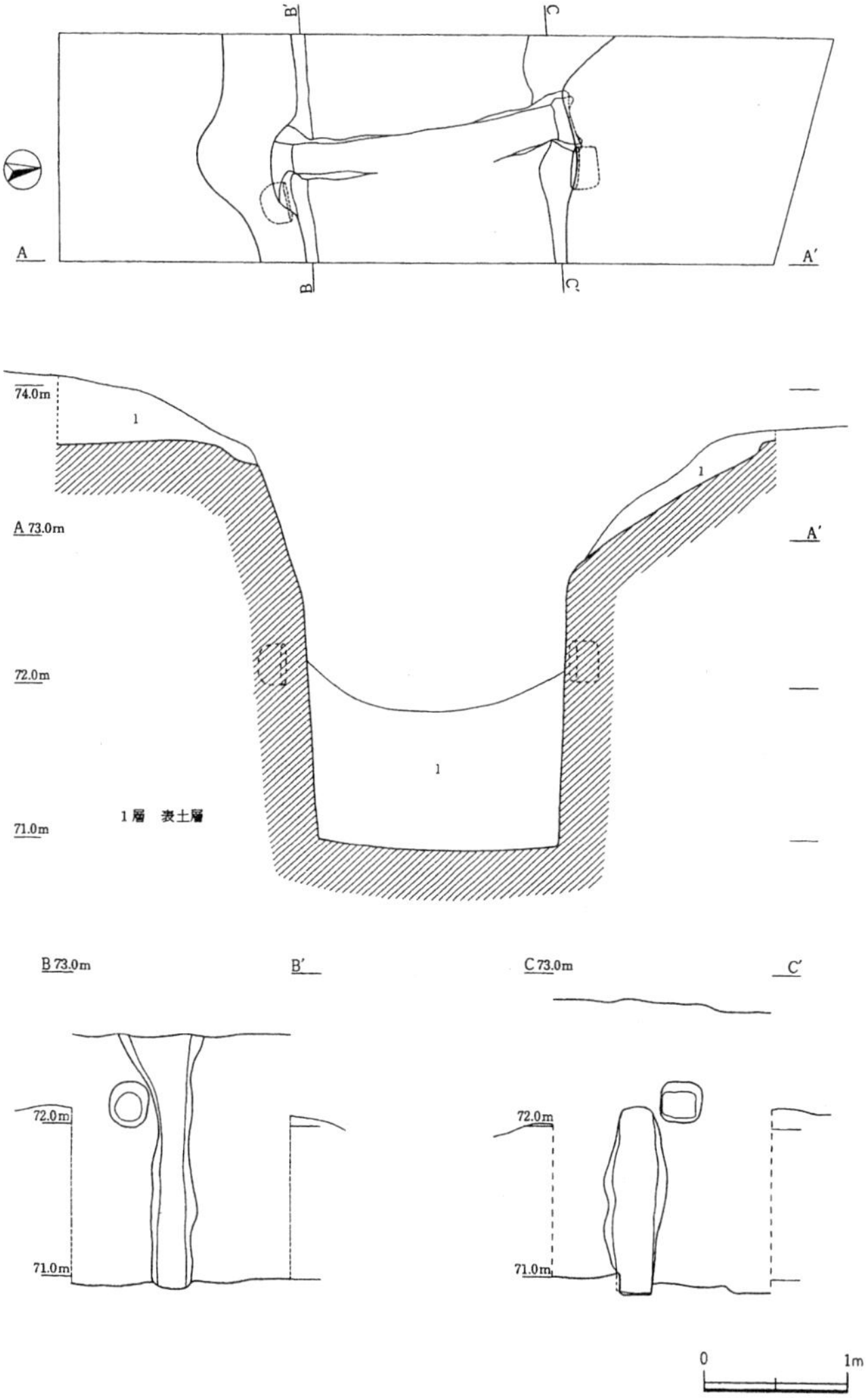

図57　堀切遺構図（岡2004）

付属していたとも解釈できる。木戸がある以上、木戸への取り付け道路が前後になくてはならない。谷から取り付け道路を登り、「切抜」を経由して丘陵上を南に向かう道路こそ、史料②にある名越への「本道」、ないしはその後身だったのではなかろうか。

釈迦堂切通しがもたらしたもの

史料②にもあるとおり、当該尾根の西には釈迦堂谷がある。同谷は名越方面へ通じる隧道——釈迦堂切通し——が谷奥に開口することで知られている。隧道の正確な掘削時期はわからないが、巨大な隧道を掘削するくらい、鎌倉の海岸部と内陸部との間でヒトやモノの往来があった時代。そして工事量から導き出される、多くの労働力と多額の工事費用を提供できる、個人なり集団が鎌倉にいた時代。この二点から、隧道の完成は鎌倉が全国屈指の都市となって以降の出来事と判断する。また、幕府膝下の土地での大土木工事だから、幕府の何らかの関与、場合によっては彼らの主導も推測できる。

新造なった釈迦堂切通しは、犬懸坂に比べて斜面の昇降が圧倒的に軽減され、快適な移動が可能となっている。目的地が被るのだから、釈迦堂切通しは名越との連絡改善のために掘削されたことになる。楽な道があればそちらを選ぶのが人情だから、犬懸坂を経由する道路が「昔の本道」となったきっかけは、釈迦堂切通し開通に求められよう。そしてこれに伴う動線の変化は、沿道の動静とも無関係ではなかった。

掘り出されたみち——杉本寺周辺遺跡

検出された道路遺構

犬懸ヶ坂を越える道路の起点（終点）は、鎌倉市浄明寺の杉本である。史料①の和田義茂には父親に当たる、杉本義宗（三浦義明《みうらよしあき》の長男）が杉本を名字の地としていた関係から、当地には彼にちなむ居館などの施設があってもおかしくはない。義茂はここに滞在中、小坪合戦の第一報を聞き、戦場に向かったのである。今日、杉本から犬懸ヶ谷へ直行する道路はなく、犬懸橋で滑川《なめりがわ》を渡って川沿いを進んだ後、谷へ通じる道路に入る他ない。だが、谷から伸びてきた道路の延長線上にある杉本寺周辺遺跡からは、現行の県道金沢鎌倉線（かつての六浦道）から分岐した、古代末・中世の道路遺構が検出され、往時はこれが谷へ向かっていたと見做されている。

ちなみに先の迅速測図でも、道路遺構と重複する道路は姿を見せず、少なくとも近代初頭段階では道筋は失われていたことが判明する。余談ながら、石井進氏は発掘調査によって道路遺構が検出される以前、早くも六浦道から分岐し、この調査区の東を通って谷に向かう道路を図中に推定していた。氏の根拠が何かは不明ながら、その眼識の確かさは驚く他ない（石井一九八八）。

道路遺構は語る　杉本寺周辺遺跡は杉本寺の南側、北辺を寺の前面を走る県道金沢鎌倉線に、残る三方を滑川の屈曲部に囲まれた平坦地の一隅をなす。当地では平成二年（一九九〇）と、平成十一年の二次に渉る発掘調査が実施されている。

杉本寺周辺遺跡で検出された道路遺構は、一次調査区の東辺部から二次調査区の中央部東寄りにかけてを南北に縦断しており、位置と形状から大きく六時期に区分できる。なお、二次調査時に調査区と県道との間にトレンチを入れたところ、道路遺構が県道の前身、つまり六浦道と推測される道路に延びることが確認された。よって史料①にある、杉本から海岸方面に向かう描写は正しいとなったのである。以下、発掘調査報告書（杉本寺周辺遺跡発掘調査団『神奈川県鎌倉市　杉本寺周辺遺跡　二階堂字杉本九一二番一ほか地点発掘踏査報告』鎌倉市教育委員会、二〇〇二年。以下『報告書』と略する）に従いつつ、道路の遺構の歴史と、各時期ごとの特徴とを述べることにする（図58・59）。

道路6　第1次調査区の東北隅から検出された遺跡最古の道路である。当該遺構より下

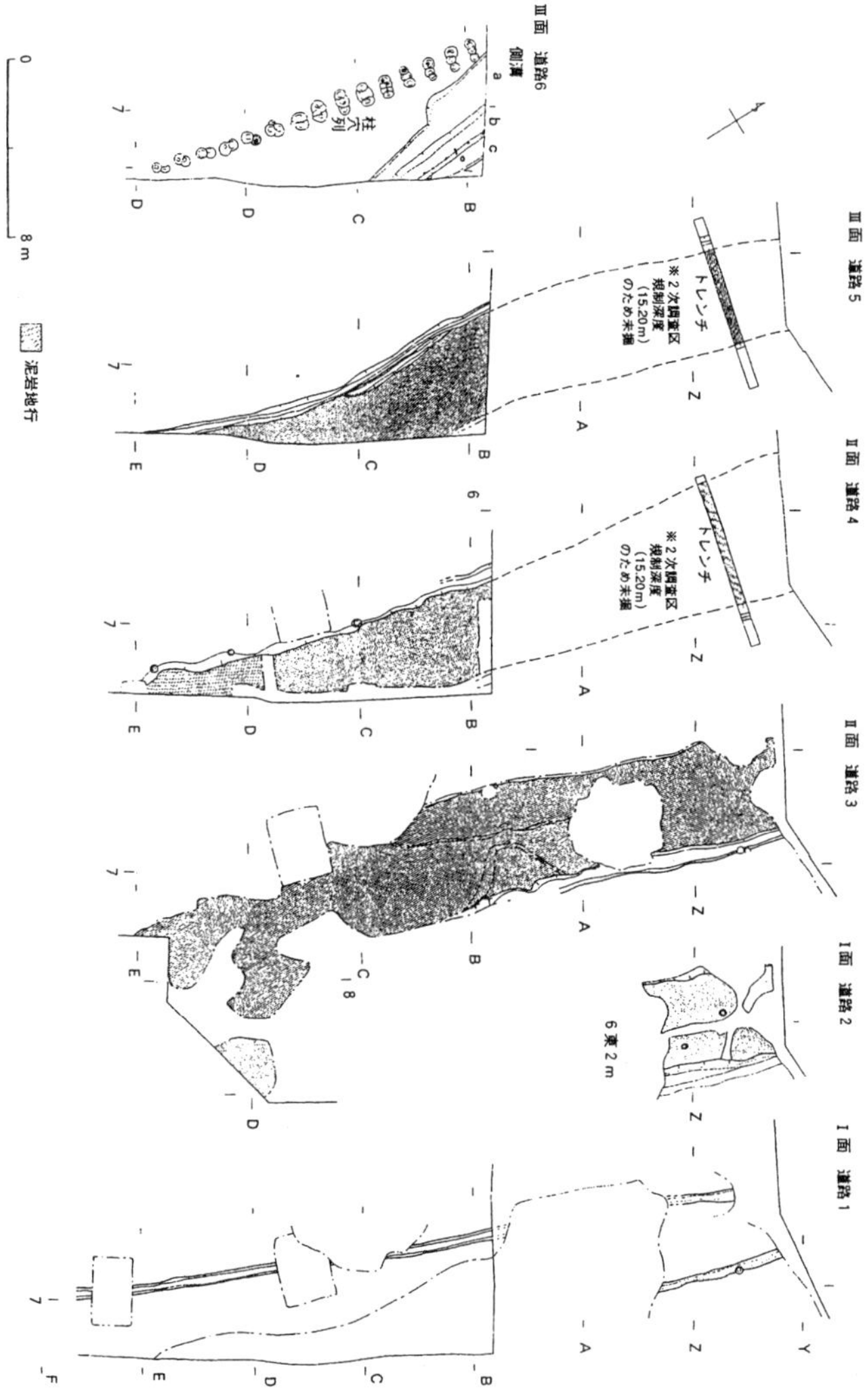

図58　杉本寺周辺遺跡道路遺構変遷図（岡2004）

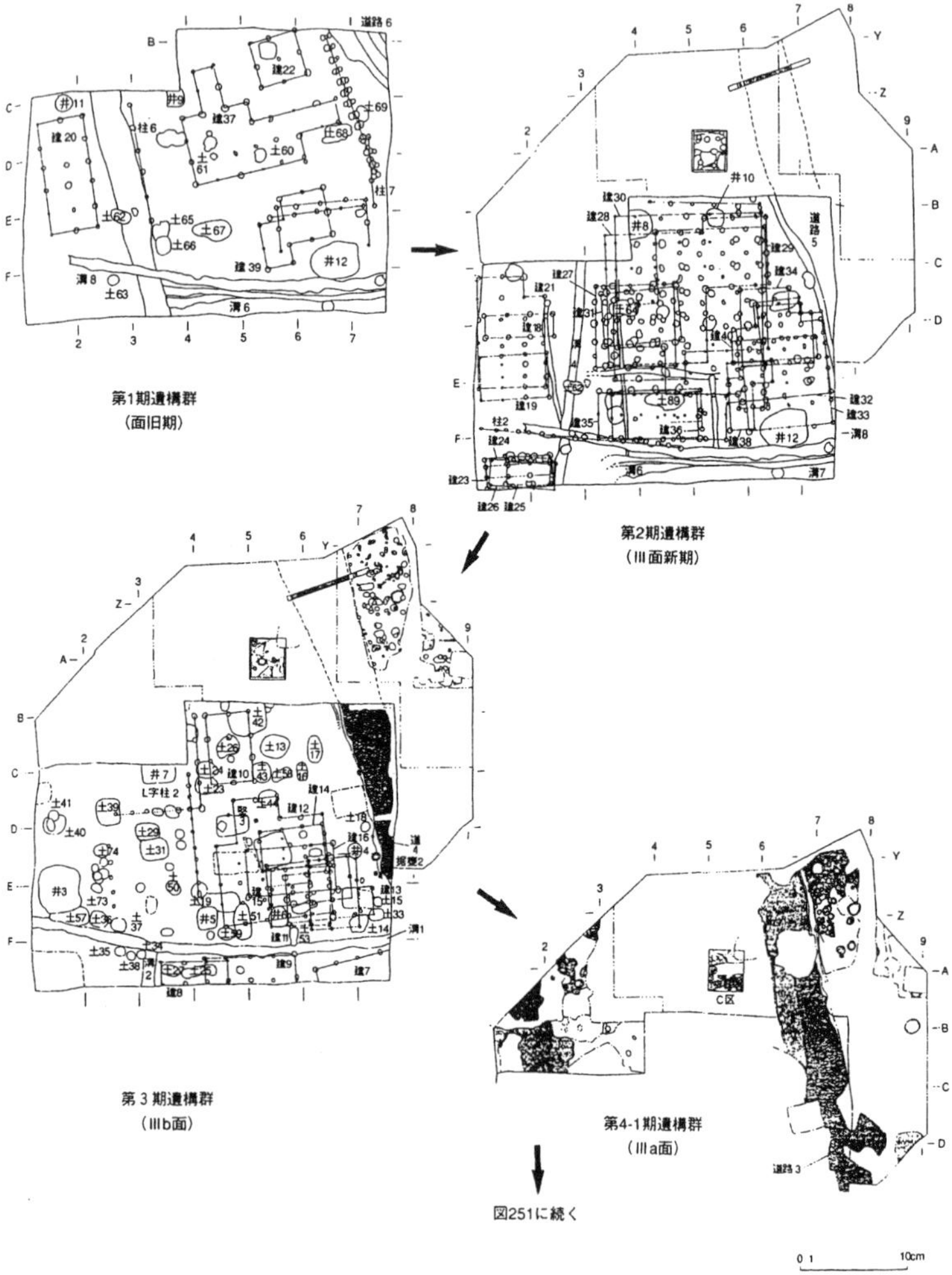

図59　杉本寺周辺遺跡道路遺構変遷図２

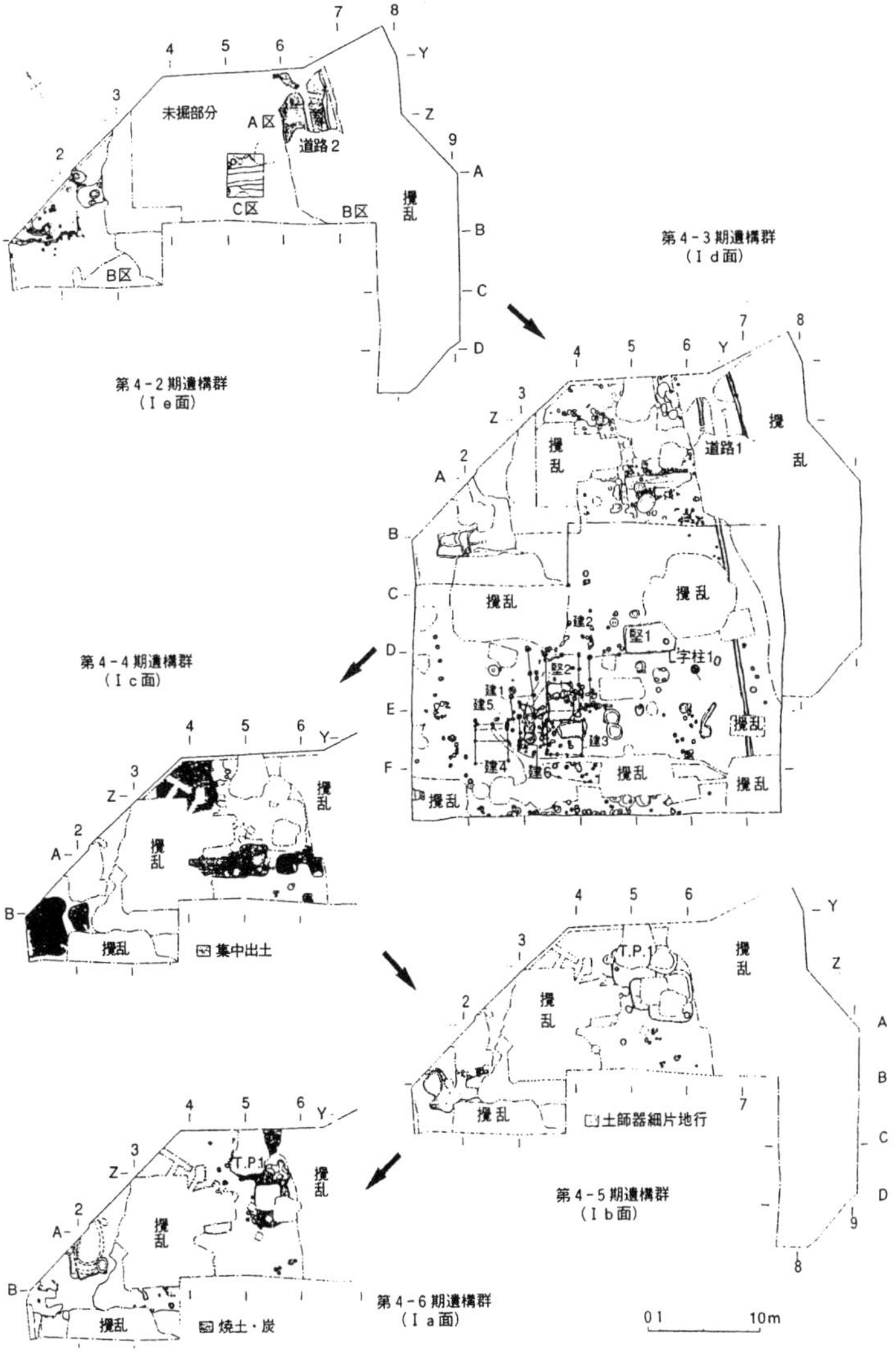
未掘部分
A区
道路2
C区
B区
撹乱
B区
第4－2期遺構群
（Ⅰe面）
第4－3期遺構群
（Ⅰd面）
道路1
撹乱
堅1
堅2
建1
建2
建3
建4
建5
建6
第4－4期遺構群
（Ⅰc面）
集中出土
T.P.1
土師器細片地行
第4－5期遺構群
（Ⅰb面）
焼土・炭
第4－6期遺構群
（Ⅰa面）
0 1　　10m

は深度規制により未調査のため、道路6以前の歴史は不明。遺構は若干の平坦部分と、平坦部分に附属する三本の溝から構成されており、上層の道路側溝と対応させて平坦部分を路面、溝を側溝と解釈している。うち中央部の溝（溝b）はN－3°－Eの主軸方位を有し、底面には東壁面に沿って補強用と思しき杭列が並ぶ。道路の西側に方位をやや異にして並ぶ大型柱穴列は、屋敷の境界施設だろう。当該道路は、十二世紀第3四半紀～第4四半紀の年代が与えられているため、義茂が遺跡周辺から犬懸坂へ向かったのなら、時期的に彼は当該道路を疾駆したはずである。

道路5　道路6の四《メートル》西に位置し、幅約四《メートル》で両側に細い側溝を持つ道路5は、十二世紀第4四半紀～十三世紀第1四半世紀にかけての年代が与えられ、道路6よりも層位的には一段新しい。路面が緩やかに蛇行するなど、中世の大道らしい要素も持つ。当該道路を境に破砕泥岩によって路面が舗装されるために、道路5の登場は当遺跡の道路の歴史における一つの転機をなす。道路の主軸方位はN－19°－Eと前代とは異なるものの、報告書は原因を道路の蛇行に求め、全体的には道路6と差はないとしている。

道路4　N－15°－Eの主軸方位を持つ直線的な道路である。1次調査区内で四《メートル》の道路幅は、2次調査区のトレンチ内では幅六・四《メートル》に変化するなど、道幅の一貫性のなさは大道の特徴そのままである。上層遺構や攪乱のために側溝は不明瞭。

道路3　N－19.5°－Eの主軸方位を有する幅約五・五メートルの道路であり、舗装状況や道路規模は前代よりも立派なものになっている。2次調査区内に設けたトレンチ内で、道路東側の側溝が検出されたものの、深度規制と攪乱により反対側の側溝は未確認。道路の存続時期については、十三世紀第2四半期～第3四半期頃の年代が与えられている。

道路2　当該道路は2次調査区内で一部が検出されたのみで、残りは攪乱により未検出。道路幅は最大で四・二五メートルと、道路3よりも縮小する。道路東側からは幅一メートルを越える側溝が検出されている反面、西側は深度規制のため側溝は確認されていない。報告書では確認部分の少なさゆえ、道路の主軸方位については慎重になる必要があるとしつつも、N－21°－Eという数字を出し、時代の経過と共に道路遺構が六浦道に直交していくことを指摘する。遺構の存続時期は、十三世紀後半～十四世紀前半とされる。

道路1　道路1は幅五十センチの両側側溝が検出されたのみで、攪乱で路面本体は失われている。道路は直線的な様相を示し、主軸方位もN－22°－Eと、前代よりも六浦道に直交する傾向が強まる。道路幅は約三・六五メートルと、時代の経過と共に小型化が進行しているのは、通行量の減少を含め、当該道路の重要性の低下を体現するのだろう。ちなみに当該道路は、遺跡最後の道路でもある。

遺跡の盛衰・みちの盛衰

道路遺構の変遷を遺跡の歴史と関連付けると、次のようになる。

当遺跡最古の生活面は十二世紀第3四半紀〜十三世紀第1四半紀のものであり、遺構変遷からは二時期に分けられる。うち一期には道路6、二期には道路5が属する。一・二期遺構群は、いずれも武士の屋敷地の一部と目され、なかんずく二期遺構群は遺跡の歴史上最大、かつ最多の大型建物群を擁し、屋敷の主人が有力武家、それも圧倒的な勢力の持ち主であったことを語る。遺構群の中心をなす建物30は、一九〇平方メートルという規模を持つが、鎌倉市内で確認された同時期の建物遺構で、これより巨大なものは類例が稀である。確実に上回るものは、大倉幕府周辺遺跡群（二階堂字荏柄38番1地点）で検出された、二一八平方メートルと二〇一平方メートルの二棟の建物くらいだろう。こちらは調査区外へと続いており、もっと巨大だったと推定されるものの、遺跡は幕府関係施設の「東御所」の故地に比定されているため、一般の武家のそれと同列に論じられない。そのため武士の屋敷と目される建物30は、幕府上層部、しかも大武士団の当主クラスの人物の住居として間違いない。

　筆者は以前に六浦道との関連から、当遺跡の主人に相模国最大級の武士団だった三浦一族の和田氏を想定したことがある（岡一九九五）。和田義盛・義茂兄弟の父親が杉本義宗なのだから、小坪合戦に先立って義茂が杉本にいたのも、父親ゆかりの土地にいたとすれば不自然ではない。遺跡の一期から二期への変化は、幕府成立に伴う彼らの勢力増大の反映とみなせる。事実、当該期は、和田義盛が侍所別当として彼らの最盛期を築いていた時期でもある。ちなみに、当該期に舗装が始まることに留意したい。

やがて二期生活面は破砕泥岩によって整地され、新たに第三期の生活面が営まれる。当該期に属する道路は道路4で、十三世紀中葉を中心とする年代観が与えられている。調査区南側の溝などに前代の地割の踏襲が認められる傍らで、建物の配置などには新たな要素が見出されることに加え、中心となる建物12は、二期建物群の中心だった建物30の半分程度の規模になっているため、居住者の何らかの変化が予想される。

二期から三期への変化について、かつて筆者は和田合戦による和田氏滅亡に伴う同氏の屋地収公と、勝者への屋地の再配分に原因を求め、配分相手として北条氏被官を推測したが（岡一九九五）、その後に刊行された報告書では、三浦一族を配分相手とする見方が出されている。こちらは続く四期になって遺跡が激変する理由を、宝治《ほうじ》合戦による彼らの族滅に帰せる点、大変魅力的だ。しかし彼らは和田合戦の最大の殊勲者であり、宝治合戦前夜まで幕府内に大きな勢力を保持していた。『報告書』の見方に立つと、そのような時期に遺構群の規模縮小が始まる理由を上手く説明できない。もともと三浦一族は、今日の横浜国立大学附属小学校の辺りに屋敷を持っていたため、当遺跡は和田氏の屋敷を手に入れて作った、二次的な拠点に過ぎなかったとしても、杉本は一族ゆかりの土地であり、しかも後述するように交通の要衝だったから、規模の拡大や現状維持こそあれ、中心建物の規模が半分程度にまで縮小するとは思えない。ゆえに本章では、当該期の遺跡の住人を北条氏被官とする立場を採る。

続く四期に入ると大型建物群に代わって、据瓶や竪穴遺構などの貯蔵関係遺構が姿を見せはじめ、遺物も未完成品や失敗品を含む大量のかわらけや、碗型鉱滓《わんがたこうさい》やふいごの羽口《はぐち》が出土するなど、遺跡は武家地から職人たちの工房群へと大きく様相を変える。四期は遺構の切り合い関係から、さらに六時期に区分でき、その年代は十三世紀第2四半期から十四世紀前半の間に収まる。

うち、四―Ⅰ期に属するものが道路3である。三期から四期への移行に際し、前代と比べて居住者の階層は落ちても、逆に道路は立派なものになっているように、居住者と道路の動向は連動していない。

四―Ⅰ期は時間を措かず四―Ⅱ期に移行する。当該期に属する道路が道路2であり、当該道路を境に道路の小型化が始まる。なお、釈迦堂切通しの開削時期は、開削が周囲にもたらした影響と、道路遺構の変遷を組み合わせるなら、道路遺構が縮小を開始する四―Ⅱ期の直前の出来事だった可能性が大きい。当該期も短期間で四―Ⅲ期に移行するが、この四―Ⅲ期に属する道路1が当遺跡の最後の道路遺構に当たっていた。同期は十三世紀後半から十四世紀前半にかけての年代が与えられ、鎌倉市内では寺院関連遺跡からの報告が目立つ、複数個の瓶を並べて据える遺構が検出されている。報告書では遺跡が寺院、より具体的には杉本寺の一部をなすに至ったとし、同寺に属する職人たちの居住地となっていた可能性を指摘する。続く四―Ⅳ期以降は、攪乱により道路遺構本体は追跡できなくなるが、遺跡全体では四―Ⅵ期に至るまで、かわらけの製作と金属鋳造とが続けられていた。その後の道路の動向は、調査区全体が大きく攪乱を受けており不明で、報告書では十五世紀から十六世紀の間に道路の終焉があったことを推測するにとどまる。

みちのあゆみ――都市開発の中で

都市化と破砕泥岩舗装

杉本寺周辺遺跡での道路遺構の変遷には、いくつかの画期がある。最初に注目するのは、破砕泥岩による舗装の登場である。同種の舗装自体は鎌倉ではそう珍しくなく、当遺跡付近では六浦道が舗装されていた。また、遺跡からさほど離れていない田楽辻子《でんがくずし》周辺でも、六層に及ぶ泥岩面からなる道路が検出され、うち十三世紀中頃から十四世紀にかけての年代が与えられた道路3～6は、幅約四メートルで両側側溝を持つ道路が復元されている。

筆者が破砕泥岩による舗装の有無を重視する理由は、舗装が施された道路を、公権力によって作られた公道とする見解があるためである（釈迦堂田楽辻子遺跡発掘調査団一九九〇）。さらに舗装材料となる泥岩を鎌倉周辺の丘陵から得ようとしても、少なくとも鎌倉市街地を向いた側の山裾の大部分は寺院の敷地などで占められている関係上、誰でも簡単に手に入るものでなく、入手には何らかの権利が絡んでいたという、河野眞知郎氏の指摘もある（河野一九九九）。ちなみに鎌倉での泥岩利用については、馬淵和雄氏が都市開発と結びつけて論じていて、十三世紀半ば以降に各所で進行した谷戸《やと》内部の開発が大量の破砕泥岩を生み、これが市街地の整地に使用されたこと。そして整地には地割の変更が伴うことから、開発事業の背後に公権力主導による都市建設の動きを見いだしている（馬淵一九九二）。整地と大量の泥岩、そして労働力の大量投入は、舗装工事でも変わらないから、舗装工事も公権力――具体的には幕府――主導による都市開発の一翼をなす公共事業といえる。馬淵氏は一連の開発の背景に、嘉禄元年（一二二五）の京都の都市制度導入による都市改造を据えるが、当遺跡では氏の指摘より早く、十二世紀第3四半世紀～第4四半世紀の間に道路舗装が確認できる。それは、遺跡のある杉本は最初に御所が置かれた大倉に隣接する関係から、早くから開発の対象となっていたことの反映としておく。

このように舗装道路の有無と舗装時期とは、任意の場所と幕府との関係を測る目安でもある。杉本寺周辺遺跡での舗装道路出現時期の早さは、幕府が早い段階から件の道路の重要性を認め、公的な道路として整備を行った結果と解釈できる。

さまざまな性格

当該道路が重要視され、舗装工事を施された理由は、道路が市街地の東側で鎌倉を南北に縦走する点に尽きる。本章冒頭で述べたように、頼朝登場以前の鎌倉では、杉本寺周辺遺跡が面する六浦道と、海岸沿いを横断して逗子《ずし》方面に抜ける道路の、二つの東西道路が推定されている。現在の今小路が両者を繋ぐとはいえ、それより東では同種の南北道路は想定されておらず、この地域での南北間の連絡は不便なものになってしまう。そうした中、二つの東西幹線道路を繋ぐバイパスこそ、犬懸坂を越える道路だった。

鎌倉時代に入り、若宮大路や小町大路が誕生したとはいえ、杉本周辺から犬懸坂を使わずに海岸方面へ向かおうとすれば、依然として迂回が必要だった。だから斜面の上り下りこそあっても、当該道路は依然として重要視され続けたのである。むしろ都市化の進行に伴う人口増加は、道路への需要の高まりすら予想させる。

この道路を使う人々の目的はさまざまだった。まず「信仰のみち」としての利用がある。頼朝は杉本寺に参詣後、岩殿寺へ向かったことがあるが（『吾妻鏡』建久四年九月十八日条）、これは近世の犬懸ヶ谷にあった「巡礼みち」の経路そのものである。近世の「信仰のみち」は、中世前期まで遡る歴史を持っていたのだった。彼以外にも北条政子《ほうじょうまさこ》や（『同』同年八月二十九日条）大姫など（『同』文治三年三月二十三日条）、『吾妻鏡』には将軍家の岩殿寺参詣の記事が複数確認できる。政子と大姫の事例は杉本寺とセットでの参拝ではないが、大倉から岩殿寺に向かう際には頼朝の採った道筋が最短のため、二人も犬懸ヶ坂を越えたものと思われる。なお、頼朝の家族だけが岩殿寺を信仰していたわけではないだろうから、鎌倉からこの道路を使って同寺に向かう人々は他にもいたはずだ。

また、坂を越える道路は、道路の起点近くに住む、和田氏を含む三浦一族関係者にとっては、彼らが利用する「武士のみち」という面も持っていた。鎌倉を横断する二本の東西幹線道路のうち、北に位置する六浦道の起点こそ、彼らを率いた源義朝の住まう鎌倉楯であり、そこから六浦までの間には、杉本寺周辺遺跡を始めとした一族の拠点（名字の地）が並ぶ（岡一九九五）。さらに六浦から先、道路は東京湾対岸にある房総半島を目指すが、同半島は早くから三浦一族の活動が刻まれた土地である。たとえば先に登場した杉本義宗は、安房国長狭《ながさ》城での合戦で戦死を遂げている（『延慶本《えんぎょうぼん》　平家物語』第二末）。かたや海側の東西幹線道路は、三浦一族勢力圏の三浦半島を縦断後、走水《はしりみず》から房総半島に向かうと目される。いずれの道路も一族の活動圏を貫くため、彼らにとっては身近な存在であり、いろいろな局面で利用されていたことだろう。この二つの道路を繋ぐのが犬懸坂を越える道路なのだから、三浦一族が付近に拠点を設けたのも合点がいく。幕府成立後の一族の地位の上昇もあり、当該道路の重要性は増したに違いない。

ただし、一族の和田氏の滅亡が道路には直接波及しなかったように、彼らと道路との関係は、前者あっての後者ではなく、あくまでも後者あっての前者なのだった。先に述べたとおり、この道路が地位を低下させていく転機は、釈迦堂切通しの完成による周辺の動線の変化にあると推測されるのだが、先に取り上げた豊川《とよかわ》宿での例のように、当地でも、無名の多くの人々による自発的な動きが道路の動向に関わっていた。この点にこそ、当該期の道路の本質がある。やがて遺跡の住人が交通網への接近を強く志向する武士から職人へ移ったのも、交通網上に占める当地の重要性低下により、武士にとっての当地の魅力が薄れたことを受けてだろう。

とはいえ、鎌倉時代の犬懸ヶ谷には、「犬黙（懸）草堂」や「犬懸谷坊」が営まれるなど、依然として利用はされていた。道路の性格の変貌を承け、谷への進入経路や道路の規模などは変わったかもしれないが、谷へ出入りする道路自体は存続していたらしい。

みちの終焉・都市の終焉

犬懸ヶ谷には上杉氏憲《うえすぎうじのり》邸跡という遺跡がある。遺跡名称は、応永二十三年（一四一六）に起きた上杉禅秀《ぜんしゅう》の乱の首謀者である、上杉氏憲（禅秀）の屋敷が谷内に営まれていたことに起因する。杉本寺周辺遺跡の道路遺構との関係は不明ながら、やはり当遺跡からも道路遺構が検出されていた。十五世紀に属する側溝間三・五メートル《メートル》の道路1、同じく十五世紀に属する側溝間一・五メートル《メートル》の道路2、そして側溝間二・九メートルの道路3がそれである（鎌倉市教育委員会一九九五）。

室町時代の谷内には上杉氏憲の屋敷だけではなく、永享十年（一四三八）の永享《えいきょう》の乱の際には、「大蔵犬懸等」の数千件の在家が三浦時高《ときたか》らに放火されているように（『永享記』「三浦介逆心事」）、在家の姿もあった。従って道路遺構の性格を考えるときには、これらとの関係も視野に入れる必要がある。残念ながら、当地点での調査では鎌倉時代の遺構面までは調査できず、杉本寺周辺遺跡の道路遺構との関係も不明だが、もし双方が同じ道路なら、上杉氏憲邸跡の道路遺構は、道路の小型化が依然進行中だったことを物語る。

出土遺物の少なさゆえ、正確な年代確定は困難ながら、上杉氏憲邸跡の道路遺構は、十五世紀前半代から近世のごく初頭にかけての時代に消滅している。杉本寺周辺遺跡の道路遺構の終焉時期もそうだが、鎌倉では中世から近世へ至る間に、前代からの道路が消滅していく。その理由は、もはやおわかりだろう。

鎌倉幕府滅亡を機に、列島全域に占める重要度こそ後退したものの、鎌倉将軍府や鎌倉府が設置されたおかげで、鎌倉は依然として東国の中心都市としてあり続けた。ちょうど「上杉氏憲邸跡」の事例は、当該期に含まれる。ところが享徳四年（一四五五）に発生した享徳《きょうとく》の乱を受け、鎌倉公方足利成氏《あしかがしげうじ》が古河《こが》へと動座したため、都市としての鎌倉の凋落は決定的となった。成氏による本拠地移転は、鎌倉の持つ東国の中心都市としての役割を、そっくり古河に移譲するものだったからだ。それは彼のいる古河へ出仕することを、彼の傘下の武士に「出仕鎌倉」（『松陰私語』第四）と言わしめていることに明白だ。下総《しもうさ》を上総《かずさ》とする誤記はあれ、『海東諸国記《かいとうしょこくき》』（日本国記）では下総を鎌倉殿の居所とし、国人が東都と呼んでいたとしているように、古河の地位上昇は外国人にも認知されていた。東国の武家の都としての鎌倉の歴史は、ここに終わりを迎える。

鎌倉で中世由来の道路が消えていくのは、この時期である。かつての都市は過疎化の過程で複数の村に分かれ、都市の隅々まで張り巡らされた道路たちは縮小、あるいは消滅するなど、やはりここでも現地の需要に応じた道路網に再編成されていく。まさに地域の変化は道路に現れるのだった。ちなみにこの動きは、今後の人口減少社会における地域の一つのあり方、ことにコンパクト・シティとして提唱される都市像が、どのようなものになるかを、わかりやすく説明するものでもある。とまれ鎌倉時代に機能していた道路のうち、現在も使われている道路は、この試練を生きのびてきたものたちなのだった。犬懸坂を越える道路も、巡礼道として近世までは延命に成功したものの、近代以降の都市化の過程で分断され、ついに一本の道路としての歴史に終止符が打たれる。

道路は利用者の要請によって道筋や姿を変え、逆に路上のヒトやモノの変化を通して、一帯の様相を変えもしてきた。自ずと道路の設定や保全は重要な仕事となるのだが、今日ではこの作業は、「公共」や「公」としての行政の所管となっている。いうまでもなく道路は不特定多数が利用する公共物であり、皆のモノというのは、実は誰のモノでもないのと一緒だ。逆に道路が私物となれば、その時点で公共性には何らかの制限がかかるのであり、ときたま報道される私道の通行をめぐる揉め事の背景は、ここに起因する。だからこそ、多くの道路に「私」ではなく、「公共」や「公」が関わるのだ。

翻って鎌倉時代にも道路はあり、「公共」や「公」に位置づけられる存在もあって、道路にも関与していた。次章では当時の道路建設や保全などの検討を予定しているが、おそらくその作業は道路に関わった「公」や「公共」、あるいは何らかの権力の形をも炙り出すに違いない。

大道と公

大道を作る

今日の道路工事は、大はアスファルトフィニッシャーやロードローラー、小はランマーなどの各種専門機械を駆使し、相応の知識と経験も要求される。ために工事は専門業者の仕事となっているが、この点、中世の道路工事は様相を異にしていた。

工事の実態

当時の工事の具体的な様子が偲べるものに、『遊行《ゆぎょう》上人《しょうにん》縁起《えんぎ》絵《え》』（光明寺本）の気比《けひ》大神宮西門の参道工事の場面がある（図60）。詞書を読んでみよう。

史料①

先綱を引て、道のとほりをさたむ。広さ二丈あまり、遠さ三丁餘也。さても其あたりハおひたゝしき沼なれハ、すへてうむ《埋》へき土のたよりもなかりけるを、聖、社頭より

図60　気比大神宮の参道工事（『遊行上人縁起絵』金蓮寺別本）

四五町ハかりゆきて、浜の沙を運ハしめ給程に、時宗の僧尼、われも〳〵とあらそひける。其外も諸国帰依の輩、貴賤を不論《ろんぜず》、道俗をいはす、神官社僧遊君遊女にいたるまて、七日夜の間ハ、肩をきしり、踵をつけり。海浜すこふる人倫を成し、道路ますます市のことし、

参道は多くの人々の作善、今風にいえばボランティアによって造られた。「神官社僧遊君遊女にいたる」素人たちが工事をこなせたのは、工事の専門性の低さに尽きる。似た例をもう一つあげると、鎌倉で養和二年（一一八二）に鶴岡八幡宮《つるがおかはちまんぐう》社頭から海岸までの曲横を直して参詣の道路、つまり若宮《わかみや》大路が建設された際、工事に動員されたのは、都市の支配者層に属する「北条《ほうじょう》殿已下」の御家人《ごけにん》たちだった（『吾妻鏡』同年三月十五日条）。彼らが頼朝《よりとも》のため、一介の作業員として土石を運搬する姿からは、頼朝

の権威を鎌倉の人士に印象づけようとする狙いが読み取れるが、そのためには戦闘を生業《なりわい》にする武士たちを、急造の作業員に仕立てなくてはならない。それができたのも工事の専門性の低さによる。参道工事がこうなのだから、一般道路の場合も状況はそう変わるまい。

仁治二年（一二四一）の秋のある日。若狭国太良荘《たら》（福井県小浜市《おばま》）を、稲を乞い歩く乞食の姿があった。折しも稲刈り中の地頭又代官《じとうまただいかん》下人は、道作りをすれば稲をやろうと言い、近くで稲を刈っていた百姓の重弘も賛成し、乞食も了承して事は済んだはずだった。ところがこれを耳にした地頭は、自分の命令なしに勝手なことをした上に、食物も与えずに乞食を責めたとして、重弘に二貫文のペナルティを科した（「六波羅裁許状」『鎌倉遺文』九―六二五四）。ふらりとやってきた乞食が、話が付いた時点で作業に取りかかれるのだから、工事は特別な工具や知識も要らない、簡単なものだったはずだ。なお、参加と引き替えに食物を提供する方法は、労賃や人員確保の手立てを考える際の参考となる。

当時の太良荘では、東国出身の地頭と地元の百姓たちとの間でさまざまな軋轢が起きていた。そもそも乞食への処遇は地頭又代官が言い出したことで、重弘は賛成しただけなのだから、地頭の行為は因縁付けのように見える。

次は幹線道路の事例である。

史料②　「智真夢記」（『神奈川県史』資料編3・古代・中世（3上）三三五二号文書）

暦応元年戊寅、奥州国司顕家《（北畠）》卿上洛の時、往返の軍勢余ニ狼藉《ろうぜき》を致すの間、門前在地の者共訴訟ニ曰く、裏築地ノ路ヲ瓜谷《うりがやつ》ヨリ山越ニケワイ坂へ付けられ候はば、門前の狼藉を遁るべきの由申すの間、彼訴訟ニ任せ、菜園ノ山ヲ在家別ニ分充テ、路を作るべきの由、在家ニ相触テ、修造司圭照監寺・直歳嗣広監寺を両奉行トして、路ノ通ヨリ各堀崩処ニ（後略）

暦応元年（一三三八。同年の八月に建武五・延元三年から改元）の北畠顕家《きたばたけあきいえ》軍による鎌倉攻略を前に、円覚寺《えんがくじ》門前の人々は軍勢の通過と、これに付きものの狼藉を予想し、対応策として道路の付け替えを寺に要求していた。門前を走る山内道《やまのうちみち》は、いわゆる「かまくらかいどう」とされる道路で、円覚寺門前を通過後、亀谷《かめがやつ》坂と巨福呂《こぶくろ》坂とに分かれて鎌倉市街地に入っていた（図61）。「円覚寺境内絵図」（図62・図63）と、古川元也氏や古田土俊一氏による経路分析（古川二〇一二・古田土二〇一七）を参考にすると、住人たちは軍勢を在家の手前から瓜谷を経由させ、山越えで化粧《けわい》坂へと誘導し、門前の通過なしに鎌倉に入らせようとしたのである。緊急事態とはいえ、やはり当地でも現地の都合で幹線道路の道筋が動こうとしていた。

案を認めた寺側は在家に役を割り当て、寺僧の指揮で工事が始まった。山を削って道路を造る工事の大変さは、先に馬坂新道《まさかしんどう》の工事のところでも触れた。それを参考にすると、

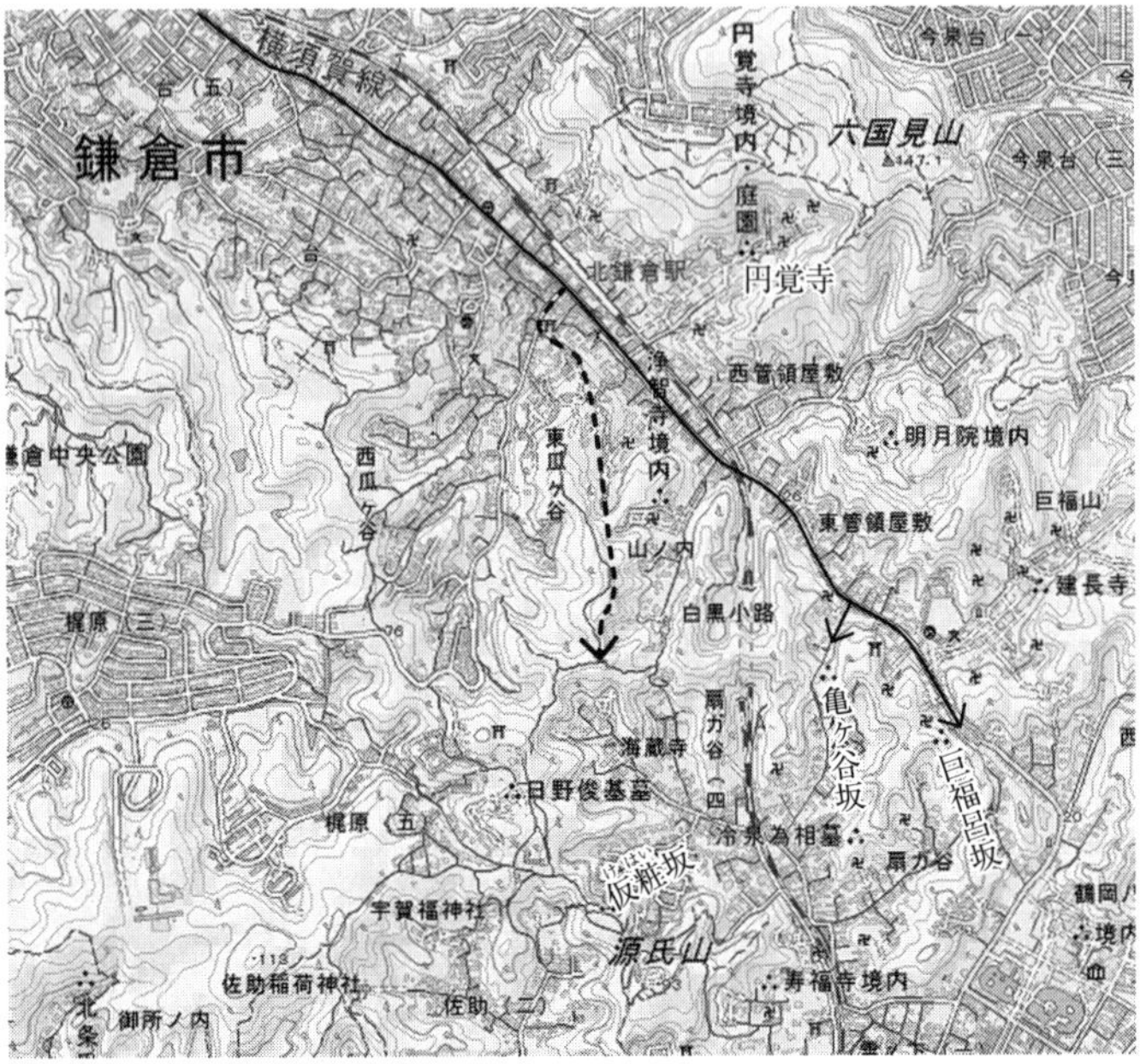

図61　円覚寺道路図（地理院地図）

門前住人は労働力を提供し、技術や知識を持つ円覚寺の寺僧が彼らを指揮するという図が描ける。ただし工事自体は、円覚寺の守護神が関係者の夢に現れ、山の掘削中止を願ったことを理由に中止となっている。

道路をめぐる公　寺社の門前地は、境内に準ずる空間として、寺社の強力な支配下に置かれていた。よって円覚寺に訴訟した門前在地の人々は、同寺の支配下にあったと看做せる。「円覚寺境内絵図」では、門前のみならず工事対象となった山内道や瓜谷路、そして新道建設予定地のいずれをも朱線の内側、つまりは同寺の敷地に含む。門前住人たちは道路の移設を寺内の出来事と捉えたからこそ円覚寺に訴え出、対する寺側は領主という「公」の立場から訴えに向き合ったのだった。

山内道の工事に円覚寺が関わった理由は、道路が寺の敷地内を通過していたことに尽きる。門前住人たちは道路の持ち主ではなかったため勝手ができず、敷地内に道路を含む円覚寺は、いわば地域の「公」として公共物たる道路の整備を取り仕切ったのである。同じ事情は、次の二つの史料についてもいえる。

史料③「近江伊香立荘官百姓等重申状」（『鎌倉遺文』十四―一〇五三六号文書）

はたまた本堂以下の雪を舁き、大道を作り、日々の掃地、皆住人等の諸役なりと云々

先ほど検討した葛川では、大道の維持管理は地域における「公」たる明王院《みょうおういん》に対する、住人の所役となっていた。

史料④「宇都宮《うつのみや》家式条」（『鎌倉遺文』二十―一五〇四四号文書）

一　領内道路ならびに橋の事

右、在所の近隣に付けて、その辺の便路を造るべきの由、仰付らるべし、もし所役過分たらば、その体に随い、計らい沙汰あるべし、

鎌倉幕府御家人の宇都宮氏が発布した「宇都宮家式条」では、近隣の人々を動員して領内

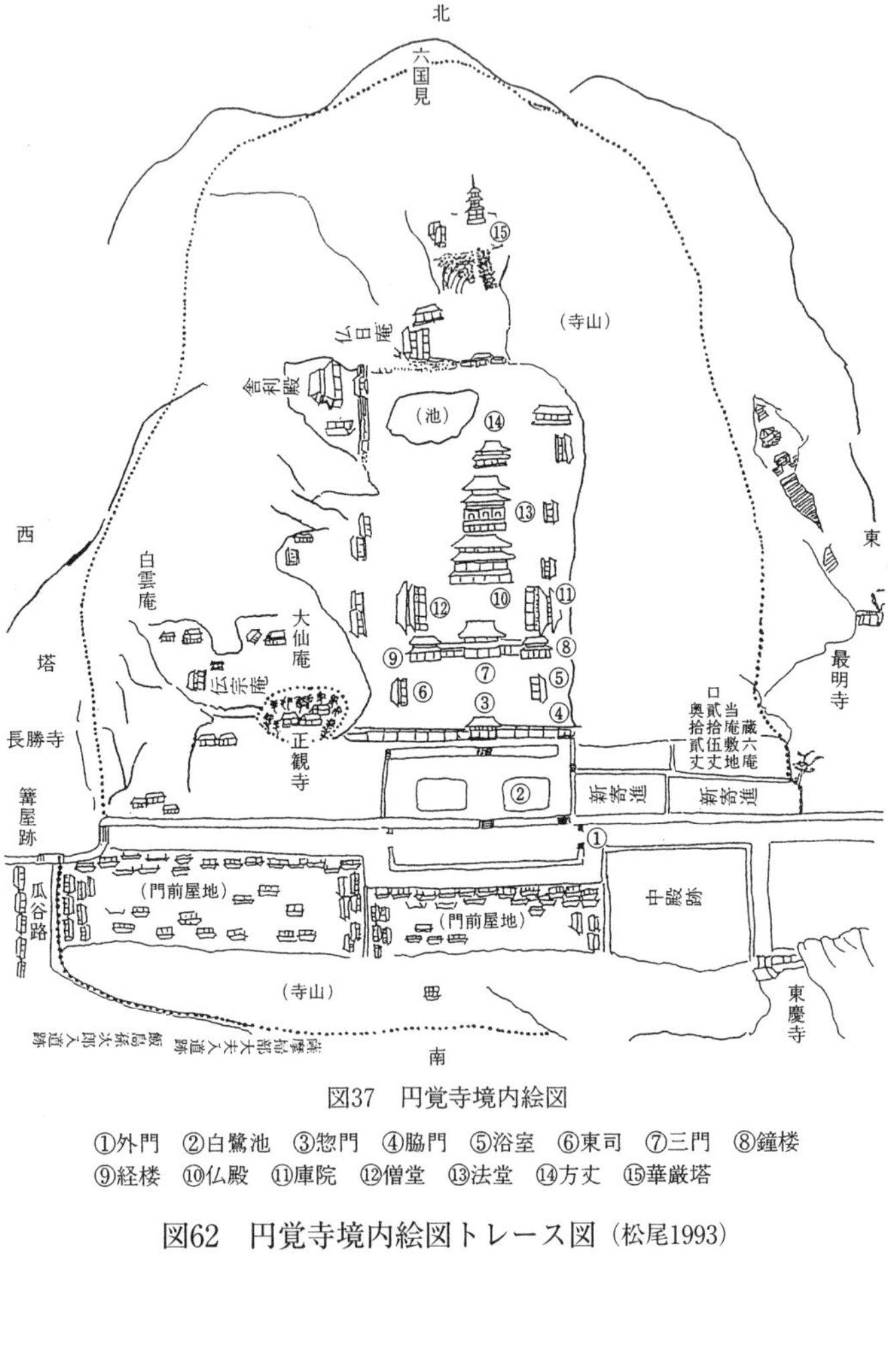

図37　円覚寺境内絵図
①外門　②白鷺池　③惣門　④脇門　⑤浴室　⑥東司　⑦三門　⑧鐘楼
⑨経楼　⑩仏殿　⑪庫院　⑫僧堂　⑬法堂　⑭方丈　⑮華厳塔

図62　円覚寺境内絵図トレース図（松尾1993）

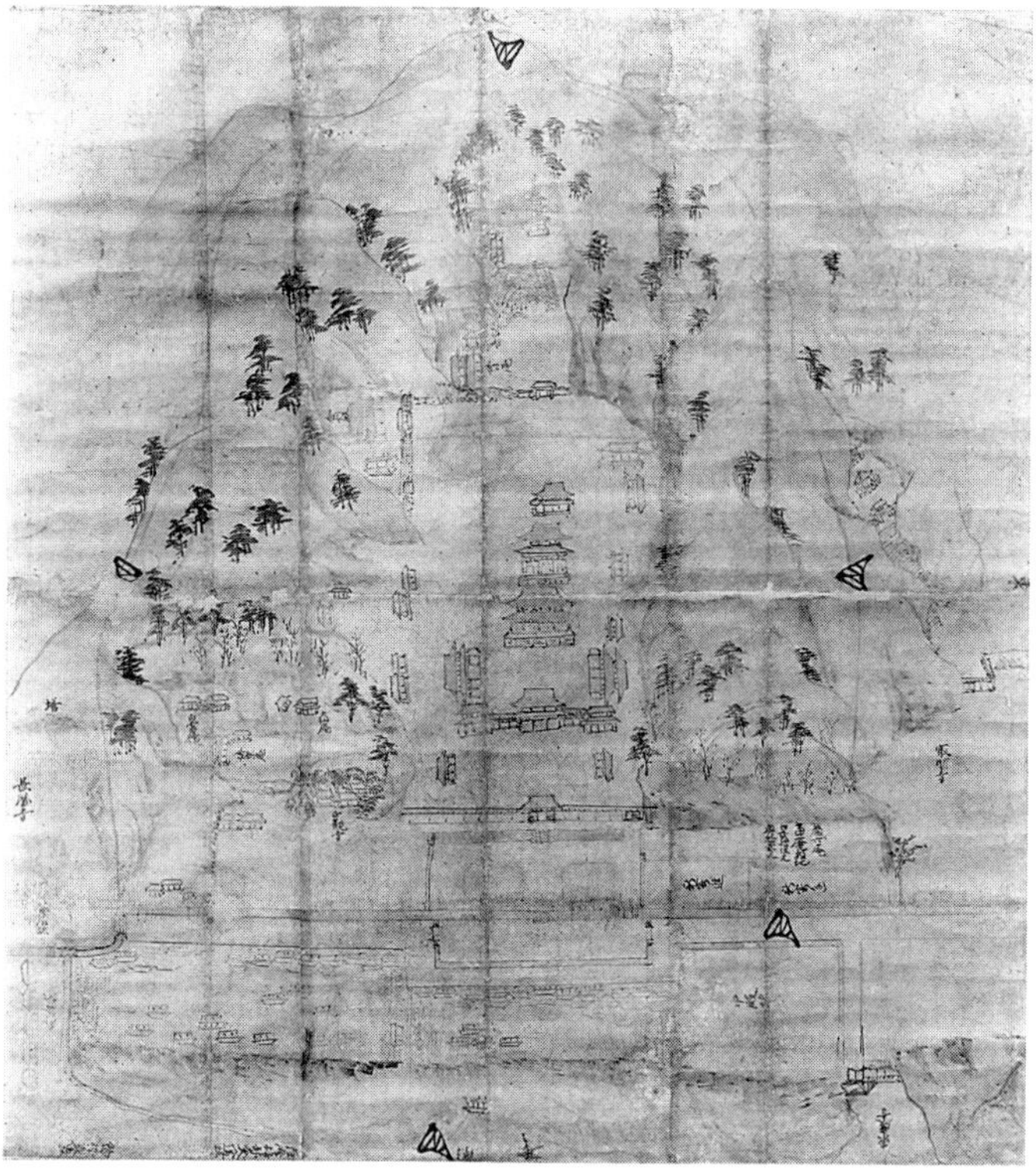

図63　円覚寺境内絵図（松尾1993）

の道路や橋を修理するよう、一族や家臣に命じている。すでに取り上げた、奥大道の治安維持を命じる「関東《かんとう》御《み》教書《ぎょうしょ》」(『鎌倉遺文』十一―八〇〇二号文書)の宛所に同氏がいるように、奥大道は宇都宮氏領内を貫いていた。ならば奥大道も、史料④の対象になっていたことだろう。

史料②を参考にすると、領主としてそれぞれの地域で「公」という立場にあった明王院や宇都宮氏は、道路が特定の「私」の所有下になく、決まった管理者のいない公共物だったからこそ、同じ「公」としてその保全に一定の責任を負っており、それが史料③・④となって現れたと解釈できる。してみると太良荘で地頭が百姓の重弘を責めたのは、地頭を幕府に任命された公的な職であり、現地では「公」として荘民に向き合っていたと考えると、「公」側のなすべき仕事に対する、「私」の越権と捉えたためではなかったか。

豊川宿でのように、東海道を利用する不特定多数の人々の活動によって道路が動く場合もあったけれど、その場合、彼らはあくまでも通行人なのだから、その後の道路の維持管理に参加させることは難しい。その場合、先の理屈に基づいて、恐らく史料③・④にあるように、沿道の領主が領民を動員して、維持管理がなされていたのだろう。

また、史料③・④を参考にすると、史料②の円覚寺門前住人たちも、このような形で日常的に円覚寺の敷地内の道路保全に携わっていた可能性が浮かび上がる。だとすればバイパス工事で在家ごとに工事を分担させたのは、日頃の応用ということになる。

なお、円覚寺一帯が属する山内荘《やまのうちしょう》には、歴とした領主がいた。同荘は得宗《とくそう》領として「闕所之随一《けっしょ》」とされ、鎌倉幕府滅亡後に足利直義《ただよし》の所領となっている（「正続院雑掌申状事書案」『神奈川県史』資料編3古代・中世〈3上〉三四三八号文書）。史料②に山内荘の領主が姿を見せないように、荘内のヒトやモノの流れに影響を与え、当然彼にとっても他人事ではいられない幹線道路の移設は、彼とは無関係に実行されかけたのだった。

この当時、土地を巡る重層的な権利関係は決して珍しいものではなかったが、道路保全の観点からいえば、これは障害となるに十分な要素だった。たとえばある荘園内を貫く幹線道路に沿ってA・B・C・D…の土地が続き、さらにはA以下が円覚寺と同じ姿勢で道路に臨むなら、道路に関与できる者は荘園領主＋A…の数だけいる計算になる。これでは長距離を結ぶ道路――大道が相当する可能性は非常に高い――ほど、関係者の数は増えていき、道路は多くの権利が錯綜する中を走ることになる。それがもたらす厄介さを、まずは先述の馬坂新道にみてみよう。

所領とみち

馬坂新道は領主の中尊寺《ちゅうそんじ》経蔵別当《きょうぞうべっとう》の主導による建設が推測されている。絵図では新道は村外へと続いており、新道に接続可能な道路が村境まで延びていればまだしも、そうでない場合、隣村にも道路を新設しなくてはならず、事は骨寺《ほねでら》村単独では済まなくなる。けれども他領なのだから、経蔵別当が自分のために道路を作りたくとも、好きにできるものではない。その場合、次に述べる奈良の例から推して、彼は作業に先立ち、隣村関係者と何らかの折衝をしたと考える。

かつての平城京の外京に相当する地域が中世の奈良である。一帯には東大寺《とうだいじ》・興福寺《こうふくじ》・春日社《かすがしや》などの巨大寺社が鎮座し、周辺には関係者や、彼らに各種サービスを提供する人々が住み、都市的な様相の空間ができていた。その奈良を東西に横断していた道路に、平城京に由来する三条大路がある。

建長五年（一二五三）段階の三条大路は、沿道からの浸食で道幅が狭められ、路面も劣悪で通行の障害となるなど、人々を悩ませていた。大路を利用していた唐招提寺《とうしようだいじ》や薬師寺《やくしじ》にとり、道路環境は看過できなかったらしく、興福寺に道路の改修を要請している（「僧宣厳・昇円連署書状案」『鎌倉遺文』補遺三―補一五四四号文書）。このときの書状で「自非貴寺之力者、難直者歟」（貴寺の力でなくては、修理は難しいのではないでしょうか）と、興福寺に述べているのは、奈良最大の勢力を誇る同寺に工事の進行を促すための、おもねりではない。そう考える理由は、当の三条大路を「春日御社之正面、貴寺門前之大路也」と表現している点にある。興福寺の寺域は三条大路以南にも展開する関係上、大路は寺域に包摂される格好となり（図64）、寺と道路とは、史料②における円覚寺と山内道と同じ構図になるのだった。よって件の文言は修繕箇所の明示に止まらず、改修を希望する箇所が興福寺の境内に準ずる空間に当たることを匂わせ、興福寺に改修義務があると暗に主張していたとも解釈できる。続く「春日御社之正面」という部分も、当該期の春日社は興福寺と一体化し、同寺の支配下にあったのだから、興福寺は問題の箇所の保全に二重の責任があると言っているようなものである。逆に、だからこそ唐招提寺と薬師寺は自分で工事ができず、管理権を持つ興福寺に作業を依頼したともとれる。

唐招提寺や薬師寺の姿勢の裏側に、道路の管轄が絡んでいたとしたら、当時の大路＝大道の条件には、さらに次の一文を追加できるだろう。すなわち外見上は一本の線をなしていても、実態は各所領がそれぞれの領主の責任の下、独自に維持管理する短い道路の集合体。というものである。

市街地の大規模再開発など、多くの地権者がいる土地の開発は、地権者相互の利害調整が厄介だと聞く。翻って鎌倉時代の大道の周辺でも、同じことがいえそうだ。管理者が違えば共通の管理基準や管理体制の施行は難しく、結果的に道路の規模や、路面状況が土地ごとに違う事態も起きてこよう。見方を変えると、個々の所領にあっては道筋の移動や道路保全はできても、他領内の道路には手が出せないことでもある。もし他領へ要望があった場合、隣り合った地域や関係者の血縁関係など、何らかの伝手《つて》があるならまだしも、対

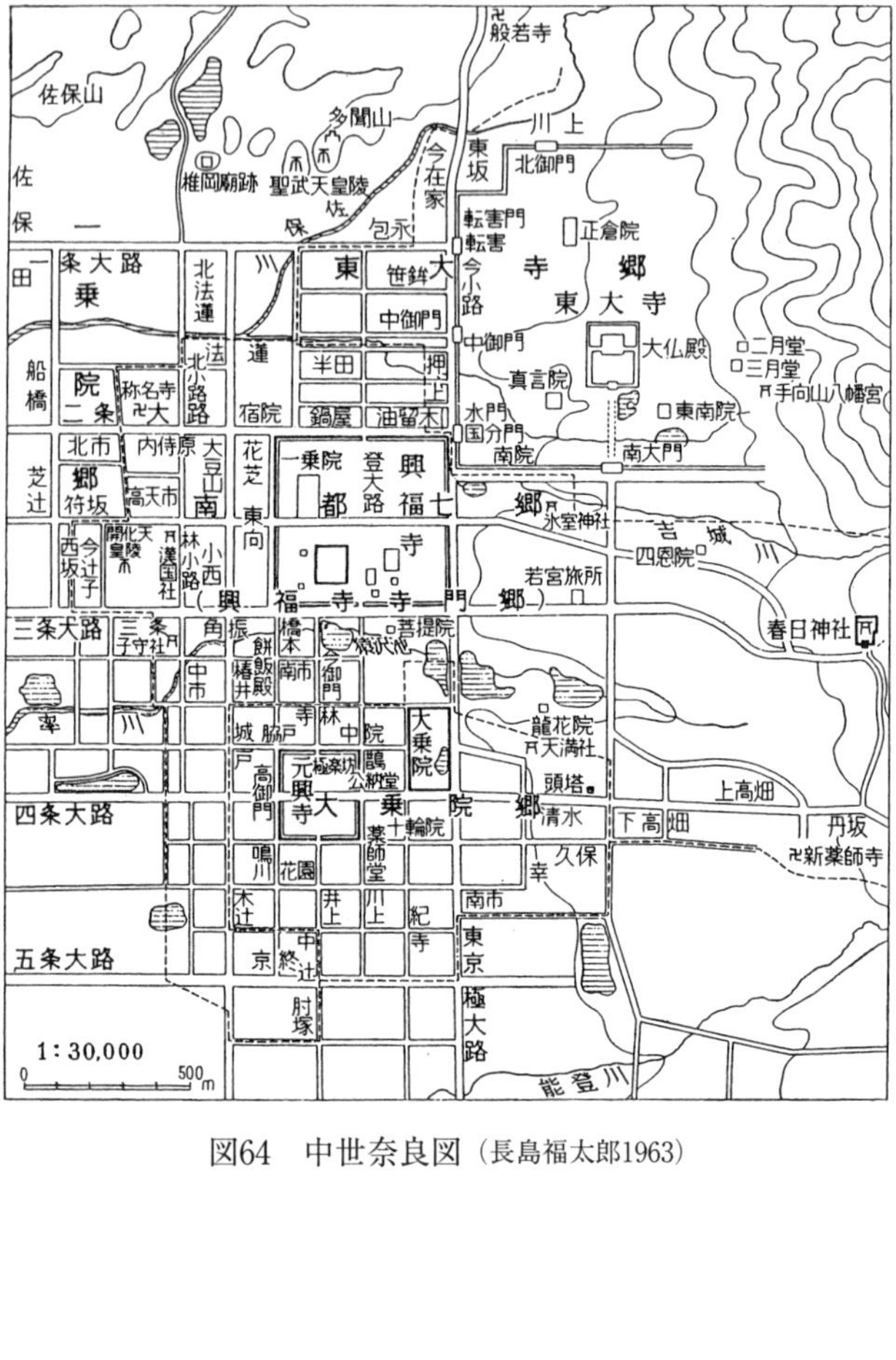

図64　中世奈良図（長島福太郎1963）

象箇所が遠方だったり伝手がなければ、相手側に渡りを付けるのも一苦労である。もっとも連絡がついても、相手が自分たちのために動いてくれる保証はない。こちらの要望が相手の望まないものだった場合、門前払いを受けることもあり得る。自ずと大局的な見地から道路の特定の部分を廃止したり、経路を変更するといった、全体のために一部を犠牲にする性格の事業は難しくなる。

権力と大道

国家的なもの

中世前期の列島には、朝廷や幕府といった、個々の領主からみて、より高次の権力が機能していた。あるいは彼らなら、個々の土地や住人間の利害を止揚し、強制力を駆使することで広域、かつ総合的な視野に基づく道路行政ができたかというと、手持ちの材料からは疑問符しか出てこない。榎原雅治氏は『中世の東海道をゆく―京から鎌倉へ、旅路の風景―』（榎原二〇〇八）の中で、路面整備の未熟さや、本書でも指摘した道筋の移動に触れ、交通路への国家的な整備の遅れを指摘、線としての交通路に対する国家の管理が弱体だったと述べる。問題は、交通路へ関与しようとする意志の有無と、関与を可能とする能力の有無とがいかに組み合わさり、氏の指摘する状況に至ったかだ。どの組み合わせを採るかで、導き出される権力像や権力への評価も違ってくる。

先に「かまくらかいどう」を検討した因縁もあるゆえ、今回は国家的な組織としての鎌倉幕府を俎上に載せ、上の問題を検討してみたい。

「かくあるべし」の幕府像

資料上で確認できる鎌倉幕府の幹線道路（大道）への姿勢は、すでに触れた道路関係資料の残存状況をなぞる。道路利用こそ同時代資料から確認できても、造成や保全といった道路本体に関わる事例は乏しく、正直な話、実態はよくわからない。だから幕府による道路整備を資料から述べようとしても、材料のある前者を話すことになる。ただし、よくとりあげられる駅路の法と宿立《しゅくたて》、そして路上の治安維持のうち、沿道に伝馬《てんま》を設置して幕府関係者の便を図るのが駅路の法で、宿立はその基地となる宿の設置という具合に、いずれも道路本体の整備ではなく、利用の仕方である。それどころか治安維持に至っては、道路を使ったシステム構築ですらなく、道路整備事業に含めるのは躊躇する。特定の幹線道路での犯罪増加を前に、警察庁が路線上の要所に施設と人員を配置して、警戒を強化せよと各所轄に通達した文書を根拠に、警察庁主導による道路整備事業を論じるようなものだからだ。

これらを含め、現状では資料が語る内容以外の仕事が幕府に押しつけられている。その根底には、「幕府はかくあるべし」という、多分に無自覚な幕府観がある。たとえば新城常三氏の『鎌倉時代の交通』（新城一九六七）では、駅路の法による鎌倉と京都間の連絡の迅速化を述べる際、橋梁や渡船の架設・修理を中心とした道路整備を所与の前提にしていた。氏は当該分野における関連文献資料の少なさに触れてはいても、「道路・河川の整備が、駅制運営の前提条件である点からしても、幕府がこの方面に積極的な関心と努力を傾けたのは、自明のことといわねばならない」と続ける。ソフトをインストールする以上、ソフトの持ち主はそれに見合ったハードを自前で準備しておくのが当然、という考えが透けて見えよう。

念のためもう一つ。安貞元年（一二二七）に信濃国の知行国司《ちぎょうこくし》の藤原定家《ふじわらのさだいえ》は、現地に派遣していた使者から、もう同国には梯《かけはし》はなく、皆が道路を作り人馬の通路としているとの報告を受けていた（『明月記《めいげつき》』同年九月二十五日条）。崖沿いに木材などを組んで作った桟道《さんどう》が「梯」で、険阻な道路を象徴する施設でもある（図65）。ことに信濃国の木曽川沿いのものは有名で歌枕にもなっていた。そういえば強欲な受領の典型とされる藤原陳忠《のぶただ》の「受領ハ倒ル所ニ土ヲ摑《つか》メ」との発言も、国司任期終了に伴う帰京中に、同じ信濃国の桟道から馬もろとも谷底に転落した際の出来事だった（第二十八「信濃守藤原陳忠落入御坂語」『今昔物語集《こんじやくものがたりしゅう》』巻二八」）。

『明月記』の記事から摑めるのは、信濃国内の道路改修により、桟道が人や馬が通行可能な——馬も通行できるのだから、大道だろう——道路へと変わったことのみで、事業主体や目的は定かでない。けれども当該記事をもって、東国御家人の往来に便宜を図る目的を工事に見出すものや（戸田一九九二）、これを発展させ、幕府とその支配下にある信濃国内の在地勢力による、都に向かう軍用道路の整備と見做す意見もある（川合二〇〇五）。やはりここにも、幕府が交通網を整備するのは当然という考えが見て取れる。

　御家人たちの移動や軍事目的のための幹線道路網整備とは、まさに巷間に流布する「かまくらかいどう」像そのものだが、具体的な作業を語る同時代資料の乏しさを素直に受け入れるなら、幕府によるこの手の事業には疑問符が付く。むしろ大規模な道路網を主体的に作り上げる幕府像は、「かくあるべし」という想いが生んだ、後世人の幻影だったのではあるまいか。

図65　『一遍上人絵伝』（清浄光寺蔵）に描かれた熊野山中の桟道

今を昔に

　筆者がこう考えるようになった発端は、先に検討した江戸時代の人士の「かまくらかいどう」観にある。彼らは同時代の事象を過去に当てはめ、後世というレンズを通して過去を観察していた。ために観察対象には歪みが生じてしまったのだが、今日の「かまくらかいどう」像にも、やはり似た歪みがある。わかりやすいのは、道路に屈曲や遮蔽といった軍事要素を見出す見解である。当の鎌倉時代の資料中に具体例や、背景にある思想を認められない反面、江戸時代の場合、各地の城下町などで実例を目にすることができる。また、たとえば盛岡城下町の道路割りに際し、「五の字」の理念に基づき、直線路だけではなく行き止まりや屈曲など、遮蔽の役目を持つ道路が計画されたことが、江戸時代の地誌の『盛岡砂子《もりおかすなご》』に述べられるなど、背景をなす思想も確認できる。

ここから導き出されるのは、後世の事例を鎌倉時代に援用し、軍事性が「再発見」される流れである。この種の端的な例に、江戸時代に流布した平泉復元図がある（図66）。天守閣や鉄砲狭間《てっぽうはざま》のある城壁を持つ、近世城郭としての平泉藤原氏居館や、市街地を進む食い違いのある幹線道路など、そこでは同時代の城下町モデルが時間を遡って平泉に移植されている。いうまでもなく、それらは後に発掘調査によって明らかになった都市像とは異なる。

江戸時代と同じことを鎌倉時代にも求めるのは、この二つの時代がいずれも武士の時代

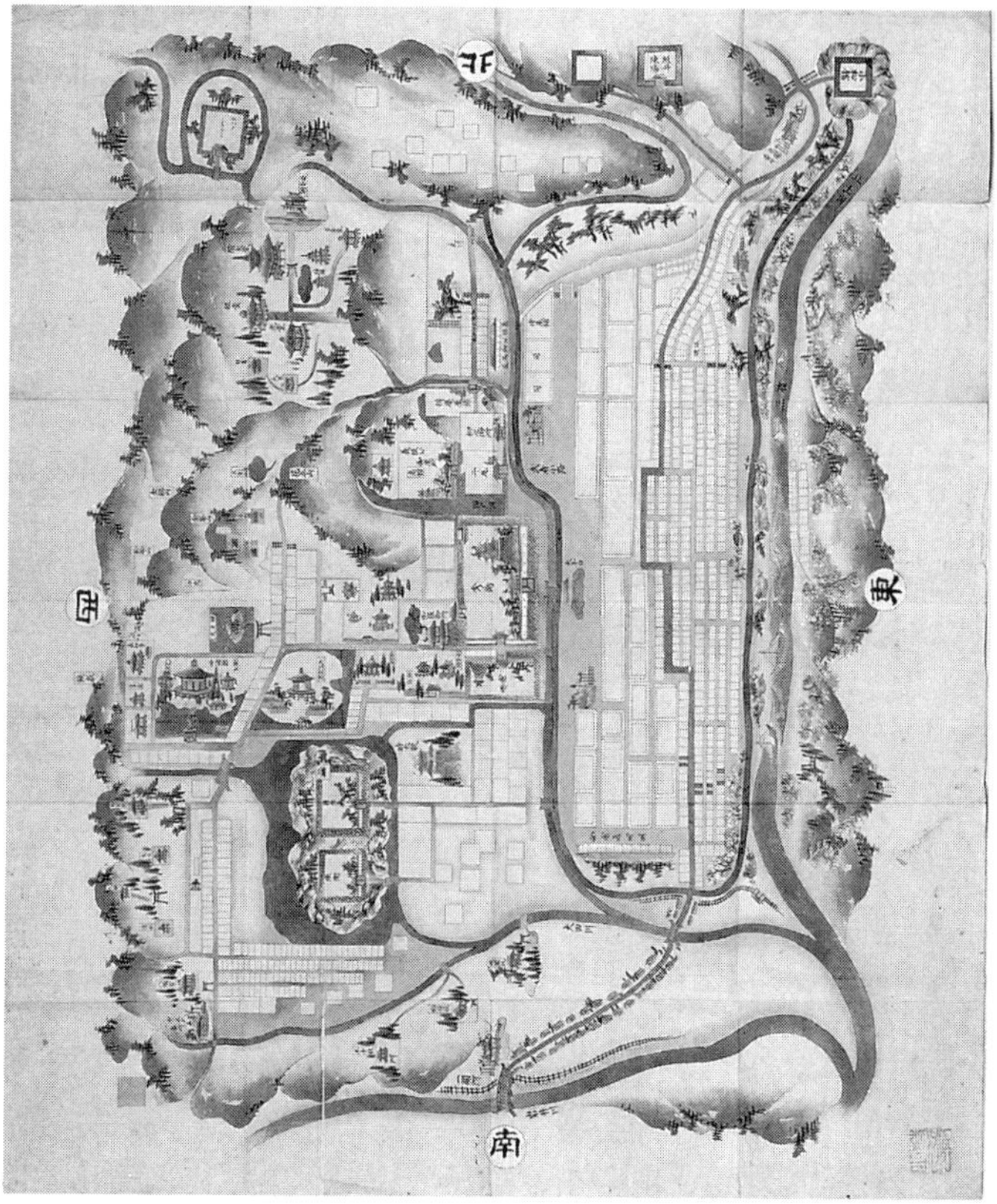

図66　平泉旧跡図（田村家所蔵，一関市博物館寄託）

であり、彼らの本来の職能は戦闘である以上、江戸時代の武士が軍事を念頭に置いてなした事柄は、当然先輩たちもしていたはず、という意識のなせる業である。道路の場合、すでに述べたように、鎌倉・江戸両幕府の交通政策や道路の利用に、相似した要素があることも無関係ではない。いうまでもなく二つの時代では、社会背景や幕府権力、そして当の武士のあり方などには大きな違いがあるが、それを軽視してきた私たちは、あたかも技術革新の波や時代性などをすっ飛ばし、同じ会社が製造する以上、黎明期の自動車も現行のものと同じ設計思想や装備を持っていて当然、とするような思考を営々と続けてきたのだった。

鎌倉幕府と幹線道路

先入観を捨て、既存資料の示す傾向を素直に受け入れると、既存の道路を利用はしても、大規模な道路網を自ら構築する作業には熱心でなく、他人のハードを使って自分のソフトを走らせるという、榎原氏の指摘に一脈通ずる幕府像が浮上する。筆者の見るところ、幕府は自前の道路網を構築しようにも、能力不足ゆえにできなかったというのが実情のようだ。

国家権力が特定のイエや集団に分散した中世にあって、本来天皇が保持していた軍事・警察権を代行していた集団が鎌倉幕府である。彼らが有した国政上の職権は、突き詰めればこの二つであり、徐々に他の分野にも影響力を拡大していくとはいえ、後世の武家政権と比べれば、その守備範囲は狭くかつ浅い。地域支配の要だった守護や地頭も、その職権は限定的であり、配置先の土地一帯のすべてを合法的に支配できたのではない。だからこそ多くの同時代資料が証言するように、彼らは支配範囲を広げようとして、現地で数々の軋轢《あつれき》を引き起こしてきたのだった。

道路行政全般に話を移そう。古代では神話由来の伝統に基づき、天皇こそが国土と、そこに生きる人民の支配者と認識され、彼を頂く朝廷が「公」として、両者を一元的に支配していた。当然、幹線道路も朝廷の支配下に置かれていて、『養老律令《ようろうりつりよう》』には津・橋・道路の修理規定がある（「営繕令」）。国土の支配者が国政の一環として道路関連事業を執り行うことは、制度的にも心情的にも何ら問題はなく、対象は彼の支配領域だった国土全域に及ぶ。そして天皇を国土の支配者とする見方は、鎌倉時代にも生きていたのである。

けれども鎌倉幕府はそのような存在ではない。もともと国家の軍事・警察機関が独立した彼らにとり、列島規模の道路網の整備や維持は本来の任務でないのだ。それに、幕府以外の第三者が幹線道路の構築に関わった例が確認できるように、それは彼らの独占事業でもなかった。たとえば京都と近江国（滋賀県）とを結ぶ志賀越《しがごえ》（志賀の山越・今路道〈今道越〉）という幹線道路は「山門之沙汰」で整備されていた（『葉黄記《ようこうき》』寛元四年正月十七日条）。あるいは史料①にある葛川《かつらがわ》の大道の維持管理も、明王院が葛川住人に命じたもので、幕府は関与していない。京都と若狭とを結ぶ重要な道路にもかかわらずである。

幕府は職務としては路上の安全確保には関わっていた。このことと彼らが道路の造成や保全などを行うことは同義ではないのに、従来は彼らの持つ軍事・警察権にかこつけて説明されてきた。けれども当の幕府の軍事・警察活動の例を追うと、彼らは事件が発生するか、発生が濃厚になった時点で動き始めるなど、対症療法的な活動が目立つ。だから不測の事態の発生を予想し、それに備えて事前に道路を整備していたとは断言できない。だいいち、幕府側に予防的発想があったかも定かではなく、城郭という究極の軍事施設ですら、戦時になって初めて戦場に構えられる時代である。だから、もしも「かまくらかいどう」が軍事目的で作られたとしたら、極端な話、その機会は有事しかない。火急の際に本来の任務と平行して、道路を整備するというのは、現実的ではないだろう。

幕府が主導する形での大がかりな道路網構築が難しいのには、構造的な要因もある。駅路の法の初見である『吾妻鏡《あずまかがみ》』文治元年十一月二十九日条には、興味深い一節がある。

史料⑤

今日。二品被定駅路の法を定めらる。此の間重事に依り上洛の御使雑色など。伊豆駿河以西。近江国まで。権門庄々を論ぜず。伝馬を取り。これを騎用すべし。かつは到来の所においてその粮を沙汰すべきの由と云々。

鎌倉から上洛する人々への馬や糧食の提供を、「不論権門庄々」に沙汰させたと文中にはあっても、実態はさにあらず。権門側の反発に遭った挙げ句、幕府は沿道に所領を持つ御家人への賦課として対処したという指摘がある（新城一九六七）。たしかに直接の支配下にない人々を動かそうにも、法的根拠も強制力もないのだから、計画は不発に終わったとした方が自然である。同じ理由から、幕府が自分たちのために「権門庄々」を貫く大道を作ろうとしても、似た結果になる蓋然性が高い。

幕末の嘉暦二年（一三二七）、今日の和歌山県和歌山市和佐中付近にあった和佐《わさ》荘では、雑掌《ざつしょう》の道学《どうがく》と下司《げし》の智性《ちしょう》との間で、年貢《ねんぐ》や下地《したじ》以下の所務に関する和与状《わよじょう》が作成されていた（「紀伊国和佐荘雑掌道学・下司智性連署和与状」『鎌倉遺文』三十八―二九九五八文書）。和与状には早打《はやうち》雑事、つまり早馬役《はやうまやく》は武家役として御家人の智性が負担すべきもので、領家側は関与せずと明言されている。ならば道路の構築や保全が御家人役とされた時点で、作業や負担を筋違いとして拒否する、道学のような人々が現れてもおかしくない。繰り返すが、かかる状況になった際、幕府は彼らを合法的に従わせる術を持っていなかった。幕府は関係者の力しか頼れなかったのである。

かといって幕府関係者に作業を賦課するのにも難題はある。たとえば早馬役のように、道路の活用《ソフト》に関する任務を負担させる場合なら、役の受益者を身内に限定することが可能だから、役の負担は確実に幕府、ひいては将軍への奉公となる。ところが道路本体《ハード》に関わる任務となるや話は違ってくる。将軍や幕府関係者の利用が目的といっても、数の上では確実に関係者を圧倒する幕府と無関係な人々の利用は避けられず、止められもしない。それを前提に御家人たちに道路を造らせ、維持管理をさせるのは、御家人役の名称以上の過分の負担を彼らに常時課することになる。なにより、御家人に賦課して道路を造らせていれば、賦課を命じられたり、これに応じることは御家人身分の判定になるから、数多くの訴訟関係の一隅に、何らかの形で記録されていてもよいはずだ。

幕府関係者に道路を造らせるには、さらに別種の障害があった。それは幕府主導による道路整備の数少ない事例が鎌倉に偏ることと、表裏の関係をなす。

鎌倉は例外

すでに取り上げた若宮大路の造成以外にも、鎌倉では讒訴《ざんそ》の罰で梶原景時《かじわらかげとき》に鎌倉中の道路造りが命じられた例や（『吾妻鏡』文治三年三月十日条）、八田知家《はったともいえ》郎従による大内夜行番の懈緩《かんたい》に対する同様の処置など（『同』文治四年五月二十日条）、御家人が道路を造る事例が複数確認できる。時期的にみて、これらは同時進行中だった都市整備と連動し、その一翼を担うものである。

ちなみに市街地から離れた地点でも、幕府は道路工事を主導してはいた。先に取り上げた山内道を対象にした仁治元年（一二四〇）の工事（『吾妻鏡』仁治元年十月十九日条）や、翌年の六浦道の工事（『同』仁治二年四月五日条）がそれで、各道路は名実共に大道と呼ぶにふさわしく、六浦道など、時代が下った永享四年（一四三二）の例とはいえ、六浦大道と呼ばれ、関の設置も確認できる道路だった（「関東公方足利持氏御教書」『神奈川県史』資料編3古代中世〈3上〉五八八二号文書）。ただし、これらの事例は、幕府が地方での幹線道路工事をしていた証拠とはならない。そうするには工事地点が問題なのである。いずれの道路も工事後およそ十年で土石により埋没し、再工事の運びとなっており（『吾妻鏡』建長二年六月三日条）、周囲から土砂が流入する環境から、鎌倉を取り巻く丘陵部の崖下が工事箇所と判明する。おそらく山内道にあっては巨福呂・亀谷。六浦道では朝夷奈《あさひな》の各切通し付近が現場だろう。

さて、鎌倉には貞応三年（一二二四。同年十一月二十日に元仁に改元）に、七瀬祓《ななせのはらえ》と四角《しかく》四境祭《しきょうさい》という都市京都の祭祀が導入されている。いずれも都市の内外を分ける地点を祭祀場所とするため、都市の境界が摑める祭祀である（図67）。

まず七瀬祓は、幕府が関東での初例とする貞応三年（一二二四）の例では、由比浜《ゆいがはま》（鎌倉市街地南方の海岸部）・金洗沢《かねあらいさわ》池（鎌倉市七里ケ浜《しちりがはま》一帯）・固瀬河《かたせがわ》（藤沢市街地を流れる境川の河口付近）・六連《むつら》（横浜市金沢区六浦）・独河《いたちがわ》（横浜市栄区にある河川）・杜戸《もりと》（三浦郡葉山町堀内付近）・江島竜穴《えのしまりゅうけつ》（藤沢市江ノ島）が祭祀場所である（『吾妻鏡』同年六月六日条）。

後者と比べて遠方の場所を含むのは、今風にいうと、鎌倉広域都市圏のような認識なのだろうか。かたや四角四境祭の初見の『吾妻鏡』元仁元年（一二二四）十二月二十六日条では、六浦・小壺（逗子市）。稲村（鎌倉市の稲村ヶ崎）・山内の四カ所を祭祀場所とする。こちらは六浦を除くと、丘陵で三方を囲まれた鎌倉市街地とおおよそ一致するから、狭義の鎌倉を指すと考える。そして先ほどの工事箇所は、この狭義の鎌倉の内側に当たるため、あくまでも都市内部の道路整備の一翼と評価すべきである。

なにより鎌倉は幕府が土木工事をするには格好の土地だった。まず源頼義以来の河内源氏の根拠地であり、頼朝が入った段階では、現地には彼より高位の権威も、その権威に基づく秩序も存在しなかった。いっぽう住人はというと、頼朝や彼の後継者より上位の定住者はおらず、将軍を頂点とする秩序が行き届いていた。先住者として鎌倉の開発に従事した鎌倉党の末裔も、頼朝と敵対して没落するか、御家人として彼の傘下に組み込まれてしまっていたため、幕府は先例や他者の既得権益、さらには支配の別に煩わされず都市作りに邁進できたのである。しかし他の場所ではそうはいかない。こちらには幕府とは別種の秩序や既得権益、それに先例が重なり合っていた。京都はその好例である。複数の個人ないしは集団の利益や支配が錯綜する状況は、幕府の意志が上意下達という形をとって、土地と住人に等しく行き渡りにくいことでもある。この点、幕府が意のままにできる土地は、

図67　鎌倉での境界祭祀実施地点

必ずしも多くはなかった。

幕府がなし得たこと

では、鎌倉幕府は制約の中で道路を相手に、なにをどこまでなし得たのだろうか。権力が支配を貫徹、あるいは強化していく際、道路が重要な道具だったことは、古今東西の権力が何らの形で道路に関与してきた歴史に明白だ。その際の各権力の姿勢や行動が一様でないのは、個々の権力が置かれていた諸々の状況や、権力構造の違いによる。

鎌倉幕府の特徴は、既存道路の活用にあった。その姿勢は、誤解を恐れずにいえば「ただ乗り《フリー・ライド》」とも評せる。「かまくらかいどう」の成立に当たり、幕府は既存の道路網の中から任意の道路を抽出して再編成し、自分のための道路網を手に入れたとする先行研究上の指摘は、この見方に近い。近年、政治史の方面から、鎌倉幕府の成立・発展に幹線道路の積極的活用が大きく与っていたという見解が出され、幕府の道路政策に新たな方向性が示されている。たとえば木村茂光氏は、幕府が既存の道路から自分の目的に合った道筋を選び取り、巻狩を始めとする、御家人を動員した一大イベントでの利用を通じて手を加え、固定化するという、他の事業との抱き合わせによる道路整備の進行を指摘する（木村二〇一六）。この考えに立つなら、奥州へと通じる上・中・下の各道の誕生も、元々鎌倉と彼の地とを直接結ぶ三本の道路があったのではなく、戦場に向かう三つの部隊それぞれが、都合の良い道路を選んで進軍していった結果、三本の道路の誕生を促したことになる。もし、北に向かう部隊が三つでなければ、道路の数も三つにはならなかっただろう。

ただ、既存の道路網の選択的利用までは筆者も賛成するが、上・中・下の各道を含め、幕府が道筋を恒久的なものにできたとは考えていない。なぜなら仮に幕府の意図に沿った道路を選び、頼朝という権威を使って道筋に由緒を持たせたにせよ、道路を現位置に繋ぎ止められたとは断言できないためである。幕府には使い勝手が良くとも、現地住人の利益にそぐわなければ、大道のあり方から判断して、放棄される恐れは大きい。

この場合の現地住人には、幕府関係者も含まれている。当時の武士が幹線道路沿いに本拠を構えることが多かったのは、彼らが交通網に吸着し、これを存立基盤とする存在だったことに依る。何より武士の職能自体、交通網上の移動を必須とし、その都市的な消費生活も、交通網を介して運ばれる内外のモノがあればこそだった（岡一九九五）。よって自分たちの住まいが面する道路の道筋が、幕府という外的要因によって左右されては、職能と生活の双方で支障が出てくる。

それに「かまくらかいどう」が鎌倉との連絡を最優先にしたものだったら、それだけに沿道各地の実情とは合わず、御家人たちの領域支配には使い勝手の悪いものになる恐れもある。高速道路や新幹線は、中央と地方を結ぶのは便利でも、一つの地域の交通体系としては、特に在来の交通との連絡において必ずしも便利でないのと一緒である。武士たちに支えられた組織が、自らの支持基盤層に不利益や、場合によっては対立すらもたらしかねない政策――近くはリニア中央新幹線の経路や、駅の誘致における沿道自治体間の綱引きを見よ――を積極的に採ったとは考え難い。基盤層の被害や不満は、それを計画・実行した幕府に向けられる。これは幕府にとっては恐ろしいことでもある。

みち・御家人・幕府

考えてみれば、幕府にとっては個々の幹線道路がきちんと機能し、路上のヒトや有形無形のモノの流れが滞りさえしなければ、格段支障はないのだ。たとえば東海道がAという地点を通過する代わりに、Bという地点を通ったにせよ、最終的には目的地の京都に繋がってさえいたら、幕府自身にはさしたる問題はない。「かまくらかいどう」において言及される、鎌倉との迅速な連絡にしろ、本来それは幕府側が環境を用意せずとも、幕府に忠誠を誓う人々なら、むしろ自助努力して成し遂げるのが当然ともいえる。だからこそ謡曲『鉢の木』にあるように、鎌倉に一番乗りを果たした者は熱意と忠誠心の顕れとして恩賞に与ったのである。同時代資料が語るように、彼らが敏感だったのは、沿道の治安悪化により、道路が線として機能不全に陥ることだった。それは治安維持が彼らの職務だったとともに、列島に張り巡らされた道路網が切断され、線として機能不全に陥れば、情報伝達や物資の連絡など、職務のみならず彼らの存立が危ぶまれるためだった。

道路の保全に関しても、現地がそれぞれ独自に動いているのなら、幕府はあえて不得意分野に首を突っ込まず、現地に仕事を任せればよい。道筋についても、各地の住人が鎌倉との連絡を本当に重視するなら、道路は各所領ごとにこれに答えて姿を変え、最終的には合体して鎌倉への連絡路が自然に生まれるはずだ。その道筋には、各所領や利用者の要望が取り入れられているから、古代の駅路のような最短経路こそ取れずとも、道筋で揉めることもない。さらに現地の変化に合わせて、自動でバージョンアップもしてくれる。幕府はできあがった成果を享受すればよかったのである。

とはいえ、幕府は幹線道路に対して無為だったわけではない。支配の道具としての道路の重要性を鑑みるなら、むしろ何もしない方が不自然である。彼らは制約のある中、自らのできる範囲内で道路へ影響力を及ぼそうとしていた。

北条時頼、そして藤原清衡

先にも使用した『東関紀行《とうかんきこう》』には、幕府関係者による取り組みの一端が記されている。

史料⑥『東関紀行』

茂れる笹原の中に、あまたふみ分けたる道ありて、行末もまよひぬべきに、故武蔵の司、道のたよりの輩におほせて植へをかれたる柳も、いまだ陰とたのむまではなけれどもかつがつまず道のしるべとなれるも哀也。

今日の愛知県豊川市域に広がる本野原を走る東海道は、踏分道のような有様で、他の道路との区別が付きにくく、加えて高低差の少ない野原のために目標物が身近になく、旅人の判断を迷わせていた。『海道記』の筆者はそこで「故武蔵の司」、すなわち北条時頼が沿道住人に命じ、東海道筋に植えさせた柳が道標の役目を果たす光景を目撃していた。

東海道沿いに植えられた柳の木は道標となると同時に、道筋の固定にも一役買っていた。木々が立ち続ける限り、それに沿って通行人は移動するため、植樹時点での道筋は生き続ける。その意味では、植樹を命じた時頼は道筋を支配していた。ぱっと見には地味でも、これは当時の道路事情からすると特筆すべき試みだった。

もっとも歴史を遡ると、時頼の前には藤原清衡《きよひら》という先行走者がいた。彼の行動は『吾妻鏡』に「寺塔已下注文」の一部に次のように現れる。

史料⑦　『吾妻鏡』（文治五年九月十七日条）

一　関山中尊寺事

寺塔四十余宇。禅坊三百余宇なり。清衡六郡を管領するの最初にこれを草創す。先づ白河関より、外浜に至るまで、二十余ヶ日の行程なり。その路一町別に笠卒都婆《かさそとば》を立つ。その面に金色の阿弥陀像を図絵し。当国の中心を計りて。山の頂上に一基の塔を立つ。又寺院の中央に多宝寺有り。釈迦多宝の像を左右に安置す。その中間に関路を開き。旅人往還の道となす。

覇権樹立後の清衡は、奥大道関連の複数事業を矢継ぎ早に手掛けるなど、自身の統治に奥大道が果たす役割を十分に理解していた。彼は陸奥国の地理的な中心に当たる平泉の関山丘陵に中尊寺を建立、のみならず法華経の説く世界をそこに再現することで、当地を陸奥国（世界）の中心となす。そして寺院中央に、白河《しらかわ》・外浜《そとがはま》間を結ぶ奥大道を引き込んだのだった。これにより陸奥国の住人たちは、同国の中心地としての平泉を意識する機会が増えることになるが、この間、当地に居住する清衡は、一国の中心にいる人物として人々に印象づけられるに至る。清衡が平泉を起点に陸奥国内に勢力を拡大する過程では、この印象は彼に有利に働いたことだろう。

そして清衡は、中尊寺を中心に南北に延びる奥大道沿いに、金色の阿弥陀像を描いた笠卒塔婆を一町ごとに設置した。入間田宣夫氏が指摘するように、清衡は笠卒塔婆《かさそとば》で奥大道を飾り、さらには陸奥国の中心に鎮座する中尊寺への参道に仕立て、奥大道を自分よりも上位の存在たる、仏の道路としたのである（入間田二〇〇三）。先ほどの大道の定義に倣うなら、陸奥国内の奥大道もまた、多くの権利の錯綜する中を走っていたはずだが、この時点で清衡の意が及ぶのは、母方から受け継いだ奥六郡、すなわち今日の岩手県奥州市から盛岡市にかけての地域に過ぎない。馬坂新道や三条大路の例を参考にすると、清衡は奥六郡外に笠卒塔婆を設けるに先立ち、他領に何らかの打診をした可能性がある。けれども陸奥国は広大であり、しかも同国中央部以南には、遠く離れた畿内周辺の住人を領主とする荘園が設定されていた。従って交渉相手としては、遠く離れた領主より、彼らの下で実務を取り仕切っていた現地の有力者が候補にあがる。

もし清衡が推進しようとしていたのが道筋の変更のような作業だったら、相手への伝手の有無や、地域間の利害の不一致に直面したかもしれない。しかし、笠卒塔婆という宗教施設の建立だったことが彼に幸いした。小なりとはいえ信仰施設を第三者が造ってくれるのだから、地元の許可を得る場合も比較的簡単だっただろうし、無許可設置でも黙認されたかもしれない。物が物だけに、かえって感謝された事態すら想像できる。

笠卒塔婆から見えてくること

信仰心が薄れたといわれる現代ですら、故意に宗教施設を毀損したり、わけもなく移動させる人間は少ない。宗教がもっと人々に寄り添い、真摯に信仰されていた時代、そのような不届き者の数はより少数だったはずで、笠卒塔婆が故意に破棄されたり、原位置を移動させられたりする機会も稀だったと予想する。笠卒塔婆が不動である限り、道路は原位置を外れないのだから、笠卒塔婆には奥大道を固定化する役目もあったことになる。

笠卒塔婆の設置によって、奥大道が宗教的な公共物になったことで、道路の保全作業は作善行為という性格を持つに至った。これは身分や所属する土地を越えた、不特定多数の第三者に道路の維持管理を転嫁できるということでもある。宗教性の付与により作業内容はそのままに、道路工事が人々の自発的な参加を呼ぶ別の行為に変身するのは、史料①で確認したとおり。職務や勢力拡大から生活全般に至るまで、自分にさまざまな恩恵を与えてくれる奥大道を、他人が自発的に整備してくれる状況が生まれたのだから、清衡には追い風となったろう。

笠卒塔婆の利点は他にもある。まず清衡は、早くもこの時点で笠卒塔婆を介し、奥六郡外の地域に己の存在感を示すことに成功した。以下は蛇足だが、皆さんの中には路上に立つ宗教的なスローガンを書いた柱や、建物の壁面などに打ち付けられた聖書の字句が書かれた金属板などを目にしたことのある方がいるかと思う。これは宗教団体が自らの信仰と、信仰の核心となる言葉を第三者に表明すべく設けた宣伝材なのだが、信仰の言葉が書かれているだけだから、設置には強い拒否にも遭わず、積極的に撤去されることもなく、なんとなく受容されている。清衡の存在感と、地上に仏国土を建設するという彼の理念を宣伝する点、笠卒塔婆はこれらの施設と似ていた。宗教を前面に出すことで、清衡の存在と彼のスローガンは、比較的抵抗なく受け入れられたのではないか。のみならず金による荘厳と、数の多さは、清衡の権勢を沿道に知らしめることにもなった。

個々の所領や、所属や階級という枠を飛び越えて、人々をまとめる力が信仰にはある。その力を借りているのだから、清衡は自らの力の限界を自覚していたに違いない。それどころか、彼自身は公としての統治技術などは未熟で、確たる国家モデルも持たぬ中、仏教こそがこれらを提供していた可能性がある。清衡が天台僧たる蓮光を自らの顧問としていたことを踏まえると、先の一連の政策は彼のような人物の指導によるのかもしれない。いや、宗教者こそがその主体であり、清衡はパトロンとして彼らを保護し、そこから利益を得ていた可能性すらある（久野二〇一六）。この点、清衡と同種の問題を抱えていた鎌倉幕府もまた、信仰という迂回路を利用して、幹線道路に関与していた点、あるいは彼らも公としてはいまだ一人立ちできなかったのかもしれない。

しかしながら両者の手法が被らないのは、双方の置かれた環境や、支配の進行度などの違いによる。それは勢力圏を拡大し、支配を面的に広げようとし始めた清衡と、すでに勢力圏の面的拡大は終了し、その内部へのさらなる勢力浸透を図った幕府との差でもある。

政と聖の間で

利他の思想と社会事業

仏教には利他という概念がある。それは己の悟りの追求ではなく、他者の利益のために行動し、彼らの救済を目指すことを通じて、菩提を得る考えである。これに則り、仏教関係者たちは人々が直面する諸々の憂いを取り除かんと、社会福祉や社会資本整備などに参画してきた。古代では行基《ぎょうき》、近世では菊池寛の小説、『恩讐の彼方に』の主人公の市九郎のモデルであり、大分県中津市の耶馬渓《やばけい》に隧道《すいどう》（青の洞門《どうもん》）を開削した禅海《ぜんかい》など、僧侶が道路工事に携わってきたのも、道路の改良が不特定多数の利用者の煩いを除くことによる。

宗教者による道路整備

鎌倉時代に積極的に交通事情の改善に関わった宗教者の一人に、東大寺《とうだいじ》再建で有名な重源《ちょうげん》がいる。彼の事績は、建仁三年（一二〇三）に自ら物した業績一覧である、『南無阿弥陀仏作善集《なむあみだぶつさぜんしゅう》』に詳しく、本書に関連するものとして、播磨《はりま》（兵庫県）・備前《びぜん》（岡山県）両国国境にある船坂峠《ふなさかとうげ》の改修と、伊賀《いが》国（滋賀県）内の所々の道路の改修とが記されている。前者は山陽道の通過地点であるため、大道の改修といっても差し支えない。後者は「道路最悪」とまでいわれた道路の整備なので、大がかりなものだったことが想像される。また彼は盗賊対策として沿道に繁茂する樹木を伐採し、見通しの改善も行っていた。不特定多数の利用者のため、重源は幕府の命令を受けた御家人と同じ作業をしていたのである。結果的には、幕府は自らの職務である治安維持をも、宗教者に代行させていたことになる。

『南無阿弥陀仏作善集』によれば、船坂峠での活動は国中の貴賤の勧進《かんじん》で進められた。方々から寄付や協力を募ったり、幕府や朝廷といった権力から助成を受けて事業を遂行することが勧進だが、船坂峠は盗賊の跋扈《ばっこ》も含め、不特定多数の人々を悩ませていたからこそ、広範な協力を得られたのだろう。重源の関わった社会事業の範囲は幅広く、港湾から溜池の修復、架橋事業など多岐にわたる。同種の事業を政治が主導しようとした場合、支配や所属の別が障害となることが予想されるけれど、宗教者は建前上は世間の埒外の存在であり、彼への信仰は一つの所領や集団内にとどまってはいなかったから、これらの枠を超えた広範な支持を得ることができた。

宗教者の社会事業には、別の特色がある。彼らの手にかかると一連の労働は再構築され、別の物語と価値とが与えられるのである。社会救済の実践という表題が掲げられれば、労働自体が救済と充足とをもたらす宗教行為になるから、本来の作業からは得がたい精神的な充足が味わえる。自ずと義務や強制ではなく、積極的に身を投じる人々が現れてもおかしくはなく、その結果こそ史料①なのだった。今日でも低賃金や仕事内容などが原因で敬遠される仕事でも、ボランティアでの局面となるや希望者が現れるのは、参加者が作業に対し作業の中身とは別の――たとえば困った人々のためという――価値を見出すせいである。こうなると本来は負の側面だった作業の厳しさすら、たとえば自己鍛錬の機会や達成感の大きさといった、正の評価を得るようになる。これは史料③や④といった領主主導による工事では起こりにくく、宗教が関与した工事の特徴であり、利点だった。

叡尊教団

この当時、活発な社会救済事業を実施し、中世における同事業を語る際に欠くべからざる集団に、奈良県奈良市にある西大寺《さいだいじ》を復興し、同寺を拠点として活動していた、叡尊《えいそん》率いる真言律宗《しんごんりつしゅう》系教団（以下、叡尊教団と呼称する）がある。

叡尊自身は、交通への具体的な関与が判明するのは宇治《うじ》橋の架橋くらいだが、彼の跡を継いで教団を率いた高弟の忍性《にんしょう》は、生涯を通じて一八九カ所の架橋と、七一カ所で道路の修築をこなしたと伝わる（『性公大徳譜』）。なにより文永九年（一二七二）に彼が衆生《しゅじょう》救済《きゅうさい》のために十条からなる行動指針を立てた際、第七条が道作りや架橋の実施だったように（『忍性菩薩十種大願』）、道路整備は重要な事業だった。

すでに触れたように、宗教者は、広域での道路の保全に立ちふさがる支配違いの壁を取り払ってくれる存在であり、加えて先の重源もそうだが、その知識や人脈によって技術上の問題をも解決してくれる存在でもあった。

叡尊教団が足跡を留めた土地には、五輪塔を始めとする大型石造品が多々残され、かつての活動を今に伝えるが、それらの作成に従事したのは、教団と結びついて展開した渡来系の伊派《いば》や、同派と関わりを持つ大蔵《おおくら》派などの石工集団だった。彼らは石造品制作にとどまらず、卓越した石材加工技術によって教団主導の社会資本整備にも貢献していた。

岡山県高梁《たかはし》市備中町にある新成羽川《なりわがわ》ダムの堰堤《えんてい》下には、ダム湖の水位が低下すると水中から顔を出す、笠神《かさがみ》の文字岩と呼ばれる巨岩があって、国指定史跡となっている。字句に違わず岩の表面には文字が刻まれ、徳治二年（一三〇七）に、西大寺末寺《ばつじ》の成羽善養寺の尊海を大勧進、西大寺の実尊を奉行、そして「石切大工　伊行経」を工事担当者にそれぞれ据え、河川交通の障害を除去して、上流との連絡向上を図る工事がなされたことを伝える。碑文によると、日本無双の難所の「笠神竜頭上下瀬十余ケ所」を、わずか十数日で改良したという。これを可能にしたものが、伊行経《いのゆきつね》の卓越した技術力だった。

時代を遡った平安時代中期に、行円《ぎょうえん》という僧侶がいた。鹿の皮衣を纏《まと》って人々の教化に励んだことにちなみ、「皮聖人」や「皮聖」と呼ばれた彼は、京都の粟田山《あわたやま》にある往還を整備したことが『小右記《しょうゆうき》』に載る（長和五年四月十日条）。粟田山という場所と、往還という字句、そして大津から来た人物の工事目撃談も載るため、往還とは東海道を指すと判断する。行円は路上の石は通行人に拾わせ、それが叶わない大石は鉄鎚と鑽《たがね》で破砕し、車馬の通行の便を図ろうとした。岩石の破壊や除去は成羽川でもなされていたのだから、伊行経の持つ技術は道路整備にも応用可能だったことになる。

筆者は先に、当時の道路工事はさしたる技術もいらず、だからこそ地域住民に担われていたと書いた。ただし岩盤や巨石の除去となると話は別で、相応の知識や経験、技術や道具が必要になり、素人の手には負えない局面も出てくる。結句、岩盤や巨石が為す術もなく放置され、通行人を悩まし続ける事態が発生するのだが、ここにこそ利他行の実践を図る教団の出番があった。

政と聖の出会い

幕府の弱点を補完する教団の能力を、幕府が見逃すわけがなかった。

すでに細川涼一氏は忍性の慈善事業と幕府の行政管轄権が重なること

について、教団が行政権の一部を慈善事業の形で補っていたことを指摘していた（細川一九七九）。このように幕府は道路整備にとどまらず、物流・流通の維持管理、社会福祉をも含んだ都市行政などの分野でも教団と手を組んでいたのである。

幕府はそれまで取り組んでいた仕事を、その仕事に長じた教団に外注《アウトソーシング》することで、業務の効率化とさらなる拡大を図り、かたや教団は機会を利用して信者を獲得するなど、この連携は双方に旨味があった。幕府を行政、教団を高い技術力を持ち、社会貢献を謳う新興企業に置き換えると、途端に両者の関係は優れて今日的なものとなる。ちなみに叡尊教団の歴史において、幕府との邂逅は躍進のきっかけをもたらす一大転機であり、これによって畿内を活動の場としていたスモールメジャーの教団は、列島規模のビッグメジャーに成長を遂げる。

ここに一つの符合がある。鎌倉幕府と叡尊教団とを結びつけたのは、史料⑥に登場する北条時頼《ほうじょうときより》なのだった。彼は部分的にとはいえ、東海道の管理に手を出すような人物なのだから、自分たちの限界や、手法の手詰まりを意識する機会もあり、それが教団に目をむける原因の一つになったのかもしれない。弘長元年（一二六一）に時頼が病気に罹った際、鎌倉滞在中だった叡尊の高弟、忍性の治療を受けたことが（『性公大徳譜』）、教団と幕府首脳部との初の接触となった。この間に時頼は思うところがあったのだろう。以後幕閣による幾度かの折衝を経て、翌弘長二年には、叡尊一行の関東下向《かんとうげこう》の運びとなり、これを機に教団と幕府の協力が始まる。

幕府と教団との連携といったものの、両者の橋渡しが北条時頼であり、当時の幕政の主導権を握っていたのは、彼の属する北条氏だから、実態は彼らとの連携である。そこで以後は北条氏＝幕府として話を進めることにしよう。両者が手を結んでの列島支配は、網野善彦氏が早くも『蒙古襲来』で指摘し（網野一九七四）、その後の研究で続々と具体例が検出されてきており、両者による支配が政治や宗教のみならず、社会経済や産業構造にまで及んでいたと指摘するのは、馬淵和雄氏である（馬淵一九九八）。では彼らの連帯は、いかなる形で道路に反映されたのだろうか。

そして、連帯

史料⑧『聖愚問答抄《しょうぐもんどうしょう》』（『昭和定本　日蓮遺文』一）

極楽寺《ごくらくじ》良観《りょうかん》上人は上一人より下万民に至りて生身の如来と是を仰ぎ奉る、彼の行儀を見るに実に以て璽也、飯島《いいじま》の津にて六浦の関米を取ては、諸国の道を作り、七道に木戸をかまへて人別の銭を取ては、諸河に橋を渡す、

日蓮による、あまりにも有名な忍性批判の一節である。忍性が鎌倉海岸部の飯島（＝和賀《わか》江島《えじま》一帯）で徴収した関銭《せきせん》を諸国の道路整備の財源とし、各地の関所から上がる関銭を架橋事業に充てていると彼は攻撃している。相手を批判するには、自分と異なる箇所を突く

のが常道だから、当該箇所こそ他者の目に映った叡尊教団の特徴となろう。

教団が道路の維持管理や架橋の財源として、舛米や関銭を徴収するといっても、勝手にできるわけではなく、上位者の許可が要る。たとえば飯島は幕府お膝元にあり、しかも都市を支える物流や交易の拠点だから、外来者の教団が自由に振る舞える土地ではない。

史料⑨「将軍足利尊氏書状案写」(『神奈川県史』資料編3古代・中世〈3上〉四〇一四号文書)

飯島敷地舛米ならびに島築、および前浜殺生禁断等の事、元のごとく御管領あり、島築興行といい、殺生禁断といい、厳密の沙汰を致さるべし、殊に禁断の事においては、天下安全、寿算長遠のためなり、忍性菩薩の例に任せて、その沙汰あるべく候、恐々謹言

貞和五年二月十一日　尊氏(足利)在判

極楽寺長老

鎌倉幕府滅亡後、足利尊氏《あしかがたかうじ》が鎌倉にある教団の拠点だった極楽寺に充て、旧政権下での特権を追認した当史料には、特権が忍性由来である旨が明記されている。やはり史料⑧の権限は、幕府から与えられたものだった。幕府は教団に飯島の維持管理を委託した見返りに関米の徴収権を与え、教団はこれを道路造りの財源としたのである。言い方を変えれば、教団の道路関連事業は、幕府による制度面の支援の下で進められたのだった。

さて、この時代は各地で所領単位による道路の維持管理がなされていたが、宗教者による工事の持つ性格と、教団の技術力を考慮すると、個々の所領では対応が難しい局面こそ、彼らの活躍場所だったと思われる。そうした場所の一つに、先に見た交通の難所がある。

点と線

当時、陸路を往く人々を難儀させたものに、河川があった。徒渡《かち》りは危険を伴うし、大河になると水深面で徒渡りができない場合もある。渡船も天候や水量の変化に運行が左右されるのは徒渡りと一緒で、しかも船には定員があり、対岸との連絡中は渡し場で待たされるなど、利用には制限もある。このように陸上交通網は、川を境にヒトやモノの流れが滞留しがちだった。対して水に濡れずにいつでも川を渡れる橋梁や船橋は、徒渡りや渡船の欠点を解決する施設といえる。

しかし橋はそうやすやすと架けられるものでもなかった。史料④にあるように、架橋やその後の保守は所領を単位に実施されていたとはいえ、小河川ならまだしも、大河川となると高度な技術と多額の費用、それに大勢の作業員が求められる。なにより河川が所領の境となっている事例もある。自ずと個人や単独の所領では、対応が難しいこともあるだろう。この点、教団にとっては打って付けの仕事といえる。それは二つの空間を繋ぐという点で、橋は宗教性を持つ施設であるとともに、交通状況の改善は、不特定多数の利用者に利益をもたらすためである。

直接確認しうる叡尊唯一の架橋事例である宇治橋の修復に際し、彼は宇治川の殺生禁断を要求している。注目したいのは殺生禁断の持つ意味で、それは単なる殺生の禁止ではなく、殺生の許認可権を教団が持つことなのだった。史料⑨について、幕府から支配権を移譲された前浜を、教団の権利を使って支配したと石井進氏は指摘している（石井一九八二）。つまり教団は、漁労や水運に関わる海民や職人など、生きるために否応なく殺生に関わらなければならなかった人々に、生計のための殺生を許可すると共に、殺生の罪業感を慰撫して信仰を勝ち取るなどし、制度と心情の双方から二重に統治したのだった。そのため叡尊の宇治橋修復に関しても、彼は一帯の人々を殺生禁断を用いて統治したと推測される。この間、宇治橋の袂にあった橋寺放生院《ほうじょういん》は、教団による現地管理施設に姿を変えている。なお、架橋と殺生禁断のセットは宇治橋にとどまらず、他の場所でも共通するというから（松尾二〇一七）、忍性が架橋したという一八九カ所の周辺も、教団の統治下にあったと看做せる。

相田二郎氏は、今日の静岡県域に含まれる遠江《とおとうみ》・駿河《するが》両国のうち、遠江国では天竜《てんりゅう》川、駿河国では大井《おおい》・富士《ふじ》・黄瀬《きせ》川の渡し場や橋梁を教団が経営していたとし、その端緒は忍性にあると指摘。両国以外でも同じ状況を推測していた（相田一九七八）。ここであげられた河川はいずれも東海道が渡河する交通の要地であり、その保全はきわめて重要な任務となる。そういえば先の宇治橋も、京都の出入り口であり、宇治川の合戦の舞台となるなど、交通・軍事上の要衝だった。と、なれば先の一八九カ所の橋も、それぞれ周辺の交通網上に重要な地位を占めることが予想される。

教団による各地の架橋は、幕府には渡りに船だった。交通路が切断される機会が減れば、支配のための情報伝達が円滑になるのがまず一つ。そして二つ目が職権に基づく交通の要衝の掌握である。架橋によって渡河点が固定されれば、道路利用者の誰もが橋を利用するようになるため、橋とその周辺さえ押さえておけば、効率的に治安維持活動ができる。おまけに教団は橋を架けて終わりとはせず、現地に管理施設を建て、周辺の土地とヒトに影響力を行使しているのだから、幕府にしてみれば労せずに各地に監視拠点が得られることになる。いってみれば幕府は、陸上交通の要地という点を押さえることを通じ、線全体を管理する方法を手にしたのである。

「かまくらかいどう」に架かる橋

史料⑩「関東御教書」（『鎌倉遺文』三十七—二八八〇五号文書）

遠江国天龍河、下総国高野川両所橋の事、仰せ付けられる所なり、早く先例に任せて、沙汰致すべきの状　仰せにより執達件のごとし

元亨四年八月二十五日　相模守（北条高時）（花押）

修理権大夫（金沢貞顕）（花押）

称名寺長老（釼阿）

天竜川と高野《たかの》川に架けられた橋の支配権を、幕府が先例通り教団の拠点の一つだった称名寺《しょうみょうじ》（神奈川県横浜市金沢区）に認めている。

高野川とは古利根《ふるとね》川の異称であり、鎌倉時代の同川に橋が架かっていたことは、「万福寺百姓等申状案」（『鎌倉遺文』四十―三一一八九号文書）に「たかの、ハし」とあることからも裏付けられる。橋は今日の埼玉県南埼玉郡宮代《みやしろ》町須賀《すか》と、対岸の同県北葛飾郡杉戸《すぎと》町下高野とを結んでいたと推定される。そして川を通過する道路は、「かまくらかいどう」中道とされている（図68）。

当地は架橋以前から高野渡と呼ばれる渡河点でもあった。野木宮《のぎみや》合戦で敗走する志田義《しだよし》広《ひろ》軍を打ち止めるべく、下河辺《しもこうべ》行平《ゆきひら》・政義《まさよし》兄弟によって古我《こが》渡（向古河〈埼玉県加須市〉と古河船渡町〈茨城県古河市〉とを結んでいた）と、高野渡が固められるなど（『吾妻鏡』治承五年閏二月二十三日条）、当地は軍事上の要地でもあった。加えて須加は、「延文六年九月九日市場之祭文写」（『新編埼玉県史　資料編5』中世1、四三五号文書）に現れる須賀市の故地であり、元久元年（一二〇四）に、鎌倉の法華堂の重宝を盗んだ犯人が武蔵国の「洲（須）河地頭」に捕らえられているように（『吾妻鏡』同年十一月十七日条）、各地から

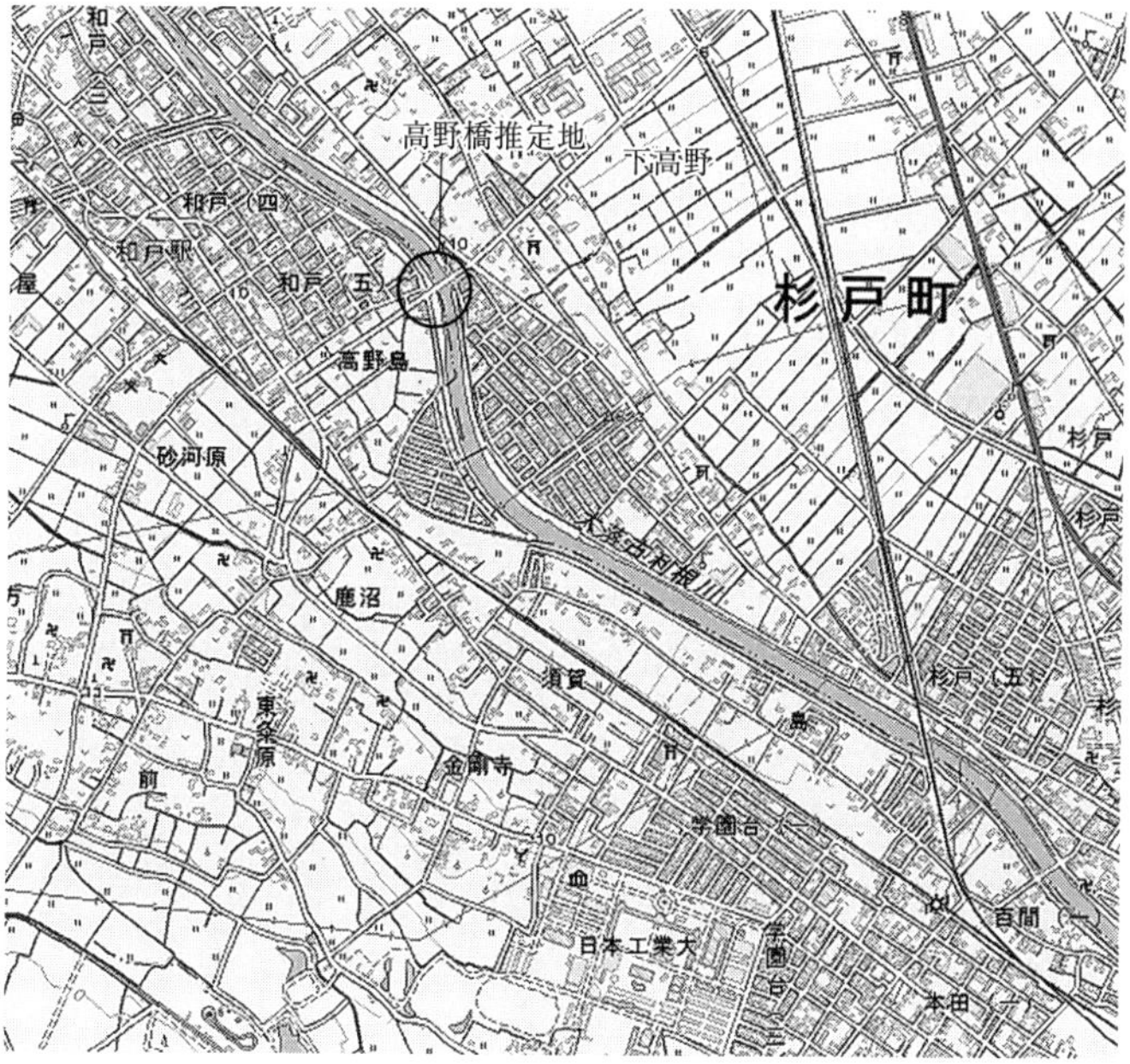

図68　高野橋周辺地図

ヒトやモノが集まる場でもあった。実際に教団はこのような地域の拠点に架かる橋を管理していたのである。

ちなみに今日の宮代町域は、かつての太田《おおた》荘に含まれ、同荘は関東御領として幕府、実質的には北条氏の手中にあった。その太田荘内の交通の要衝に、彼らと関わりの深い教団が進出しているのだから、教団は幕府（北条氏）の現地支配を支援していたといっても過言ではない。

モンゴル襲来と橋

ここまでは叡尊教団による架橋事業を検討してき

たが、当時の架橋事業は彼らの独占するところではなく、たとえば熊本県を流れる緑川《みどりかわ》の河口部（河尻）に、曹洞《そうとう》宗の僧である寒巌義尹《かんがんぎいん》が橋を架けた事例は、宗教者による大規模架橋事業の一つとして著名である。「義尹肥後大渡橋勧進疏《ぎいんひごおおわたりばしかんじんしょ》」（『鎌倉遺文』十六―一二三四八号文書）によると、橋が架けられたのは、水上交通の要地でありながら、渡河には危険が伴うという状況を改善するためだった。当地でも宗教者は利他行に基づく社会救済事業として、橋を架けていたのである。

しかし、上田純一氏は当地の架橋が持つ別の狙いを指摘している（上田一九八二）。氏は義尹が寺院の建立などで北条得宗家《とくそうけ》との結びつきがあることと、「義尹肥後大渡橋勧進疏」の作成された健治二年（一二七六）という時期に注目。モンゴルの再襲来に備えた異国警固体制強化の一環として、得宗家の支援の下で兵員武具輸送の円滑化を図って架橋がなされた可能性を述べるのだった。氏のいうとおり、「義尹肥後大渡橋勧進疏」には「永鎮四夷之狂乱、奉憑三念大悲、偏祝一天泰平」という表現があって、「永鎮四夷之狂乱」という部分は時期的にみて、モンゴル襲来を含んでいるのだろう。だが、当該部分は純粋に平和を祈念したものとも解釈できる。

文永《ぶんえい》の役後の九州では、石築地《いしついじ》の構築を始めとする軍事施設の構築が幕府主導で進められていた。自ずと軍勢や物資の移動経路として、橋の軍事上の重要性は否応なしに高まっていたはずである。しかし、このような時勢下に、僧侶が架橋事業を行っていたという、歴史的事実を重視してみたい。

幕府の交通政策を評価する

軍事・警察権こそが幕府本来の職権だったことを念頭に置き、大渡橋の架橋に軍事利用を見出した上野氏の指摘に従うなら、河尻での架橋は幕府の直営であってもおかしくはない性格のものだった。しかし彼らは自ら工事をなさず、宗教者にこれを任せていた。二つのモンゴル襲来に挟まれた、準戦時ともいうべき時期でさえこうなのだから、かえって彼らが平時の段階で、職権に基づいた道路建設や保全を主導していたとするのは難しい。これもまた、従来までの「かまくらかいどう」像への疑問となる。

さて、ここで史料⑩に戻って、元亨四年八月二十五日という日付に注目したい。ちょうどこの時期、鎌倉から見て天竜川の先にある畿内では、悪党の活動が激しくなっていて、その先に位置する中国・九州では、モンゴルの再来襲の可能性が依然として取りざたされていた。かたや高野川を超えた道路が向かう先にある北東北、さらに津軽海峡を越えた先にある北海道では、蝦夷《えぞ》の蜂起と蝦夷代官安藤《あんどう》氏の内紛が続いていた。このように列島の東西では社会不安が高まっており、後世からみれば、幕府崩壊への序曲はとうに奏で始められていたのだった。事実、史料の日付から一月もたたぬうちに、後醍醐《ごだいご》天皇の討幕活動が発覚している（元亨四年十二月の改元で同年は正中元年となったため、事件は正中の変と呼ばれる）。この間、情報伝達路であり、治安維持活動時の経路ともなる道路の存在感は、日増しに高まっていたに違いない。しかし、そうした状況にあってすら、幕府は橋の管理を直営にせず、教団に委任していた。

これは幕府の危機感の欠如や、無能さを意味するのだろうか。否、彼らは自分たちと連携する集団の力量を十分に評価し、絶大な信頼を寄せていたのだと考える。むしろ社会不安が高まっている最中だからこそ、幕府に課せられた諸々の制約を補完してくれる教団の存在感は増していたのだった。元亨四年当時の世相を史料⑩に反映させるなら、緊張が強まる時勢下に、交通網の持つ重要性のさらなる高まりを受け、重要施設の管理を再確認したものこそ、この史料なのだった。

政と聖による補完関係。これが権力が分散し、土地やヒトの支配も一元的ではなかった時代に、かかる状況を前提として、鎌倉幕府によって採られた道路行政の姿だった。

この手法は、権力が分散された時代には重宝されるため、鎌倉幕府滅亡後も使われ続けたことは、史料⑨の日付に明らかである。もっと後の天文二十一年（一五五二）、戦国大名の武田《たけだ》晴信《はるのぶ》（信玄《しんげん》）は、同氏の本拠である甲斐《かい》国甲府（山梨県甲府市）と諏方《すわ》郡（長野県諏訪郡）を結ぶ道路を勧進によって建設していたように（「武田氏道路普請定書」〈『中世法制史料集』第四巻武家家法Ⅱ　四一六号文書〉）、手法自体は長く命脈を保つ。とはいえ時代の推移に伴って権力のあり方も、在地の状況も変化していき、ついには宗教の活用は主流ではなくなっていく。そしてこれと連動するように、交通体系も、そして権力の交通支配のあり方も、大きく変貌していくのだった。

ただし、この間の追跡は本章の主題はもとより、本書の主題からも外れるし、紙数の関係もある。鎌倉幕府の終焉が話題に出たのを機に、ひとまず本章を終えることにしたい。

大道の社会史へ向けて——エピローグ

「公」の拡大

鎌倉時代の大道は、当時の社会のあり方が映し出された鏡でもあった。土地やヒトへの支配や、そこから収益などをめぐる権利関係が重層的に絡み合い、しかも「公」が分散するという時代は、時代にふさわしい道路を生み出したのである。ならば、時代の推移によって「公」が変わっていくに従って、大道もそれに相応しい姿へと変身していったことだろう。

鎌倉時代以降、武家政権の時代が続く中、各政権の「公」としての立場や、支配の浸透度は深化し続け、これを受けて支配違いの壁も徐々に数と、その高さとを減じていった。支配・権利関係が輻輳した状況から、一人の領主が一つの土地とそこに属するヒトやモノを一元的に支配する状況——一円知行《いちえんちぎょう》——への移行である。武士の荘園侵略といわれる行為の主眼は、もっぱらその実現にあった。個々の所領内で、武士たちが暴力と共にこれを推し進めている間、少し視野を広げた国郡規模では、今度は彼らを傘下に収め、広大な領域を支配しようという者たちの姿が認められる。鎌倉時代以後の守護《しゅご》は、新たに与えられた刈田狼藉《かりたろうぜき》の検断権《けんだんけん》や使節遵行権《しせつじゅんぎょうけん》、半済《はんぜい》などの諸権利を梃子《てこ》に、国衙《こくが》の組織を吸収し、地頭《じとう》を始めとする任国内部の諸勢力の被官化を推し進めていた。いわゆる守護大名《しゅごだいみょう》と呼ばれる存在がこれで、さらに行動を徹底した存在こそ、のちの戦国大名である。独自の軍事活動や外交を行う彼らが治めるその領域は、地域国家ともいえるものだった。

戦国大名たちは自分の支配領域においては、実力に裏付けされた強大な「公」として、独自の道路行政を行うことができた。けれども数は絞られてきたとはいえ、列島にはいまだ戦国大名の数だけの「公」があった。さらに天皇や寺社勢力などの旧来の権力も存在していたため、大道に複数の「公」が関与する状況自体は依然として続いていて、これに起因する道路が抱える諸問題もまた、完全解決には至らなかったのである。

史料①「御分国道作り仰せ付けられし事」（『信長公記』巻八）

一、去る年、月迫りに、国々道を作るべきの旨、坂井文介・高野藤蔵・篠岡八右衛門・山口太郎兵衛四人を御奉行として仰せ付けられ、御朱印を以て、御分国中御触れこれあり、程なくして正月中に出来おわんぬ、江川には舟橋を仰せ付けられ、嶮路を平らげ石を退けて大道とし、道の広さ三間に、中路辺の左右に松と柳を植え置き、所々の老若罷り出で水を濺ぎ、微塵を払ひ、掃除を致し候べき、先年より、御分国中数多これある諸関・諸役の儀等御免なされしゆえをもって、路次の滞り聊か以てこれなし。誠に難所の苦労を忘れ、牛馬のたすけ、万民穏便に往還をなし、(後略)、

織田信長《おだのぶなが》の手になる一連の大規模な道路改良事業により、織田氏領国内では大道の道幅が統一され、並木の植樹によって大道の景観も揃うようになっていた。ちなみに道路の直線化は、それまでの大道像の否定ともいえる。ただ、これができたのはあくまでも織田領国内のみ。領国内部で完結する道路ならともかく、東海道に代表される長距離道路は、いまだぶつ切りで管理された状況が続いていた。

信長、そして彼の基盤を受け継いだ豊臣秀吉《とよとみひでよし》による天下統一とは、自らの道路管理モデルを版図とともに拡大し、ついには列島の隅々までに行き渡らせる過程ともいえるだろう。

天正十八年、夏

天正十八年(一五九〇)は、日本史における一つの分水嶺である。同年の後北条《ごほうじょう》氏の滅亡と続く奥州《おうしゅう》仕置《しおき》によって、すでに箱根《はこね》以西を押さえていた豊臣政権の版図に東日本が組み込まれ、長きにわたった戦乱の時代に、一応の終止符が打たれたのである。

これに先立ち、秀吉は天正十三年に関白宣下《かんぱくせんげ》を受け、翌年には太政大臣《だじょうだいじん》に昇進してい

る。当時の有力者は、自称も含め、目下の立場に相応した中央の官位や官職を持ち、その伝統的権威によって自らを権威づけつつ、政治であれ外交や儀礼であれ、他者との交流における彼我の立ち位置や対応方法を計る目安としていた。

秀吉が人臣の頂点に昇った時点で、天皇を除く人々は等しく秀吉の下風に立つことになり、彼の命令に服従しない個人や集団は、国事犯となる図式が成立した。それまでの朝廷のトップとは違い、秀吉は相手が軍事力を備えた集団であっても、これを圧倒するだけの軍事力を有している。それゆえ列島内に未服属の相手がおり、それを屠りたい秀吉にとって、これは格好の大義名分となった。九州平定や小田原合戦では、秀吉の出した惣無事令《そうぶじれい》（停戦令）に島津・後北条氏が違反したことが開戦の名目となっている。また、関白《かんぱく》や太政大臣という地位は、意に従わせることが自らの利益になるにもかかわらず、暴力で屈服させた場合には他者からの指弾を招くような相手——たとえば朝廷関係者——を、合法的に服従させることを可能とした。

以上を踏まえて秀吉の道路政策に目を向けると、実際に列島を制圧し、しかも人臣の頂点に立ったことで、彼の交通政策は列島全域を対象とする国策となった。これこそ彼と鎌倉幕府との大きな差であり、公武や宗教勢力が織りなす、支配違いという誠に中世的な問題は秀吉の前に大幅に解消されたのである。道路政策に関していえば、久方ぶりに古代が復古したともいえよう。

史料②　「豊臣秀吉朱印法度書写」（『大日本古文書』家わけ第三　伊達家文書之二　五一九号文書）

小田原面《おもて》より会津に至る道作りの御法度の事

一　道作の奉行として、垣見弥五郎、水原亀介、西河八右衛門尉、杉山源兵衛尉、友松次右衛門□（尉）□（等カ）□（五）人を指し遣わされ候、然るに当御表より会津迄横三間の海道を作るべきの事、

一　道の手寄ゝ、、百姓を召出し、道を普請し、その国郡々を見計らい渡し宛うべき事、

一　少も礼銭礼物を取□用捨、または謂ざる族申し懸けるにおいては、奉行共曲事たるべき事、以来においても聞こしめ付け次第、御成敗を加えられるべき事、

一　道普請無沙汰の百姓これあらば、御成敗を加えられるべきの条、所を書付て言上致すべし、私として成敗たるの儀、仕るべからずの事

一　船渡橋以下を見計らい、橋□□へき所志るし付け申し上ぐべき事、

一　橋の材木、その近所の山林にてきりよせさせ、集め置くべく候、重ねて御奉行を遣わされ、橋をかけさせらるへき事、

一　会津までの道すち、御□《（とカ）》まり共、城々にても御座所の儀、城主ならびに在番の者共ニ申付べき事、付道奉行五人、兵糧塩噌帳面の如く、城□手寄ゝ、にてこれを請け取るべし、次に馬飼として大豆一升、ひえ一升つゝ下され候、ならびに町送りの人夫十人仰付られ候、この外地下人百姓ニ、非分の儀申し懸けるべからず事、

天正十八年七月三日　　御朱印

これは後北条氏が小田原《おだわら》城（神奈川県小田原市）を開城し、豊臣秀吉の軍門に降る二日前の天正十八年七月三日に、次なる政治行程の奥州仕置に向けて出されたものである。具体的には、小田原から会津《あいづ》（福島県会津若松市）までの道路普請《ふしん》が命じられている。史料②自体は、奥州仕置の会場となる会津黒川《くろかわ》城（福島県会津若松市。のちの若松城）を居城とし、小田原合戦を機に秀吉の傘下になった、伊達《だて》氏に伝来したものである。命令を受領した同氏は、目下の勢力圏に収まる白河《しらかわ》（福島県白河市）から会津に至る区間を担当している（「木村吉清書状」『同』五二二号文書）。ここから類推して、白河以南については、現地の領主が対応したのだろう。

文書の日付の七月三日時点では、後北条氏は未だ降伏せずとはいえ、すでに東日本の大半は秀吉の実質的支配下に置かれていた。直前まで複数の独立国が連なり、合従連衡《がっしょうれんこう》を繰り返していた地域は、秀吉傘下となった領主たちの所領群に、そして各領主は独立した

存在から同僚へと性格を変えた。道路普請が行われる予定の小田原・会津間において、鎌倉幕府の道路政策の障害となった支配違いの壁は、秀吉の前には消滅していたのである。

さて、小田原開城以後の秀吉一行は、小田原から鎌倉《かまくら》、そして江戸《えど》を経由して宇都宮《うつのみや》（栃木県宇都宮市）に入り、その後大田原《おおたわら》（同大田原市）、白河を経て会津に向かった。おそらく江戸までは東海道《とうかいどう》（国道一号線）、江戸から白河までは奥大道（同四号線）、そして白河から先はいわゆる白河街道（同二九四号線に相当）を利用したのだろう。史料②の目的は一行の円滑な移動を可能とする環境作りにあったが、それは鎌倉時代の大道を取り巻く状況下では、実行が難しいものだった。

たとえば工事は各領主の判断ではなく、秀吉の許から派遣された五人の奉行の指揮——実質上は秀吉の命令——によって進行し、工事に当たっては所領の別を越え、道路幅を三間とするように決められていた（第一条）。そして工事に協力しない現地の百姓には、領主の私の成敗ではなく、中央が御成敗を加えるなど、一連の工事の主体は秀吉側（＝国家）にあり、現地の領主は秀吉の意志の通達・実行役になっていた（第四条）。言い換えるなら、道路を管理する主体としては、秀吉がこそが唯一の「公」であり、個々の領主はあくまでもその代理人なのである。また、渡船や架橋などの事業には宗教勢力の利用や、勧進といった手法を採らず、資材の確保から施行まで領主たちが担当するとされた（第五・六条)。このように鎌倉幕府が直面したジレンマは、史料①ではもはや解消されている。秀吉にとっては、先輩たちがジレンマの解消策として編み出した、信仰の利用という手法を採用する必要は薄れていたのだった。

鎌倉時代からおよそ二五〇年。大道を取り巻く環境は、このように大きな変貌を遂げていた。この間の過程を詳細に追うことは、これからの課題の一つとなる。

新しい「公」

鎌倉時代以降の「公」をめぐる動きとして見逃せないものに、新たな形の「公」の出現がある。それは教科書でもお馴染みの惣《そう》(惣村《そうそん》)である。

鎌倉時代後期以降、畿内を中心に数を増やしていく惣は、血縁よりも地縁に基づく共同体だった。その内部に階級差や、これに起因するあからさまな区別を抱え、今日の視点ではかならずしも民主的といえない面もあるにせよ、共同体の精神的中心となる神社で開催される各種行事を仕切る集団の宮座を指導部に、惣の成員が出席する寄合《よりあい》による自治によって、惣は運営されていた。また、惣掟《そうおきて》と呼ばれる強制力を伴う内部法も作成され、共同体維持の規範となっていた。このように自ら一定の司法・立法・行政を担っていた惣は、まさしく在地が作り上げた新しい「公」だった。そして「公」に相応しく、惣村もまた大道に関与していた。

先に取り上げた今堀《いまぼり》は、惣村の代表とでもいうべき存在でもある。当地ではこの事例からおよそ一七〇年後の弘治三年（一五五七）から翌年にかけ、すでに触れた西大道を巡る紛争の一方の当事者になっている。事の発端は、今堀側が大道を作ると称して、隣接する蛇溝《へびみぞ》の野神田地の溝を埋めてしまったことにあり、蛇溝側は今堀側の行為を領主である山門（比叡山《ひえいざん》）に訴えていた。現地に派遣された山門の担当者による調停の結果、いったんは手打ちになったものの（「二預若狭等連署請状」『今堀日吉神社文書集成』二九号文書）事態は収束せず、蛇溝側は翌年にも山門に訴え出ている。問題の土地が自分たちへの年貢銭のために設定されていることもあり、ここで山門は原状回復を命じている（「山門衆議下知案」『今堀日吉神社文書集成』三九号文書）。

面白いことに山門も道路の存在は否定しておらず、西大道は「公方かい道」だから、従前どおり普請してくれといっている（「如前〃可有御作候」）（「二預若狭等連署請状」）。「公方」を冠する道路名称は、件の大道の公共性の高さの反映であり、だから山門も道筋や道路造成の手続きはともかく、道路の存在までは否定しなかったのだろう。

もし近江国守護の被官となっていた在地土豪が普請を主導していれば、土豪間の相論《そうろん》となるはずだ。しかし事件は蛇溝・今堀双方の領主（双方の属する得珍保は山門領である）に持ち込まれているため、これを惣村同士の紛争とする脇田晴子氏の見立てに倣えば（脇田一九九八）、当時、惣村が独自に大道の保全に当たっていたことになる。

本書では鎌倉時代における大道の維持・管理の主導者として、領主を取り上げて分析してきたが、続く時代にあっては、惣村という新出の「公」と、その盛衰にも目を向ける必要があるのは、この一件に明らかだろう。すでに確認してきたように、管理者が多ければ話がややこしくなる。従って今後は道路の維持・管理における領主と惣村との鬩《せめ》ぎ合い、そして時代の推移に伴う変化は、新たな分析視点になると予想される。

「大道の社会史」へ

これまでに述べた二つの課題は、大道の歴史という縦軸に関わるものである。対して横軸というべき課題に、ある時代における個人や集団、そして社会が大道といかに関わり合い、何を生み出してきたかを探る作業がある。大げさにいえば、「大道の社会史」の構築である。街路に関わるさまざまな事象の分析を通じ、中世ヨーロッパ社会を解明しようとしたのはジャン・ピエール・ルゲ氏だが（ルゲ一九九一）、我が国でも同じ取り組みは十分可能だと思う。今回は鎌倉時代の大道の基本的な要素を探ったにとどまったものの、大道の性格上、分析可能な材料は多岐にわたる。なにより将来行われるべき作業である、大道を軸とした時代性の抽出も、比較点が多ければ多いほど、精緻な分析が可能となるのだから、他の時代との効果的な比較が可能な分析項目を、各種資料中にいかに見出していくかが爾後の課題となる。

のちの時代になればなるほど、大道関連資料の数も種類も増加し、文献資料にあっては、活字化されていないものも相当数出てくるはずだ。資料検索に始まり、自ずと読解や分析には、相応の時間と手間がかかることだろう。本書冒頭で触れたとおり、いつの時代でも社会の基幹として道路、ことに幹線道路はありとあらゆる分野に関わるものだけに、大道関連資料の分析は、一つの時代を理解する格好の武器となる。そこから導き出された諸成果との比較によって、中世史研究のみならず日本史研究全般が発展を遂げること、そして願わくば本書がそこにいくばくか寄与することを祈念しつつ、本書の筆を擱く。

あとがき

本書はわたしにとっては初の単著となる。同世代の研究者と比べるなら、この歳での単著デビューは明らかに出遅れ、博士論文をまず書籍化した後に一般書を刊行するという、業界の慣行にも従っていない。別に奇をてらったつもりなぞなく、もっと早いうちに慣行通りに事を進めたかったのに、上手くいかなかったのであり、その責めは偏にこちらにある。この間、恩師である藤原良章先生を始めとした多くの方々から、一刻も早い博士論文の書籍化を折に触れ促されつつのこの体たらく。本書刊行を喜ぶ一方、反省と忸怩たる想いを抱く自分がいる。

本書の鍵となる大道を始めて本格的に検討したのは、一九九九年前後のことだった。ただし、すでに修士論文では、大道を含めた幹線道路を中世武士の分析材料に使っており、幹線道路という括りなら、断続的ながらも現在に至るまで、地域や集団の分析に利用してきてもいる。その意味では、本格的に歴史研究に手を染めて以来、中世前期の幹線道路に接し続けてきたことになる。もっとも道路への関心ということなら、より古く、幼少時の記憶まで遡るし、それが私の研究の土台にもなっているのは、不思議な気がする。

　子供時分から、自宅前を起点に、道路をひたすら辿っていく遊びをよくやっていた。目的地が分からないという冒険性、途中どの分岐を選ぶかで、行き先はもとより沿道の様子も違ってくるという偶然性、見慣れた景色が未知のそれに一転、あるいはその逆といった、日常と非日常の交錯と、それに伴う眩暈に魅せられたのである。折しもわたしの家族が住む土地周辺は、大規模開発のまっただ中にあった。新たな道路の誕生を機に環境が激変し、水田や丘陵が街区に変わっていく姿が魔法のようで、定点観測のようなことにも夢中になっていた。その意味では、道路整備と開発、道路が地域に及ぼす諸影響を検討する本書の下地は、早くもこの時点で形作られていたともいえよう。やがて成長に伴い移動手段も変化し、行動範囲も広がっていった。この遊びは今でも時間が許せばやっており、最近も、初めて訪れた先での空き時間を利用して探検に出たけれど、相変わらずの面白さに、ヒトは易々と変わらないとの感を強くした。

　大学時代、将来的には歴史研究の道に進みたいと考えるようにはなっても、依然として続けていたこの遊びが研究に繋がるなぞ思いもよらなかった。そこで遊びはあくまでも遊びとして、当時の関心に基づいて武士や都市を研究すると決めたのはいいものの、道路とその影響力という視点を無自覚で採用していたのは、まさに「三つ子の魂百までも」である。

風向きが変わってきたのは、大学院時代になってである。最初のきっかけは、藤原良章先生に紹介され、鎌倉での発掘調査に参加したことだった。馬淵和雄氏の指導の下、道路と沿道とを一緒に調査する機会に何度か恵まれたことは、過去の道路の実体を摑む絶好の機会となった。さらに先生と一緒に、「中世みちの研究会」の旗揚げに加わり、会員の皆さんと各地の発掘現場を見学するようになったのも、知見を広げるのに役立った。

惜しむらくは、これらの経験をしながら、それを武士論や都市論の枠組みで咀嚼し、道路を武士の存続基盤、そして都市の構成要素としてのみ捉えていたことだ。だから各分野においては道路以外の視点による論文も書いていて、博士論文執筆時には大変苦しむ結果となった。それまでの成果を整理しようにも、多岐に渉る分野を上手く結びつけ、一つの物語を形作る適切な視点を得られなかったのである。努力はしたものの、あまり上出来とはいえない仕上がりになってしまった。

自ずと博士論文の改訂と活字化とが大学院修了後の課題になった。この間、大道が交通史に止まらず、中世社会を分析する際の鍵となる可能性に図らずも気付いたものの、博士論文改訂の軸として使うには、帯に短し襷に長しだった。当該視点を採用すると、切り捨てねばならない部分が余りにも多すぎ、方や大道に直接関係する部分は、絶対的に不足していたのである。そこで採用は見送ったものの、何かの折に使いたいという思いは消えなかった。今回、本書執筆の機会を得たとき、わたしの脳裏に真っ先に浮かんだのは、この視点だった。以上の経緯によって生まれた本書は、部分的には博士論文のいくつかの箇所を取り入れた、スピン・オフでもある。

本書の執筆作業は、自分にとっては今までの研究を整理し、以後の研究の方向性を鮮明にする作用もあった。原稿は書き上げたとはいえ、諸々の事情で凍結中の博士論文の解凍と再調理、その上での刊行に、今回の作業で弾みがつけば幸いなのだが。なんとかしたいところである。

こうしてあとがきを書きながらも、大道の社会史の構築や、他の時代との比較によって鎌倉時代の特徴をより鮮明にするといった、新出の課題が時折脳裏に浮かんだりする。当然、テーマの大きさもあり、そう簡単には済まず、大道を巡る探求の旅は、まだまだ続くだろう。さらに進んで、各時代の大道像を整理する作業や、それらを基に古代・近世も含んだ大道の通史を編む機会についても思いが飛んでいったりもする。途に就いたばかりにしては遠大な夢ではあるが、実現を目指すのも、またひとつの課題だろう。

将来的な抱負も述べ終えたこともあり、本書は実質的な終わりを迎えた。そこで最後に本書を執筆するに当たり、直接、間接的に御世話になった方々に謝意を捧げ、幕を引くことにしたい。まずは大道という、ニッチな題材の書籍化を決断して頂いた吉川弘文館にお礼を申し上げる。

次いで、現時点で籍を置かせてもらっている、一関市博物館の入間田宣夫館長を始めとする皆さんにも、お礼の言葉を送りたい。日頃何かと御世話になるばかりか、ご迷惑すらお掛けしている身にも関わらず、今回は資料の提供などでご尽力も頂いた。中でも入間田氏は、本書執筆を報告して以降、世間話などの折に触れ進行状況をお尋ねになられ、そこで頂いた知見は今回大変参考になった。これについては別して感謝を捧げる。それに利他の概念を手始めに、仏教の社会事業に関する知識をご教示頂いた、同館元次長にして自性院住職の千葉亮信師にも感謝を。もともと仏教にはど素人のわたしである。師の平易かつ明快な解説なしに、この分野に手を伸ばすことは能わなかった。また博物館の取り持つ縁で学習会に顔を出させて頂いている、一関古文書を読む会の皆さんにもお礼を。ちょうど執筆期間を通じて輪読していた『伊勢参宮道中記』は、近世の道路事情や中世前期との違いを再確認する、またとない機会となった。そして皆さんとの会話で得た発想は、本書の所々に生きている。

振り返ってみると、謝辞を捧げる方々はこれでは足りない。数々の現地見学や研究会、あるいは酒席を通じて、わたしの道路観を大きく変え、隣接分野の協業の重要性や、道路と周辺地域を一体化して分析することの必要性なども教えて頂いた、中世みちの研究会の皆さん。鎌倉での発掘調査時には、いちおう文献史学専攻（と、いうことになっている）のわたしに考古学のイロハをご指導くださった馬淵和雄氏。そして学生時代から師事し、中世みちの研究会の旗揚げに誘ってくださったのみならず、遊びの延長だった道路歩きを研究に引き上げる機会を与えてくださった、藤原良章先生には最大級の感謝を。そして最後に、家族にもやはり最大級の感謝を捧げる。

本書も残すところあと僅か。そこでウイリアム・シェークスピアの『夏の夜の夢』に現れ、舞台を散々引っかき回すトリックスター、妖精パックの最後の口上（松岡和子訳『夏の夜の夢・間違いの喜劇』筑摩書房、一九九七）を借りて、最後のご挨拶に代えたい。

いたらぬところには目をつぶり、ご容赦いただけるなら
この次は、お気に召すよう努めます。
正直パックの名にかけて
野次やお叱り受けずにすめば
これぞ望外の幸せと、いっそう精進いたします。
パックは嘘をつきません。

では、どちらさまも、おやすみなさい。
ご贔屓のしるし、お手を頂戴できるなら
ロビンも励み、必ずお返しいたします。

（パック共々筆者一礼）

二〇一九年一月

岡　陽一郎

参考文献

（初出時期が意味を持つ場合を除き、書籍化されたものは、そちらを収録した）

相田二郎　一九七八　『古文書と郷土史研究』相田二郎著作集3、名著出版
網野善彦　一九七四　『蒙古襲来―転換する社会―』小学館
網野善彦　一九七八　『無縁・公界・楽―日本中世の自由と平和―』平凡社
石井　進　一九八一　「都市鎌倉における「地獄」の風景」御家人制研究会編『御家人制の研究』吉川弘文館
石井　進　一九八八　「中世の都市・鎌倉―歴史の原風景を求めて―」『週刊朝日百科日本の歴史別冊歴史の読み方2　都市と景観の読み方』朝日新聞社
入間田宣夫　二〇〇三　『都市平泉の遺産』日本史リブレット一八　山川出版社
入間田宣夫　二〇〇五　『北日本中世社会史論』吉川弘文館
入間田宣夫　二〇一二　「骨寺村・本寺地区における中心の変遷について」『平成19年度～平成23年度文部科学省私立大学学術高度化推進事業「オープン・リサーチ・センター整備事業」東北地方における環境・生業・技術に関する歴史動態的総合研究　研究成果報告書Ⅰ』
岩手県教育委員会事務局文化課　一九八〇　『岩手県文化財調査報告書　第四十二集院内街道』

上田純一　一九八二「寒巌義尹、肥後進出の背景―北條氏得宗勢力と木原・河尻氏―」『熊本史学』五七・五八合併号
榎原雅治　二〇〇八『中世の東海道をゆく―京から鎌倉へ、旅路の風景―』中央公論新社
大石直正　一九八四「中尊寺領骨寺村の成立」『東北学院大学東北文化研究所紀要』一五
大石直正　二〇一〇『中世北方の政治と社会』校倉書房
岡陽一郎　一九九五「中世居館再考―その性格をめぐって―」五味文彦編『中世の空間を読む』吉川弘文館
岡陽一郎　一九九九「中世の大道とその周辺」藤原良章・村井章介編『中世のみちと物流』山川出版社
岡田章一　一九九九「兵庫県における古代から中世の古道の調査」『中世のみちと物流』
河西英通　二〇〇一『東北―つくられた異境』中央公論新社
鎌倉市教育委員会　一九九五『鎌倉市埋蔵文化財緊急調査報告書一一　平成6年度発掘調査報告書（第2分冊）』
鎌倉市教育委員会　二〇〇一『神奈川県鎌倉市切通周辺分布調査』
神奈川県教育委員会・鎌倉市教育委員会・財団法人かながわ考古学財団　二〇〇四『『古都鎌倉』を取り巻く山稜部の調査』
神谷美和　二〇一三「中世骨寺村の開発と公事―厳美町本寺「カイコン」における出土花粉・イネ科プラントオパール調査から―」『一関市博物館研究報告』十六

川合　康　二〇〇五　『平成15年度~平成16年度科学研究費補助金（基盤研究（C）（2））研究成果報告書「鎌倉街道」の政治史的研究』
河野眞知郎　一九九九　「鎌倉・都市の道、都市からの道」『中世のみちと物流』
木村茂光　二〇一六　『頼朝と街道―鎌倉政権の東国支配―』吉川弘文館
小岩弘明　二〇一五　「骨寺村の「日記」に記される公事を再検証する」『一関市博物館研究報告』十八
古田土俊一　二〇一七　「瓜谷　武蔵に通じる道と谷戸」高橋慎一郎編『鎌倉の歴史　谷戸めぐりのススメ』高志書院
斎藤利男　二〇一四　『平泉　北方王国の夢』講談社
坂井　隆　二〇〇四　「「あずま道」、上野のポスト東山道」藤原良章編『中世のみちを探る』高志書院
佐藤達夫　二〇〇七　「仙台市太白区坪沼に見る伝承『あずま街道』の道跡」『仙台郷土研究』二七五
佐藤春生　二〇一六　「鎌倉街道上道と渡河点周辺の中世遺跡―毛呂山町堂山下遺跡周辺―」『埼玉考古別冊10　埼玉県考古学会設立60周年記念シンポジウム　鎌倉街道の風景　発掘でよみがえる埼玉の中世』
柴田龍司　一九九九　「西上総の中世道路跡―袖ケ浦市山谷遺跡の事例を中心に―」『中世のみちと物流』
下坂守・長谷川孝治・吉田敏弘　一九八八　「葛川絵図―絵図研究法の例解のために―」葛川絵図研究会編『絵図のコスモロジー』上、地人書房
釈迦堂田楽辻子遺跡発掘調査団　一九九〇　『神奈川県・鎌倉市　釈迦堂田楽辻子遺跡　浄妙寺釈迦堂

六五八番地点』
ジャン・ピエール・ルゲ　一九九一　井上泰男訳『中世の道』白水社
ジョン・ケリー　二〇〇八　野中邦子訳『黒死病―ペストの中世史―』中央公論新社
神　英雄　一九八七「古代仙台平野の交通路に関する一考察―伝承古街道の起源と性格をめぐって―」『龍谷史壇』九〇
新城常三　一九六七『鎌倉時代の交通』吉川弘文館
鈴木弘太　二〇一四「骨寺村と中尊寺を繋ぐ道」藤原良章編『中世人の軌跡を歩く』高志書院
関　幸彦　二〇〇三『「鎌倉」とはなにか―中世を、そして武家を問う―』山川出版社
仙台市教育委員会　二〇〇九『仙台市文化財調査報告書　第２４９集　都市計画道路「川内・柳生線」関連遺跡：発掘調査報告書』
久野修義　二〇一八「再考『南無阿弥陀仏作善集』」『岡山大学日本史研究室通信』四十
高倉　淳　二〇〇六『仙台領の街道』無明舎出版
高橋昌明　一九九二『酒呑童子の誕生―もうひとつの日本文化―』中央公論社
武部健一　二〇〇三『道Ⅰ』・『道Ⅱ』法政大学出版局
戸田芳実　一九九二『歴史と古道―歩いて学ぶ中世史―』人文書院
難波信雄・大石直正　二〇〇四『街道の日本史８　仙台・松島と陸前諸街道』吉川弘文館
野口　実　一九九四『武家の棟梁の条件―中世武士を見なおす―』中央公論社
服部英雄　二〇〇七『峠の歴史学―古道をたずねて―』朝日新聞出版

藤原良章　二〇〇四「中世のみち探訪」『中世のみちを探る』
古川元也　二〇一二「円覚寺智真「夢記」と「仏日庵公物目録」」『神奈川県立博物館研究報告　人文科学』三八
ヘルマン・シュライバー　一九六二　関楠生訳『道の文化史―一つの交響曲―』岩波書店
細川涼一　一九七九「叡尊・忍性の慈善事業―非人救済を軸に―」『論究』十一
保立道久　二〇一五『中世の国土高権と天皇・武家』校倉書房
骨寺村荘園遺跡自然調査研究班編　二〇一二『骨寺村荘園遺跡村落景観調査業務報告書』
松尾剛次　二〇一七『中世叡尊教団の全国的展開』法藏館
馬淵和雄　一九九二「中世都市鎌倉における谷戸開発のある側面」『鎌倉』六九
馬淵和雄　一九九六「永福寺の落日」『史友』二八
馬淵和雄　一九九八『鎌倉大仏の中世史』新人物往来社
真山　悟　二〇一二「奥羽の山道と海道」『東北歴史博物館研究紀要』一三
盛本昌広　一九九六「山野河海の資源維持」『史潮』新三八
八重樫忠郎　二〇〇五「平泉における寺院」吉井敏幸・百瀬正恒偏『中世の都市と寺院』高志書院
横浜市ふるさと歴史財団埋蔵文化財センター　一九九九『中ノ宮北遺跡発掘調査報告書　都市計画道路環状4号線（下飯田地区）街路整備事業に伴う埋蔵文化財発掘調査』
吉田敏弘　二〇〇八『絵図と景観が語る骨寺村の歴史―中世の風景が残る村とその魅力―』本の森
脇田晴子　一九九八「中世の自主的交通路管理と近江商人の独占」『人間文化』四

著者略歴

一九六八年、栃木県に生まれる
二〇〇〇年、青山学院大学大学院文学研究史学専攻博士後期課程修了、博士（歴史学）
現在、一関市博物館骨寺村荘園遺跡専門員

〔主要論文〕
「境界と貴人—武士論あるいは都市論—」（藤原良章編『中世人の軌跡を歩く』高志書院、二〇一四年）
「秀衡の革新」（柳原敏昭編『平泉の光芒』東北の中世史1、吉川弘文館、二〇一五年）

歴史文化ライブラリー
481

大道《だいどう》 鎌倉時代の幹線道路

二〇一九年（平成三十一）三月一日 第一刷発行

著 者 岡《おか》 陽《よう》一《いち》郎《ろう》

発行者 吉川道郎

発行所 株式会社 吉川弘文館
東京都文京区本郷七丁目二番八号
郵便番号一一三—〇〇三三
電話〇三—三八一三—九一五一〈代表〉
振替口座〇〇一〇〇—五—二四四
http://www.yoshikawa-k.co.jp/

印刷＝株式会社 平文社
製本＝ナショナル製本協同組合
装幀＝清水良洋・高橋奈々

© Yōichirō Oka 2019. Printed in Japan
ISBN978-4-642-05881-0

JCOPY 〈出版者著作権管理機構 委託出版物〉
本書の無断複写は著作権法上での例外を除き禁じられています．複写される場合は，そのつど事前に，出版者著作権管理機構（電話 03-5244-5088，FAX 03-5244-5089，e-mail: info@jcopy.or.jp）の許諾を得てください．

歴史文化ライブラリー

1996.10

刊行のことば

現今の日本および国際社会は、さまざまな面で大変動の時代を迎えておりますが、近づきつつある二十一世紀は人類史の到達点として、物質的な繁栄のみならず文化や自然・社会環境を謳歌できる平和な社会でなければなりません。しかしながら高度成長・技術革新にともなう急激な変貌は「自己本位な刹那主義」の風潮を生みだし、先人が築いてきた歴史や文化に学ぶ余裕もなく、いまだ明るい人類の将来が展望できていないようにも見えます。このような状況を踏まえ、よりよい二十一世紀社会を築くために、人類誕生から現在に至る「人類の遺産・教訓」としてのあらゆる分野の歴史と文化を「歴史文化ライブラリー」として刊行することといたしました。

小社は、安政四年（一八五七）の創業以来、一貫して歴史学を中心とした専門出版社として書籍を刊行しつづけてまいりました。その経験を生かし、学問成果にもとづいた本叢書を刊行し社会的要請に応えて行きたいと考えております。

現代は、マスメディアが発達した高度情報化社会といわれますが、私どもはあくまでも活字を主体とした出版こそ、ものの本質を考える基礎と信じ、本叢書をとおして社会に訴えてまいりたいと思います。これから生まれでる一冊一冊が、それぞれの読者を知的冒険の旅へと誘い、希望に満ちた人類の未来を構築する糧となれば幸いです。

吉川弘文館

歴史文化ライブラリー

中世史

- 列島を翔ける平安武士 九州・京都・東国 — 野口 実
- 源氏と坂東武士 — 野口 実
- 平氏が語る源平争乱 — 永井 晋
- 熊谷直実 中世武士の生き方 — 高橋 修
- 中世武士 畠山重忠 秩父平氏の嫡流 — 清水 亮
- 頼朝と街道 鎌倉政権の東国支配 — 木村茂光
- 大道 鎌倉時代の幹線道路 — 岡 陽一郎
- 鎌倉源氏三代記 一門・重臣と源家将軍 — 永井 晋
- 鎌倉北条氏の興亡 — 奥富敬之
- 三浦一族の中世 — 高橋秀樹
- 都市鎌倉の中世史 吾妻鏡の舞台と主役たち — 秋山哲雄
- 源 義経 — 元木泰雄
- 弓矢と刀剣 中世合戦の実像 — 近藤好和
- その後の東国武士団 源平合戦以後 — 関 幸彦
- 乳母の力 歴史を支えた女たち — 田端泰子
- 荒ぶるスサノヲ、七変化 〈中世神話〉の世界 — 斎藤英喜
- 曽我物語の史実と虚構 — 坂井孝一
- 親 鸞 — 平松令三
- 親鸞と歎異抄 — 今井雅晴
- 畜生・餓鬼・地獄の中世仏教史 因果応報と悪道 — 生駒哲郎
- 神や仏に出会う時 中世びとの信仰と絆 — 大喜直彦
- 神風の武士像 蒙古合戦の真実 — 関 幸彦
- 鎌倉幕府の滅亡 — 細川重男
- 足利尊氏と直義 京の夢、鎌倉の夢 — 峰岸純夫
- 高 師直 室町新秩序の創造者 — 亀田俊和
- 新田一族の中世 「武家の棟梁」への道 — 田中大喜
- 地獄を二度も見た天皇 光厳院 — 飯倉晴武
- 東国の南北朝動乱 北畠親房と国人 — 伊藤喜良
- 南朝の真実 忠臣という幻想 — 亀田俊和
- 中世の巨大地震 — 矢田俊文
- 大飢饉、室町社会を襲う! — 清水克行
- 贈答と宴会の中世 — 盛本昌広
- 庭園の中世史 足利義政と東山山荘 — 飛田範夫
- 出雲の中世 地域と国家のはざま — 佐伯徳哉
- 土一揆の時代 — 神田千里
- 山城国一揆と戦国社会 — 川岡 勉
- 中世武士の城 — 齋藤慎一
- 戦国の城の一生 つくる・壊す・蘇る — 竹井英文
- 武田信玄 — 平山 優
- 歴史の旅 武田信玄を歩く — 秋山 敬
- 戦国大名の兵粮事情 — 久保健一郎

歴史文化ライブラリー

戦乱の中の情報伝達 使者がつなぐ中世京都と在地――酒井紀美
戦国時代の足利将軍――山田康弘
室町将軍の御台所 日野康子・重子・富子――田端泰子
名前と権力の中世史 室町将軍の朝廷戦略――水野智之
戦国貴族の生き残り戦略――岡野友彦
鉄砲と戦国合戦――宇田川武久
検証 長篠合戦――平山 優
織田信長と戦国の村 天下統一のための近江支配――深谷幸治
よみがえる安土城――木戸雅寿
検証 本能寺の変――谷口克広
加藤清正 朝鮮侵略の実像――北島万次
落日の豊臣政権 秀吉の憂鬱、不穏な京都――河内将芳
豊臣秀頼――福田千鶴
偽りの外交使節 室町時代の日朝関係――橋本 雄
朝鮮人のみた中世日本――関 周一
ザビエルの同伴者 アンジロー 戦国時代の国際人――岸野 久
海賊たちの中世――金谷匡人
アジアのなかの戦国大名 西国の群雄と経営戦略――鹿毛敏夫
琉球王国と戦国大名 島津侵入までの半世紀――黒嶋 敏
天下統一とシルバーラッシュ 銀と戦国の流通革命――本多博之

各冊一七〇〇円～二〇〇〇円（いずれも税別）
▽残部僅少の書目も掲載してあります。品切の節はご容赦下さい。
▽品切書目の一部について、オンデマンド版の販売も開始しました。
詳しくは出版図書目録、または小社ホームページをご覧下さい。